真宗小事典

瓜生津隆真・細川行信 編

法藏館

はじめに

鎌倉新仏教は法然上人の専修念仏によってその端緒が開かれた。その弟子であった親鸞聖人は、阿弥陀仏の本願を信ずる一念において救われる身となることを説き明かし、その教えを浄土真宗（真宗）と呼んだのである。

その教えは絶対他力の救済を説くところに中心があるが、この他力という言葉は、一般に「他人まかせ」という意味に誤用されている。往生浄土の救いということも、死んだら救われることであると受取られがちである。往生浄土の救いの真意は、現代では残念ながら正しく理解されていない。

一切のものを救わずにおかないという阿弥陀仏の願い（本願）は、人類救済の悲願であり、この悲願はまた仏教者の悲願でなくてはならない。それが実現した世界が浄土であって、したがって浄土は人類の究極的な理想であり、救いの世界であるといえよう。その理想にむかって歩みつづけることが、念仏者の生活である。現代における親鸞聖人の教えの意義はまさしくここにあるといえよう。

本書は、浄土真宗（真宗）についての基礎的な知識をえられるように配慮して、教え・歴史・事典・便覧を収めている。真宗辞典はすでに数多くのものが出ているが、本書はだれでも親しんでいただけるように、簡潔にかつ平易に表現することに努めている。読者はその点で多大の便宜をえられるものと確信している。

だれにでもわかりやすく書くということは、けっして容易なことではない。本書はその試みにすぎず、今後、さらにそれを進めていきたいと考えるが、本書がその一つの踏み台となれば幸せである。読者のご批評やご意見を乞う次第である。

昭和六十二年十月

編者

真宗小事典【目次】

便覧編　193

索引　巻末Ⅰ～Ⅺ

〔執筆陣〕
瓜生津隆真（京都女子大学教授）
佐々木恵精（京都女子大学教授）
紫雲　正順（東九州女子短期大学元助教授）

装幀——上田晃郷

真宗の教え

（＊印および＜↓＞で示した言葉は事典部分の各項参照）

現代に生きる他力念仏

真宗の教えは、他力念仏《たりきねんぶつ》である。＊他力というのは人間の思惟や能力を超えた大いなる力つまり仏の力を意味し、その仏に絶対的に帰依するのが他力念仏であって、「あなたまかせ」「人まかせ」といったことではない。

生きとし生けるものを救うために四十八の誓い（＊本願《ほんがん》）を立てて仏となった＊阿弥陀仏《あみだぶつ》は、＊南無阿弥陀仏《なむあみだぶつ》と＊名号《みょうごう》をとなえるものすべてを救いとってその＊浄土《じょうど》（極楽《ごくらく》）に迎えいれるとされるが、真宗の教えは、その本願の力が人間にはたらきかけ、この世においても安らかな人生がもたらされると説く。仏にすべてをまかせきって生きることともいえるが、「まかせきる」という信心《しんじん》さえも自分の力や特殊な修行によって獲得するものではなく、阿弥陀仏の力が人にはたらきかけ、それが人の心に受け止められて「＊信《しん》」となると説かれる。すべてが仏の力によるゆえに絶対他力といわれるのである。そして、信心が口にあらわれるのが「南無阿弥陀仏」という＊念仏であって、その念仏において、人は仏と一体となり、「浄土に生まれよ」とさしまねく仏のみ心のままに生きることができるとされる。

ここには、宗祖＊親鸞《しんらん》の人間にたいする深い洞察がある。親鸞は自己をふくめて、現在の人間を「＊煩悩《ぼんのう》具足《ぐそく》の*凡夫《ぼんぶ》」「煩悩成就《ぼんのうじょうじゅ》の凡夫」とよんだ。煩悩とは、欲望・怒り・愚痴《ぐち》など、迷いや苦しみの原因となる心のありかたをいう。人が悪事をはたらくのも、煩悩のためである。仏教は、この煩悩から脱すること（*解脱《げだつ》）を目的とした宗教で、仏教でいうさとり、すなわち*涅槃《ねはん》とは、煩悩が吹き消えた状態を意味する。しかし、親鸞はいう。煩悩具足のわれらは、いかようにしても煩悩から逃れようがなく、*地獄《じごく》に落ちるのは必定《ひつじょう》であると。そうした人間が、自分自身の力に頼って修行をつんでも、けっして真のさとりに到達することはできない。それが親鸞の人間観である。

親鸞がこのように人間を見た背景には、いわゆる*末法《まっぽう》思想がある。末法とは、釈尊《しゃくそん》（→釈迦牟尼仏《しゃかむにぶつ》）の滅後しだいに世の中の状態が劣化し、人びとの性格や能力（*機根《きこん》→根《こん》）も衰えて、ついに人びとから正しく*仏道《ぶつどう》を理解する力が失なわれ、修行をつんでもさとりをえることができなくなる時代のことで、日本では平安時代に末法にはいったと考えられた。それは今日からみれば、科学的根拠のない歴史上の「神話」であるかもしれない。しかし、たとえ末法という特殊な時代認識に立たなくても、いったいだれが、罪なくして人生を送ることができるだろう。法律上の犯罪はともかく、煩悩に起因するいろいろな欲望や怒りのために、他を傷つけ、ねたみ・そねみといった心のゆがみで自分自身を傷つけながら生きているのが、今日の人間ではないだろうか。より便利に、より豊かにと欲望の充足を求めて築き上げた現代社会にしても、物質的には驚異的に改善されたとはいえ、悩み・苦しみの尽きることはない。むしろ、人間のもつ暗い情念が、否定しようもなく拡大してきたのではないだろうか。

阿弥陀仏は、このような煩悩に染まった人間を、まさに救いの対象としてはたらきかけている仏である。自分の力ではさとりをえることができず、また、仏教徒として守らなければならないとされる*戒《かい》をも煩悩のために守ることのできない凡夫・悪人、このような人を阿弥陀仏は救おうとする。それが悪人《あくにん》正機《しょうき》といわれる教えである。

阿弥陀仏が人を迎えいれるという浄土にしても、現代人にはいささか時代ばなれした印象をまぬかれないかもしれないが、汚れのない美しい世界があることが信をもって受け止められるとき、この現実の世界にも光が満たされる。否定的、消極的な人生観も、より積極的なものへと転換されるだろう。

他力信心による生活は、一口に自然法爾《じねんほうに》といわれる。自然とは「おのずからしからしめる」、法爾は「仏の教え、本願の真実のままに」という意味で、自然法爾とはみずから意図しなくても、阿弥陀仏の力によって仏とともに生かされることである。与えられた人生を精一杯に生きながら、根本のところでは仏にまかせきっている状態ともいえる。煩悩の尽きない身には悩み・苦しみ・争いもまた尽きないものであるとしても、仏の慈悲《じひ》と救済のはたらきを素直に受け止めるとき、いたずらにあせることなく、平穏な心が保たれる。この自然法爾ということは親鸞が晩年になって説き示したものであり、他力念仏のもっとも深い境地を表したものである。

後世、他力念仏の信心によって天衣無縫に生きる人をとくに妙好人《みょうこうにん》とよぶようになったが、この信心に裏付けられた天衣無縫な生きかたこそ、何かとストレスの多い現代において見直されるべきものではないだろうか。

真実の教行信証

以上のような他力信心は、親鸞の主著『教行信証《きょうぎょうしんしょう》』において体系づけられている。『教行信証』とは『顕《けん》浄土真実教行証文類《じょうどしんじつきょうぎょうしょうもんるい》』六巻の略称であるが、同時に真宗の教えを端的に表現する言葉でもある。つまり真実の教え、その教えにもとづく真実の*行《ぎょう》（実践行為）と真実の信心、そして真実の信心の結果として与えられる真実の証《しょう》（証果・さとり）を「教行信証」と言い表すのである。

真実の教とは*無量寿経《むりょうじゅきょう》に説かれる教えをいう。無量寿経は阿弥陀仏という仏が、なぜ、出現したかを説いた経典である。ここに阿弥陀仏の本願の由来が示され、その本願によってどんな人でも等しく救われると説かれる。親鸞はこの無量寿経こそ、釈尊の*出世本懐《しゅっせほんがい》の経としている。釈尊はいうまでもなく仏教の開祖であるが、その釈尊がこの世に出現した目的は、まさに無量寿経を説き示すためであったというわけである。

真実の行とは南無阿弥陀仏と口にとなえる称名《しょうみょう》念仏（→口称《くしょう》・称名）をいう。それは浄土に生まれる業因《ごういん》（→業《ごう》・因《いん》）として、また、だれでも容易に実践できる行として、阿弥陀仏から私たちに与えられたものである。

真実の信とは、阿弥陀仏のはからい（*如来《にょらい》の心）を素直に受け止めることである。阿弥陀仏のはからいによって、仏を信じる心（信心）がおのずからもたらされるのであるから、自力を頼む心を捨てたところに真実の信が与えられる。

真実の証とは、有限な人間の力をもってしては生まれえない、まことの浄土（→報土《ほうど》）に生まれること（→往生《おうじょう》）をいう。自己を捨ててただ信じる者を、仏は無上の浄土（真仏土《しんぶつど》）に導くのである。古来、浄土往生については人の機根（能力や気質）の違いによって*九品《くほん》（九種類）の別があるとされたが、それは絶対他力の信に導くための*方便《ほうべん》（仮りの手立て）として種々の仮りの浄土（→辺地《へんじ》）が準備されたのであって、ひたすらなる信によれば人は等しく真実の浄土に導かれるのである。

廻向と信心

信心も往生も、すべては人を救おうと願う仏のはたらきかけによるものであるが、そのはたらきかけを*廻向《えこう》（回向）という。廻向という言葉は他宗では自己の*善根功徳《ぜんごんくどく》をもって他を利益《りやく》すること、あるいは追善《ついぜん》供養《くよう》（↓追善《ついぜん》）などの仏事をさしていうが、真宗では、そのような自己のはたらきを認めない。もし自分が他を利益できるとすれば、ひとたび浄土に生まれてさとりに達し、さらにまた仏として人びとに力をおよぼす時である。順次に仏となって他を助けるべきであるとされる。そして、阿弥陀仏に助けられて浄土におもむくことを往相《おうそう》廻向といい、そののちに自分が衆生済度《しゅじょうさいど》（生きとし生けるものを救うこと）のはたらきを現すことを還相《げんそう》廻向という（↓往相還相）。「親鸞は父母の孝養のためとて、一辺にても念仏もうしたることいまだそうろわず」（『*歎異抄《たんにしょう》』）という言葉に端的に示される教えである。

このため真宗では、*法事《ほうじ》・墓参りなどの仏事は*供養《くよう》のためとはせず、すべからく仏にたいする*報恩の行い、また、それを*縁《えん》として教えを聞く機会と位置づけられている。

真宗においては、この教えを聞くこと、つまり「*聞《もん》」がいちばん大切で、人が絶対他力の信心に導かれる第一の縁とされる。読んだり書いたり、特殊な修行をすることではなく、阿弥陀仏の本願成就の法が聞こえた時がすなわち信心をえた時（聞即信《もんそくしん》）なのである。そして、仏の廻向によって真実の他力信心が定まり、来世《らいせ》の浄土往生が決定した時、人びとは正定聚《しょうじょうじゅ》の位に入ったとされる。正定聚とは往生が定まった人びとという意味である。往生をとげるのは死後のことであるが、人はこの世において正定聚の位に入り、死後の＊成仏《じょうぶつ》（仏となってさとりをえること）が約束され、この世においても＊仏《ぶつ》・＊菩薩《ぼさつ》に守護されるなどのさまざまな利益（↓現生十種《げんしょうじっしゅ》の益《やく》）を受けるとされる。また、すでに仏に等しい存在（諸《しょ》仏等同《ぶっとうどう》・弥勒便同《みろくべんどう》）であるともされる。そのため、真宗では念仏をとなえることだけを正しい信心のありかたとし、他に加持祈禱などの祈願を行うことはない。祈禱といった人間の行為によって何かを実現するというのは、自力の行として否定されるからである。

　こうした真宗の教義においては、人が僧侶という特殊な立場をとることも、もはや積極的な意味をもたない。阿弥陀仏のもとでは僧侶・俗人といった区別の意味はなく、等しく同信の仲間（＊同朋《どうぼう》・同行《どうぎょう》）とされ、ただ信じることによって等しく浄土に導かれる。親鸞はみずから＊愚禿《ぐとく》と称し、＊非僧非俗《ひそうひぞく》（僧侶でも俗人でもない）の立場をつらぬいたが、また「親鸞は弟子一人ももたず」（『歎異抄』）と述べ、師と弟子という関係も否定して教えを求める人びとをともに生きる仲間としたことが知られる。

　人は仏にさまざまな願いを託すが、阿弥陀仏の願いはさらに巨大である。生きとし生けるものすべてを救い取らずにおかないのが阿弥陀仏である。その阿弥陀仏のもとに、あらゆる人に等しく開かれているのが真宗の教えだといえよう。

真宗の歴史

（＊印および〈↓〉で示した言葉は事典部分の各項参照）

法然と親鸞の出会い

＊親鸞《しんらん》は＊日野有範《ひのありのり》の長子として承安三年（一一七三）に生まれた。日野氏は権勢を誇った藤原氏の流れを汲む一族であるが、位はそう高くなかった。それに平安時代末期のことであるから平家や源氏といった新興の武士階級に押されて、貴族全体がもはや以前のような力をもちえなかった時代のことである。親鸞は九歳のときに母を亡くした。このとき、父と長子である親鸞、そして弟たちも、つまり一家をあげて出家したと伝えられている。

親鸞は九歳から二十九歳までの二十年間を＊比叡山《ひえいざん》で過ごした。比叡山での親鸞は、常行三昧堂《じょうぎょうざんまいどう》の＊堂僧《どうそう》であったという。どんな暮らしであったかは明らかではない。どちらかといえば低い地位の僧で、日常の雑務にも従事しながら学問と修行の生活を送ったようだ。常行三昧堂は＊念仏《ねんぶつ》の専門道場であったから、念仏によって来世《らいせ》の安穏を祈ることが中心的な行《ぎょう》であっただろう。比叡山は最澄《さいちょう》（日本天台宗の祖七六七〜八二二）が法華経の根本道場として開いた寺院であるが、恵心僧都＊源信《げんしん》（九四二〜一〇一七）が『＊往《おう》生要集《じょうようしゅう》』を著して極楽往生の要諦を示して以来、浄土教が大きな比重を占め、他のさまざまな行とともに修されていたのである。極楽往生《ごくらくおうじょう》

しかし親鸞は、建仁元年（一二〇一）に比叡山をおり、洛東の*吉水《よしみず》に*法然《ほうねん》（源空、*浄土宗の祖一一三三〜一二一二）をたずねた。そして以後、たとえ法然の教えがまちがっていて*地獄《じごく》におちたとしても悔いはないというほど、ふかく法然の説く専修念仏《せんじゅねんぶつ》（↓専修《せんじゅ》）に帰依《きえ》したのである。

　同じ念仏といっても、法然の念仏と比叡山の念仏には質的に大きな開きがあった。念仏とは文字通り仏を念じることであって、仏名《ぶつみょう》をとなえる称名念仏《しょうみょうねんぶつ》（↓称名）のほかに、阿弥陀仏の姿を観ずる観像念仏、微細に相好を観ずる観相念仏、その理法を観ずる実相念仏などさまざまな種類がある。また、一定期間、堂にこもって仏名をとなえつづける念仏三昧行、死に望んで阿弥陀仏の像を前にして特殊な作法をほどこす臨終行儀《りんじゅうぎょうぎ》など、念仏を修する行もさまざまであり、それにともなって特別の施設や厳格な作法を要するものであった。その教えを受けて、平安時代の貴族たちは宇治の平等院鳳凰堂《びょうどういんほうおうどう》に見られるような華麗な*阿弥陀堂を建築して極楽のさまをこの世に現出しようとした。

　これにたいし法然は、ただ口に*南無阿弥陀仏《むあみだぶつ》と*名号《みょうごう》をとなえさえすれば、他のむずかしい行を修さなくても、また一字も知らない無知な人であっても、善人も悪人も区別なく必ず阿弥陀仏に救われると説いていた。ただ称名念仏のみを修するので専修念仏というが、その教えによって念仏による救いの対象が一挙に民衆レベルにまで拡大されたほか、聖《ひじり》（出家者）であることがかえって念仏のさまたげとなるのであれば妻帯せよ、聖であるほうが念仏できるのであれば出家せよ、と僧に課せられていた戒の意味が大変革されたのである。

　革新的な法然の教団は、しかし、比叡山や奈良の旧仏教勢力からの攻撃をまぬがれなかった。奈良の興福寺《こうふくじ》から朝廷に専修念仏停止の訴えがなされ、建永二年（一二〇七）法然門下の安楽・住蓮という二人の僧が処刑されたほか、法然は四国に、親鸞は越後（新潟県）に流されるという弾圧（承元の弾圧）に発展した。親鸞は僧の身分を剥奪されて藤井《ふじい》善信《よしざね》という俗名を与えられたが、以後、親鸞は*非僧非俗《ひそうひぞく》（僧侶でも俗人でもない）の立場を宣言し、みずから*愚禿《ぐとく》と称した。

親鸞の関東布教と門徒の成立

法然と親鸞ほかの門弟の流罪がゆるされたのは建暦元年（一二一一）十一月のことである。法然はただちに帰洛したが、親鸞はそのまま越後にとどまり、建保二年（一二一四）に常陸（茨城県）に向かった。京都に帰らず常陸に行ったのは、なぜか。その理由は明らかではない。ただ、このころの親鸞に一つの心境の変化があったことが、次のような逸話で知られる。常陸への途上にあたる上野国（群馬県）佐貫でのことである。そのあたりはたびたび飢饉に見舞われた土地柄であるので、親鸞は飢饉に倒れたおびただしい餓死者たちのために浄土三部経を千回読誦《どくじゅ》しようとした。しかし*浄土往生は阿弥陀仏のはたらきかけによるものであって、経を読誦するといった人間の*供養《くよう》によるものではないと反省して中止したという。専修念仏の門に入ってからも、親鸞は一挙に絶対他力の信心に到達したのではなく、いわゆる*三願転入《さんがんてんにゅう》といわれる段階をへたことが知られている。流罪赦免後に京都に戻らなかったのは、その心境の深化が法然教団とはいささかちがった方向に親鸞を導きつつあった結果かもしれない。

ともかく親鸞は関東におもむき、筑波山のふもとに約二十年間滞在して、積極的に教えを説き、『*教行《きょうぎょう》信証《しんしょう》』を著して教義の整備に努めた。その間に教えをうけた弟子が、のちに*二十四《にじゅうよ》輩《はい》また*六老僧《ろくろうそう》といわれる高弟たちで、彼らを核として門徒集団が形成されていった。代表的なものは*真仏《しんぶつ》（一二〇九～五八）

を中心とした*高田門徒《たかだもんと》栃木県芳賀郡）、*順信《じゅんしん》（生歿年不詳）を中心とした鹿島門徒《かしまもんと》（茨城県鹿島郡）、*性信《しょうしん》（一一八七～一二七五）を中心とした*横曽根門徒《よこそねもんと》（茨城県水海道市）などである。これらの*門徒はのちに奥州、また東海から近畿・北陸、さらには中国・九州へと教線を拡大し、初期真宗教団の主流をなした。のちの*真宗十派のうち、高田門徒の系統では*真宗高田派・*真宗仏光寺《ぶっこうじ》派・*真宗三門徒《さんもんと》派・*真宗誠照寺《じょうしょうじ》派・*真宗山元《やまもと》派が生まれ、横曽根門徒の系統からは*真宗木辺《きべ》派が生まれた。また、*本願寺からは*真宗興正《こうしょう》派・*真宗出雲路《いずもじ》派が生まれた。

本願寺の開創と発展

親鸞が京都に戻ったのは六十歳をすぎたころのことである。以後の親鸞は『教行信証』の改訂、『浄土和讃《じょうどわさん》』『高僧和讃《こうそうわさん》』『正像末和讃《しょうぞうまつわさん》』などの*和讃の作成のほか、*『愚禿鈔《ぐとくしょう》』*『一念多念文意《いちねんたねんもんい》』*『唯信鈔文意《ゆいしんしょうもんい》』などの著述に努めた。親鸞の多くの著作はいずれも晩年に集中して著されたものである。また、関東の弟子には書簡を送って指導した。その書簡類をのちに編纂したのが*『親鸞聖人御消息集《ごしょうそくしゅう》』*『末燈鈔《まっとうしょう》』などの書簡集である。

こうした精力的な著述の日々を、親鸞は娘の*覚信尼《かくしんに》とともに送り、弘長二年（一二六二）十一月に九十歳におよぶ波瀾の生涯を閉じたのである。当時としては驚異的な長寿であった。その四年前の正嘉二年（一二五八）には高田から来た弟子の*顕智《けんち》に*自然法爾《じねんほうに》（あるがままに阿弥陀仏に救われること）について語るなど、円熟した境地を示している。

親鸞歿後、関東の弟子たちは前述のように積極的に教線を拡大したが、いっぽう、親鸞の子孫の地位はかならずしも明確ではなかった。そこで、文永九年（一二七二）親鸞の娘覚信尼は夫の所有地であった吉水《よしみず》のほとりの大谷の地を関東の門徒に寄付し、ここに親鸞の墓所を移して廟所を建て、共同で管理することとし、その管理責任者として置かれた*留守職《るすしき》は親鸞の子孫による世襲として覚信尼自身が初代の留守職についた。その廟所が親鸞の曾孫*覚如《かくにょ》（一二七〇～一三五一）によって寺院化され、本願寺と号したのが本願寺のはじまりである。

　この本願寺が飛躍的に発展したのは八世*蓮如《れんにょ》（一四一五～九九）のときである。蓮如は四十三歳のとき父の*存如《ぞんにょ》（一三九六～一四五七）のあとをついで本願寺八世となったが、平易な書簡体による法語《ほうご》（御《ご》文章《ぶんしょう》また*御文《おふみ》という）を門徒に書き与えるなど、積極的な民衆教化をすすめて一挙に教線を拡大した。

　しかし、その勢力の増大は比叡山をはじめとする旧仏教勢力の攻撃をまねき、寛正六年（一四六五）本願寺が破壊されるという事態にいたった。その後も攻撃はやまず、本願寺は再三の移転ののちに文明三年（一四七一）越前（福井県）吉崎《よしざき》に坊舎が建設されておちついた。それが吉崎御坊《よしざきごぼう》（↓吉崎別院）である。この吉崎を中心として教勢はさらに拡大し、北陸地方はもとより、長野・東北地方からも門徒の参詣がさかんとなって吉崎の宿泊所は二百にもおよんだという。また、高田門徒や横曽根門徒の系統に属する真宗諸寺の多くも蓮如に帰依《きえ》して本願寺に所属するなど、真宗の統一がすすんだ。

　そうした教線の拡大にともなって、蓮如は明応五年（一四九六）大坂の石山（現在の大阪城附近）に坊舎を建てた。のちの*石山本願寺である。十世*証如《しょうにょ》（一五一六～五四）はここを本寺として、やがて、全国統一をめざす織田信長と鋭く対立することになる。

一向一揆と本願寺の分立

蓮如のころより農村に大いに浸透した本願寺教団は、同信者の*講《こう》を中心として生活共同体的な役割をになうようになり、各地の戦国大名と争うことになった。真宗は*一向宗《いっこうしゅう》とよばれたところから、それを*一向一揆《いっこういっき》という。なかでも文明四年（一四七二）にはじまった加賀（石川県）の一向一揆は守護富樫政親を圧倒しておよそ百年間加賀一国を支配するほどの勢力となった。そのほか、越中（富山県）から越前（福井県）、三河（愛知県）、近畿一帯に一向一揆は拡大し、大坂では石山本願寺を拠点として天下の趨勢を分ける戦いに発展した。織田信長を相手に元亀元年（一五七〇）からの十一年間にわたって争われた*石山合戦がそれである。石山の地が近畿と中国・四国・九州を結ぶ交通の要衝であったことにもよるが、戦国大名の支配を受けない本願寺教団の拡大が信長の進路を阻んだためである。本願寺十一世*顕《けん》如《にょ》（一五四三～九二）は各地の門徒に抗戦をよびかけるかたわら、信長と対立関係にある毛利・朝倉・三好などの諸大名と同盟を結んで対抗したが、天正八年（一五八〇）ついに敗れ、和議によって顕如は紀州鷺森《さぎのもり》（和歌山市）に移った。

その後、本願寺は和泉貝塚（大阪府）・摂津天満（大阪市）に移転、豊臣秀吉の天下統一後の天正十九年（一五九一）、秀吉に土地の寄進をうけて京都西六条に再建された。

顕如の歿後、本願寺は文禄元年（一五九二）長男の*教如《きょうにょ》（一五五八～一六一四）につがれたが、翌二年、秀吉の命によって弟の*准如《じゅんにょ》（一五七七～一六三〇）が継職して本願寺十二世となった。いっぽう教如は、一時隠棲したものの、慶長七年（一六〇二）徳川家康から東六条に土地の寄進をうけて別立した。

以後、准如がついだ本願寺を西本願寺、教如の本願寺を東本願寺と通称し、末寺・門徒も東西の本願寺に別れて所属することとなった。西本願寺は*浄土真宗本願寺派の本山、東本願寺は*真宗大谷派の本山として現在にいたっている。

江戸時代から現在へ

江戸時代の真宗教団では、幕府の宗教政策のもとで両本願寺を中軸とした本末制度が整えられ、また学林《がくりん》・学寮《がくりょう》といった研鑽制度が整備されて多くの宗学者を輩出した。また、信心によって自由闊達に生きた俗者を*妙好人《みょうこうにん》とよんで人間の理想像とし、多くの妙好人伝が成立したのも江戸時代である。

その後、明治維新のときの神仏分離運動によっておこった*廃仏毀釈《はいぶつきしゃく》は、真宗教団にも多大な被害をもたらした。しかし同時にそれは、仏教近代化を促進する機縁ともなった。仏教の歴史への関心もたかまり、なかでも仏教伝来の道をもとめて本願寺派本願寺二十二世*大谷光瑞《おおたにこうずい》が中央アジアに派遣した大谷探検隊の事蹟は世界的にみてもシルクロード研究の先駆となるものであった。また、*井上円了《いのうええんりょう》・*清沢満之《きよざわまんし》・*島地黙雷《しまじもくらい》・*南条文雄《なんじょうぶんゆう》などは西洋哲学をも取り入れて教義の近代化を促進、近代教学の確立に大きな足跡をしるし、宗祖親鸞の研究が明治以降飛躍的に発展した。

組織面では明治五年（一八七二）各派が合同して真宗と称したが、同九年真宗*興正《こうしょう》派が本願寺派から独立、翌十年には各派が別立してほぼ現在の体制となり、今日にいたっている。

真宗小事典

凡例

【収録した語】

真宗の教義的に重要な言葉・経典・書物、歴史的に重要な人物・事件・寺名等に加え、現代の法会・行事・法具および仏教一般に共通する基本語を可能なかぎり掲載し、総計四八八語を収録した。なお、仏教一般語については、真宗における解釈を重視して解説した。


【見出し】

全項目を五十音順に配列。【】内に漢字で示し、その下に読み方を示し、読み方が複数ある場合は〈〉内に示した。人名については同時に生没年を掲載した。


【参照項目】

内容的に関連する項目を（↓）で示した。複数の単語が「・」で並記された見出しについては、一部を〈〉内に示した。


【表記】

原則として現代仮名づかいにより、書物からの引用も、現代仮名づかいに改めた。

【愛】 あい

一般には人が互いにいつくしみあう心のことだが、仏教では必ずしも良い意味だけに使われるのではなく、むさぼり、執着する心をもさす。仏教でいう愛には、欲望などの煩悩《ぼんのう》にけがれた染汚愛《ぜんまい》と、けがれていない不染汚愛がある。前者には、自己愛、肉親への愛、異性への愛、欲望の満足を強く求める渇愛《かつあい》などがある。後者には一切衆生《いっさいしゅじょう》（すべての生きもの）を慈愛する慈悲心としての法愛がある。親鸞は『大般涅槃経要文』のなかで「一切苦悩を説くに愛を根本と為す」と、人間のすべての苦悩が愛着から生じることを示している。↓慈悲・煩悩

【赤松連城】 あかまつれんじょう 一八四一〜一九一九

本願寺派。金沢（石川県）の在家に生まれる。慶応四年（一八六八）周防（山口県）徳山の徳応寺に入る。明治五年（一八七二）本山から選ばれて英・独に留学。帰国後、政府の宗教政策を批判して神仏分離運動を起こす。明治三十一年、大学林（のちの龍谷大学）綜理、同三十六年勧学。著書には『入出二門偈聴記』『榕隠雑録』などがある。

【悪】 あく

一般には、道徳や正義に反することをいうが、仏教では、現在および未来に苦しみをまねくもとになる行為、つまり悪業《あくごう》をさし、また、悪業を生みだす欲望などの煩悩《ぼんのう》をいう。無量寿経には、殺生・偸《ちゅう》盗《とう》・邪婬《じゃいん》・妄語・飲酒《おんじゅ》の五悪が説かれている。これらの悪業の報いとしておもむかなければならない苦しみの世界が悪趣《あくしゅ》である。地獄・餓鬼・畜生・人・天を五悪趣とし、人間界や天上界も煩悩が断ちきれていない世界という意味で悪趣に含まれている。この五悪趣に阿修羅《あしゅら》を加えたものが六道《ろくどう》である。六道は死後に転生《てんしょう》する世界というだけでなく、地獄は怒り、餓鬼は貪欲《とんよく》（むさぼり）、畜生は愚かさ、阿修羅は闘争、天は喜悦と、それぞれ現実の生活に対応して心が六道を輪廻《りんね》するものとして人間をとらえている。親鸞は『教行信証』に、「一生悪を造れども

弘誓《ぐぜい》（阿弥陀仏の本願）にもうあいぬれば安養界《あんにょうかい》（極楽浄土）に至りて妙果《みょうか》（さとり）を証せしむ」と、悪業をかさねてきた人間でも、弥陀の本願によって浄土に往生できると説いている。↓悪人正機・五悪・罪《ざい》・十悪・〈十善〉・煩悩

【悪人正機】 あくにんしょうき

阿弥陀仏の本願は、まさしく悪人を救うためにたてられたものであるという真宗の根本的な教えで、親鸞の念仏の真髄とされる。親鸞の直弟子唯円（？〜一二八八）によって著された『歎異抄《たんにしょう》』にある、「善人なおもて往生す、いわんや悪人をや」「願をおこしたまう本意、悪人成仏のためなれば、他力をたのみたてまつる悪人、もとも往生の正因《しょういん》なり」という親鸞の言葉が、直接にこの教えを説いている。ただし、ここでいう悪人とは法律や道徳に反する一般的な意味での悪人ではない。仏教的歴史観では釈尊の滅後、人びとの能力や気質（機根《きこん》）がしだいに衰えて、ついには欲望や迷いなどの煩悩《ぼんのう》を自分自身の力ではとうてい脱することのできない末法《まっぽう》にいたるとされる。そして現在はまさに末法の時代とされ、救いのない時代に人びとが生きていると認識されたが、この末法の凡夫《ぼんぶ》こそ、まさに阿弥陀仏の救いの対象とされる。これを悪人正機という。内面的には、人が罪ぶかいものであるという内省のうえに、阿弥陀仏への信心をおこすところに悪人正機の意義がある。↓悪・末法《まっぽう》

【暁烏敏】 あけがらすはや　一八七七〜一九五四

大谷派。石川県に生まれる。明治三十三年（一九〇〇）真宗大学（のちの大谷大学）卒業後、本願寺の留学生として外国語学校でロシア語を学ぶとともに、清沢満之のもとで浩々洞《こうこうどう》の同人となり、雑誌『精神界』の編集にたずさわる。大正十年（一九二一）香草舎を設けて教化につとめる。昭和二十五年宗務総長。著書には『歎異鈔講話』などがある。

↓清沢満之

【阿闍世】 あじゃせ

釈尊在世中の中インド・マガダ国の王。提婆達多《だいばだった》

(デーバダッタ)にそそのかされ、父王頻婆沙羅(ビンビサーラ)を殺して王位につき、母韋提希《いだいけ》も幽閉したが、のち、前非を釈尊に懺悔して仏に帰依し、釈尊入滅後仏教教団の大保護者となった。観無量寿経は、阿闍世が道理に逆って父母に無法な危害を加えたこと(逆害)と韋提希が釈尊に教えを請うたことを機縁《きえん》として説かれたもので、阿闍世をも仏《ぶっ》・菩薩《ぼさつ》が仮に人の姿をとった聖者と仰がれる。
↓韋提希

【渥美契縁】 あつみ かいえん 一八四〇～一九〇六

大谷派。伊勢(三重県)の法因寺に生まれる。漢学、仏教学を学んだのち、本覚寺(石川県小松市)の住職となる。明治元年(一八六八)本山に出任。執事、寺務総長などをつとめ、明治維新後の廃仏毀釈によって荒廃した本願寺の財政立て直し、伽藍の再建などをすすめた。著書には『竜樹讃勧信録』『天親讃勧信録』などがある。

【阿難】 あなん

アーナンダ(阿難陀)の音写で、釈尊十大弟子の一人。釈尊の従弟でもある。釈尊の侍者として仕え、釈尊の教えをよく記憶しているので、十大弟子中多《た》聞《もん》第一といわれた。釈尊入滅後の第一結集(仏典の編集会議ともいうべきもので、第一結集は釈尊の入滅直後に行われた)には釈尊の言葉を「是《かく》の如く我聞きたまえき」と証言した。↓釈迦牟尼仏

【阿耨多羅三藐三菩提】 あのくたらさんみゃくさんぼだい

仏道修行の目標であるさとりのことで単に菩提と略称することが多い。無《む》上正等覚《じょうしょうとうがく》、無上正真道、無上菩提、無上道などと訳し、阿耨菩提とも略称する。真宗では阿弥陀仏の本願を信じ念仏をとなえることで菩提つまりさとりにいたることができるとする。↓菩提

【阿弥陀経《あみだきょう》】 ↓浄土三部経《じょうどさんぶきょう》

【阿弥陀堂】あみだどう

阿弥陀仏を本尊として安置した堂のこと。平安時代中期からの浄土信仰の流行とともに、極楽浄土を目のあたりに思い描いて信仰心を高める念仏が盛んとなり、貴族たちによって壮麗な阿弥陀堂が各所に作られた。代表的なものは、宇治平等院の鳳凰堂《ほうおうどう》や大原三千院の往生極楽院などである、また、真宗本山では、宗祖の像を安置した御《み(こ)》影堂《えいどう》（祖堂・大師堂）にたいして、本堂を阿弥陀堂と呼んでいる。

→御影堂・本尊

【阿弥陀仏】あみだぶつ

阿弥陀《あみだ》如来《にょらい》というのも同じ。西方極楽浄土の教主で、真宗・浄土宗などの本尊。弥陀といわれることも多い。はるかな過去に、世自在王仏《せじざいおうぶつ》のもとですべての人を救うという願いをおこして出家した法蔵比《ほうぞうび》丘《く》（法蔵菩薩）が、諸仏の浄土を都見（見きわめること）し、五劫《ごこう》（劫は無限ともいえる時間）のあいだ熟慮して四十八の誓願（本願）をおこし、さらに修行して徳を積んだのち、いまから十劫の昔にその誓願のすべてを実現して阿弥陀仏となり、安楽世界（極楽浄土）を築いて、現在もそこで説法をし、また仏を信じる者を浄土に迎えいれる慈悲をもってすべてにはたらきかけているとされる。それゆえ南無阿弥陀仏と名号《みょうごう》をとなえることによって、人はことごとく浄土に生まれることができるとされる。阿弥陀仏には無碍光如来《むげこうにょらい》・無量寿如来《むりょうじゅにょらい》・不可思議《ふかしぎ》光如《こうにょ》来《らい》など、その徳をたたえた多くの別称（十二の別称を総称した十二光仏《じゅうにこうぶつ》ほか）がある。また、各種の尊像があるが、中央の阿弥陀仏の左に観音、右に勢

阿弥陀仏

至の両菩薩を脇士《きょうじ》として配した仏像を、阿弥陀三尊という。↓浄土・十二光・法蔵菩薩・本願・名号

【安居】 あんご

初期の仏教教団において、インドの雨季にあたる夏の三か月間、出家者が行脚《あんぎゃ》をやめて一定の場所にとどまって修学したことにはじまる。雨季には地面に虫が多いので、踏み殺すことを恐れたためという。真宗では、一定の期間、僧侶をあつめて講学することをいい、本願寺派では寛永十六年（一六三九）に学寮（のち学林）、大谷派では寛文年間（一六六一〜七三）に学寮を設けてから夏安居《げあんご》（夏講）の制度が確立した。

【安心】 あんじん

信心が定まり、心に安らぎと満足があたえられた状態。阿弥陀仏の本願を信じて一片の疑いもなくなることを、安心決定《けつじょう》という。善導（六一三〜八一）の『般舟讃』に「安心定意して安楽（浄土）に生ず」と説くように、浄土教では、安心決定することによって、浄土往生をとげることができると教える。そして、安心決定して浄土往生が生前に確実となることを平生業成《へいぜいごうじょう》といい、そのような境地に達することを正定聚《しょうじょうじゅ》の位に入るという。また、安心決定して喜びのなかで暮らす人を妙好人《みょうこうにん》といい、さまざまな伝記が妙好人伝として伝えられている。↓異安《いあん》心《じん》・正定・信・平生業成・妙好人

【安楽集】 あんらくしゅう

唐の道綽《どうしゃく》（五六二〜六四五）が観無量寿経により安楽浄土を明かしたもので、仏教を聖道門《しょうどうもん》（自力の教え）と浄土門（他力の教え）に区別して説いた。全体を十二門で構成し、末法《まっぽう》に生まれたものは、阿弥陀仏の本願を信じて浄土往生を願うべきことを説いている。正倉院文書によると、日本に伝わったのは奈良時代で、のちに円仁（慈覚大師七九四〜八六四）も日本にもたらした。↓聖道門・浄土門・道綽

【異安心】いあんじん

親鸞から相承《そうじょう》する正統的な信仰のありかた（安心）にそむいた異端的信仰のこと。親鸞の開いた教えとは異なる私説をさしていう。また、教義上の異端的解釈という意味で同義の言葉に、異義・異解《いげ》・異計・邪義などがある。親鸞の在世当時、すでに一念・多念などの論争があったが、親鸞は『一念多念文意』を著してこれを正しており、さらに、親鸞の歿後も、唯円（?～一二八八）の『歎異抄』や覚如（一二七〇～一三五一）の『口伝鈔』『改邪鈔』、蓮如（一四一五～九九）の『御文』（御文章）などが、異安心をいましめている。↓一念多念文意・一益法門・改邪鈔・十劫秘事《じっこうひじ》・歎異抄・秘事法門

【易行】いぎょう

難行《なんぎょう》にたいする言葉。自らの力によってさとりへの修行をする道を難行道というのにたいして、念仏をとなえることにより、阿弥陀仏の智慧と慈悲に導かれてさとりにいたる道を易行道という。難行道は機根《きこん》（気質や能力）のすぐれた一部の者にのみ可能な仏道であるのにたいし、易行道はひろく一般の人に開かれた仏道である。竜樹（一～二世紀頃）の『十住毘婆沙論』の巻第五第九品に「易行品」があり、ここに難易二道が説かれ、念仏による易行道がすすめられている。のちに親鸞は、『教行信証』において、この世界のなかで入聖得果《にっしょうとくか》（さとりに到達すること）するのを聖道門・難行道とし、安養《あんにょう》浄土（極楽）に生まれて入聖証果（仏のさとりを受け取ること）するのを浄土門・易行道とした。↓行・浄土門

【石川舜台】いしかわしゅんたい 一八四二～一九三一

大谷派。金沢（石川県）の永順寺に生まれる。学寮に学んでのち、城端別院に仮住まいして慎憲塾を開く。明治六年（一八七三）から本願寺の宗政を担当し、教団機構の改正、中国・朝鮮への開教などを実施。明治三十年ふたたび宗政を担当。政府の宗教法案の否決や監獄教誨師《きょうかいし》制度などで活躍。著書には

『教行信証破壊論駁言』などがある。

【石山合戦】いしやまがっせん

現在の大阪城の地にあった石山本願寺と織田信長の戦い。天下統一をめざす信長は、当時、戦国大名に匹敵する力をもっていた本願寺教団を攻撃し、西国諸大名制圧のための要所となる石山本願寺を手に入れようとして、元亀元年（一五七〇）に兵を挙げた。本願寺十一世顕如（一五四三～九二）は、各地の門徒に抗戦を指令。このとき本願寺を支援したのは、越前朝倉・近江浅井・阿波三好などの諸大名である。はじめは本願寺側が優勢に戦ったが、天正二年（一五七四）伊勢長島門徒の壊滅以降、紀伊鷺森《さぎのもり》（和歌山市）、加賀（石川県）と次々に信長軍に制圧され、本願寺を支援した毛利水軍の海上交通路である大阪湾を遮断されるにいたって、天正八年（一五八〇）朝廷の調停を受けいれて本願寺は開城した。顕如は鷺森に退去、抗戦を主張した顕如の長男教如（一五五八～一六一四）も不服ながら鷺森へ退出した。その後この石山合戦を題材に、顕如の徳をたたえる意図のもとに、多くの講談・浄瑠璃・歌舞伎などが生まれたが、それらを総称して「石山軍記」という。↓石山本願寺・一向一揆

【石山本願寺】いしやまほんがんじ

明応五年（一四九六）摂津国生玉荘（現在の大阪城付近一帯）に本願寺八世蓮如（一四一五～九九）が坊舎《ぼうしゃ》を建立したのにはじまる。天文元年（一五三二）山科《やましな》本願寺が細川・六角の両大名および日蓮宗徒に焼かれてから、本願寺十世証如（一五一六～五四）は石山を本寺として造営し、坊舎を中心に寺内町を形成して、のちの大阪発展の基をつくった。以後、天正八年（一五八〇）の石山合戦の終結まで本寺として四十九年間存続した。↓石山合戦・本願寺日記・蓮如

【韋提希】いだいけ

釈尊時代の中インド・マガダ国の頻婆沙羅（ビンビサーラ）王の妃。観無量寿経が説かれる契機となった人物。王子阿闍世《あじゃせ》によって幽閉された王に食物

を運んだために軟禁されたが、霊鷲山《りょうじゅせん》で説法中の釈尊を念じて教えを請うと、釈尊は、直ちに王宮へ飛来し、釈尊が光台に諸仏の浄土を現した。これを拝した韋提希は、阿弥陀仏の浄土を選んで往生を願い、往生の法として説かれた十六の観法を聴き、浄土に安住することをえたという。↓阿闍世・浄土三部経

【一乗】 いちじょう

一は、唯一絶対、平等の意であり、乗は乗りもの、教えの意で、世の中すべてのものを、ひとしくさとりへと運んでいってくれる仏の教えを一乗という。これにたいして、人びとの性質や能力に応じて、声聞《しょうもん》（釈尊の声を直接聞いて修行する者）・縁覚《えんがく》（釈尊の説いた縁起の法にのっとって修行する者）・菩薩《ぼさつ》（利他の実践を中心とする大乗仏教の修行者）のそれぞれに固有のさとりの道があるとするのを三乗というが、三乗はあくまでも一乗に導く方便《ほうべん》（手立て）であるとされる。親鸞は『教行信証』や『浄土文類聚鈔』に、阿弥陀仏の本願の教えをさして、「一乗究竟《くきょう》の極説《ごくせつ》」と説き、本願一乗・悲願の一乗などと呼び、さらに、本願一乗の功徳《くどく》を海にたとえて、本願一乗海・弘誓《ぐぜい》海なども称した。↓大乗・本願

【一念】 いちねん

一般に何かをしようと決意することを一念発起というが、これはもともと仏教用語であり、さとりを開こうと発心《ほっしん》し、信の一念がおこることである。一念には、一刹那《せつな》というきわめて短い時間の単位としての意味と、仏を信じて二心のないこと（信の一念）、ひとたび念じ、念仏をとなえること（行《ぎょう》の一念）などの意味があり、次のような熟語として多様に用いられる。一念信解《しんげ》＝一度法を聞いて心がひらけること。一念往生＝一念によって浄土に往生できるとする、あるいは、一度の称名《しょうみょう》念仏によって往生できるとする、多念往生にたいする言葉。一念業成《ごうじょう》＝信の一念によって往生の因が定まること。一念十念＝一度の称名念仏でも十度のそれでも、その数にかかわりなく往生の因となること。一念大利＝行の一念の功徳として、一声《いっしょう》の名号に、あらゆる功徳を

そなえた大涅槃《だいねはん》（この上ないさとり）をさとる利益《りやく》があること。一念浄信＝一念のきよかな信心。一念無疑《むげ》＝信の一念は疑心がなく、二心がないこと。↓一心・信

【一念多念文意】 いちねんたねんもんい

康元二年（一二五七）親鸞八十五歳のときの著。一巻。信のこもった念仏であれば一度だけでもとなえれば浄土に往生できるとする主張と、数多くの称名念仏の行を積まなければならないとする主張との論争（一念多念の諍い）が法然門下におこり、親鸞の門下にもおよんだ。親鸞は、隆寛（?～一二二七）の『一念多念分別事』を証文とし、同書に引用する経典類の要文を抄出して註釈を加え、一念・多念のどちらにこだわるのも、自力をたのむ心を捨てて阿弥陀仏に絶対的に帰依するという信心にそぐわないものとし、「浄土真宗のならいには念仏往生ともうすなり。またく一念往生・多念往生ともうすことなし」と戒しめた。↓異安心《いあんじん》・一念

【一益法門】 いちやくほうもん

異安心《いあんじん》（異端的信仰）の一つ。阿弥陀仏の四十八願の第十一願に誓われた正定聚《しょうじょうじゅ》（往生が正しく定まり必ずさとりをひらくことができる位）と滅度《めっど》（煩悩をなくしてさとりにいたること）の、益《やく》（信仰の利益）と果《か》（信仰の結果としてのさとり）の関係にある二つのものを、在世における一益であるとする主張で、和讃の「信心よろこぶその人は如来とひとしとときたまう」などを根拠に、聞信《もんしん》（阿弥陀仏の本願のいわれを聞いてすぐさま信心をえること）の一念により現世において仏と同体になろうとする法門。↓異安心

【一向一揆】 いっこういっき

本願寺八世蓮如（一四一五～九九）のときから急速に勢力を増した本願寺門徒が、戦国の世の新興の小領主や土豪と連合し守護大名と対立しておこした一揆（反乱）。長享二年（一四八八）加賀（石川県）門徒が守護富樫政親を滅ぼし、約一世紀のあいだ一

国を支配し、永正三年（一五〇六）には越前（福井県）門徒が朝倉貞景と争って敗れ、同年越中（富山県）門徒は長尾能景を敗死させた。畿内では同じ永正三年細川政元と畠山義英の戦いに本願寺が参加し、実如（一四五八〜一五二五）は政元援助のために加賀門徒の出兵を要請した。天文元年（一五三二）六月、本願寺十世証如（一五一六〜五四）は細川晴元の要請に応じて河内（大阪府）に出兵し畠山義宣を破ったが、同年八月に晴元と本願寺は対立し、山科《やましな》本願寺は晴元・六角定頼・日蓮宗徒に攻められて焼失した。はじめは真宗門徒の農民一揆からおこった一揆であるが、本願寺が戦国大名の争いに参加してゆくことによって、ついには、元亀元年（一五七〇）以降十一年間にわたる本願寺対織田信長の争い（石山合戦）へ拡大していった。↓石山合戦・一向宗

【一向宗】いっこうしゅう

阿弥陀仏を一向に（ひたすらに）信じることを宗旨とするところから、他宗からつけられた真宗の俗称。本願寺八世蓮如（一四一五〜九九）は『御文』（御文章）に「問いていわく、当流をみな世間に流布して一向宗と名《なず》け候は、いかようなる子細にて候やらん、不審に覚え候。……開山（親鸞）はこの宗をば浄土真宗とこそ定めたまえり、されば一向宗という名言は更に本宗より申さぬなりと知るべし」と、はっきりとこの呼びかたを否定している。↓浄土真宗

【一生補処】いっしょうふしょ

現在の一生を終わると、次の世には必ず仏として生まれることができるという、菩薩《ぼさつ》（大乗仏教の修行者）としての最高位のこと。補処とは、仏の位（仏処）を補う候補者という意味。親鸞は『浄土三経往生文類』などに、弥勒《みろく》菩薩が釈尊の入滅後五十六億七千万年に成道《じょうどう》（さとりをえて仏となること）することをさして「補処の弥勒菩薩」と記しているが、さらに、他力の真実信心をえた念仏者のことを、「補処の弥勒におなじくして」といい、念仏者はこの一生を終ると必ず浄土に往生すると説いている。↓正定《しょうじょう》・弥勒菩薩

【一心《いっしん》】

一般には、心を一つのことに集中することをいうが、仏教用語としてはこのほかに、深く信じて疑わず、二心がないことを意味する。比較的近い意味の一念と同様、熟語として多様に用いられている。たとえば一心不乱＝一事に専念して乱れない心。一心称名《しょうみょう》＝心を集中して仏や菩薩の名号《みょうごう》をとなえること。一心専念＝ひたすら仏を念ずること。一心三観＝天台宗の法で、空観・仮観・中観の三観を同時に観てとること。親鸞は『教行信証』信巻に、「信心二心無きが故に一念という、是《これ》を一心と名づく、一心はすなわち清浄報土《しょうじょうほうど》（極楽浄土）の真因なり」と、深く信じて疑わない心こそが、浄土往生のもとであると説いている。↓一念・信

【一遍《いっぺん》】 一二三九～八九

時宗の開祖。伊予（愛媛県）の人。七歳で出家。智真という名であったが、熊野で霊験をえて一遍と改める。衆生済度《しゅじょうさいど》のために、空也《くうや》（九〇三～七二）の踊り念仏を民衆にすすめ、生涯にわたって寺に住まず、全国を巡ったところから、遊行上人《ゆぎょうしょうにん》、捨《すて》聖《ひじり》とも呼ばれた。著書には『一遍上人語録』『播州法語集』などがある。↓時宗

【稲垣《いながき》湛空《たんくう》】 一八三八～九〇

高田派。現三重県津市の隆宗寺の住職。明治元年（一八六八）の宗制変革期に本山役員をつとめ、寺法制定、財政再建に尽力。また、三重県監獄教誨《きょうかい》師《し》として、さらに三重県洋画界の先駆者として活躍。東西本願寺の学僧文人をはじめ宗教界に交友範囲が広く、明治時代の高田派を支えた代表的人物の一人。↓真宗高田派

【稲葉《いなば》昌丸《まさまる》】 一八六五～一九四四

大谷派。現大阪市北区徳竜寺に生まれる。明治二十二年（一八八九）東京帝国大学理科大学動物学科卒業。明治三十二年真宗京都中学校長。大正九年（一九二〇）と同十四年からの二度にわたり寺務総長。昭和三年から同六年まで大谷大学総長。晩年は

蓮如研究を中心とする真宗史研究に専念した。著者には『蓮如上人行実』『蓮如上人遺文』などがある。

【井上円了】いのうええんりょう　一八五八〜一九一九

大谷派。哲学者。新潟県の慈光寺に生まれる。本願寺留学生として東京帝国大学哲学科に学び明治十八年（一八八五）卒業。明治二十年哲学館（のちの東洋大学）を創設。キリスト教をはじめ当時の欧化風潮を批判し、東洋思想、国粋主義にもとづく仏教擁護を説く。晩年は妖怪研究による民間の迷信打破につとめ、東京都中野区に哲学堂を起こした。中国巡遊中、大連で客死。著書は『仏教活論』『仏教哲学系統論』『妖怪学講義』など百二十余部におよぶ。

【因】いん

狭義では結果をひきおこす直接の原因を因とし、間接的原因（条件・状況）を縁《えん》とする。広義では両者を合わせて因、または因縁《いんねん》と呼ぶ。仏教では、一切のものごとは因縁によって生起した結果（果《か》）であると説き、これを因縁所生《しょしょう》、縁起といい、この因果の法則を縁起の法という。この縁起の法則は仏といえども例外なくはたらいている。つまり仏がえたさとりというのは、長いあいだの修行が因となって生じた果なのである。その意味で仏のさとりの境地を仏果《ぶっか》とも果徳《かとく》ともいう。親鸞は『教行信証』に、人びとの浄土往生が阿弥陀仏の本願によることをさして、「因無くして他の因の有るにはあらざるなり」と記し、われわれがさとりの境界《きょうがい》にいたることができるのには原因があって、ただ阿弥陀仏の本願の力のみが、その因となりうると説いている。これは阿弥陀仏が仏となる前に法蔵菩薩《ほうぞうぼさつ》という名で衆生《しゅじょう》済度《さいど》を願って積んだ無限の修行（因行《いんぎょう》）と、仏となってのちの徳（果徳）つまり因行果徳のすべての功徳が、南無阿弥陀仏という名号《みょうごう》にこめられて人びとに廻向《えこう》（ふりむけること）され、自分ではとうていさとりに達せられない人間の成仏の因となることを意味している。↓因位・縁・発願廻向《ほつがんえこう》

【引接】いんじょう

仏が衆生《しゅじょう》（生きとし生けるもの）を導き、救い取

ること。摂取《せっしゅ》というのも同じ。蓮如の『御文』（御文章）に「（信心の人を）極楽へ引接せんとのたまえる他力の大誓願力」と阿弥陀仏の本願のはたらきが示されている。また、人の臨終にさいして仏が浄土に導き入れようと現れること（来迎《らいこう》）を引接ともいう。↓廻向《えこう》・招喚《しょうかん》・来迎

【因位】いんに

因地ともいう。仏となるために修行している時期・立場のこと。阿弥陀仏の四十八願は、阿弥陀仏が仏となる前に法蔵菩薩《ほうぞうぼさつ》という名で修行していたとき（因位のとき＝因位時《いんにじ》）、生きとし生けるものの救済を願って立てられた誓願である。それははてしなく長い期間の修行によって、今より十劫《じっこう》の昔に完成され、それによって人びとを迎えいれる極楽浄土が建設されたとされる。↓因・法蔵菩薩

う

【有情】うじょう

サンスクリット「サットヴァ」を訳したもので、旧訳では衆生《しゅじょう》、新訳では有情と訳す。その意味は、感情や意識をもつもので一切の生きとし生けるものをいう。これにたいして、草木国土などを非情（非有情・無情）という。阿弥陀仏の本願は人間だけでなく一切の有情を救いの対象としたものである。

↓衆生

【梅原真隆】うめはら しんりゅう 一八八五～一九六六

本願寺派。富山県に生まれ、大正三年（一九一四）仏教大学（のちの龍谷大学）考究院卒。同大学教授・学監を兼任し、昭和四年、顕真学苑を設立した。『顕真学報』のほか、個人雑誌『親鸞研究』『道』を発行して研究と教化に尽力した。また参議院議員として文教委員をつとめた。著書には『梅原真隆選集』ほかがある。

【盂蘭盆会】うらぼんえ

一般には「お盆」という。もともとは夏安居《げあんご》（夏の一定期間の修行）を終った僧に食物を供じる行事であったが、日本では先祖供養とむすびついて広く

祖霊をまつる行事となった。真宗には祖霊を供養するという考えかたはなく、仏事・法事は仏恩《ぶっとん》に感謝する営みとされるが、一般の風習にしたがって歓喜《かんぎ》会《え》・盆会《ぼんえ》を行うこともある。→供養・追善

【有漏】うろ

漏とは、不浄なものを流出することを意味し、煩《ぼん》悩《のう》のこと。また、不浄を意味する。親鸞は『教行信証』で、大般涅槃経を引いて、「心もし有漏なるを名づけて不浄という、仏心は無漏《むろ》なるが故に大浄と名づく」と記している。→煩悩・無漏

え

【永代経】えいたいきょう

永代読経の意味で、寺院において故人の命日などに永代まで読経することをいう。一般の寺院では春秋に期日を定めて永代経法要を行うことが多い。他宗では追善供養のためとされるが、真宗では追慕とともに、自分自身が法を聞く機会として意味づけられる。→追善

【恵空】えくう　一六四四～一七二一

大谷派。近江（滋賀県）善竜寺（善立寺）に生まれる。十八歳で比叡山に登る。竜溪に宗学を学び、のち誓源寺円智の門人となる。正徳五年（一七一五）大谷派初代講師（大谷派学寮の最高責任者）に任じられる。著書には『無量寿経講義』『観無量寿経聴記』などがある。

【廻向】えこう

回向とも書く。めぐらし、さしむけることで、法要などの功徳を死者にさしむけることを一般に追善廻向また追善供養というように、一般に自分の積んだ善根《ぜんごん》の功徳《くどく》を他に与えることをいうが、真宗では仏がその徳を人びとにふりむけて救済の手をさしのべることをいい、それを本願力《ほんがんりき》（他力《たりき》）廻向《えこう》・発願《ほつがん》廻向という。また、真宗では往相《おうそう》廻向と還相《げんそう》廻向の二種の廻向のありかたを説く。人が浄土に往生してさとりをひらくこと（往相）も、さらに、穢土《えど》（この世）に還《かえ》って人びとを救うはたらきをあらわすこ

と（還相）も、すべて、阿弥陀仏の本願の力によるものであって、仏から人びとにさしむけられた、つまり廻向されたものであるとする。なお、真宗では仏事を仏恩報謝《ぶっとんほうしゃ》のいとなみとして、追善廻向とはしない。→往相〈還相〉・発願廻向・欲生《よくしょう》

【依正二報】 えしょうにほう

過去の行いの報いとして得た身を正報《しょうほう》、その身が依りどころとする環境を依報《えほう》といい、あわせて依正二報という。親鸞の『浄土和讃』には、「安楽仏土（極楽）の依正」とあり、その左訓《さくん》（お左がな）に「えほう（依報）はよろずのほうじゅ（宝珠）ほうち（宝地）よろずのかざりなり、すべてのかざりのなり、しょうほう（正報）はわれらがごくらく（極楽）にまいりなばじんづうじざい（神通自在）になるをいう」と説明している。→報土

【廻心】 えしん

回心とも書く。文字通り心をひるがえすことで、邪悪不信を悔い改めて、仏法に帰依《きえ》すること。また、

同じ仏法に帰依しても、小乗など自力の法門から自分の心をひるがえして他力に帰することをいう。廻心について『歎異抄』には、「もとのこころをひきかえて本願をたのみまいらするをこそ廻心とはもうしそうらえ」とある。→発心《ほっしん》

【恵信尼】 えしんに 一一八二〜？

親鸞の妻。親鸞の越後流罪のときに結ばれ、小黒女房・善鸞・明信・有房・高野禅尼・覚信尼を生む。親鸞の帰洛後越後に帰るが、歿年は不詳。出自については、越後の豪族三善為教の息女、あるいは三善家に仕えた女性という両説があり不明。末子の覚信尼に宛てた書簡類が『恵信尼文書』として西本願寺に所蔵されている。→覚信尼

【穢土】 えど

煩悩《ぼんのう》にけがれた迷いの世界のことで、争いや憎しみのたえないこの世、現実世界をいう。真宗の教えは、この穢土に住む人間の罪ぶかさにたいする深い自覚にもとづくものである。穢土に対置されるのが

浄土であり、穢土をいとい離れようとして浄土を願い求めることを厭離《おんり》穢土《えど》欣求《ごんぐ》浄土《じょうど》という（略して厭穢欣浄）。また、迷いの衆生《しゅじょう》（生きとし生けるもの）が輪廻《りんね》転生《てんしょう》する欲界・色《しき》界・無色界（三界）、地獄・餓鬼・畜生・阿修羅《あしゅら》・人・天（六道）の三界六道を総称して穢土という。↓悪・浄土・六道

【縁】えん

結果（果《か》）をひきおこす直接的な原因を因というのにたいして、それを外から助ける間接的原因（条件・状況）を縁という。直接・間接の両方の原因を合わせて因縁《いんねん》というが、仏教では一切のものは因縁によって生起すると説き、これを縁起という。また、阿弥陀仏の強い願力（本願の力）のことを弘誓《ぐぜい》の強《ごう》縁《えん》といい、阿弥陀仏の本願こそ、罪ぶかい凡夫《ぼんぶ》（われわれ）が救われる力強い因縁であるとする。

↓因・逆縁・増上縁《ぞうじょうえん》

お

【往生】おうじょう

往生とは、往き生まれることで、阿弥陀仏の浄土に往生する極楽往生、十方諸仏の浄土に往生する十方往生、弥勒菩薩《みろくぼさつ》が住む兜率天《とそつてん》に往生する兜率往生などがある。一般には、浄土教でも、往生を成仏のための手段とみる考えかたがあるが、真宗では、真実報土《ほうど》（真実の浄土）に生まれると同時に、無上《むじょう》涅槃《ねはん》（究極的なさとり）をえて仏になる往生即成仏を説く。↓浄土・成仏

【往生要集】おうじょうようしゅう

寛和元年（九八五）に恵心僧都《えしんそうず》源信《げんしん》（九四二～一〇一七）が撰述した書。三巻。極楽や地獄に関する百六十余りの経典類の要文を集め極楽に往生するための手引書として編纂したもの。平安時代中期の浄土教思想を集大成したもので、以後の浄土教発展に与えた影響はきわめて大きい。当時の浄土教は極楽浄土を克明に描いて往生したいという願い（欣求《ごんぐ》

浄土《じょうど》）を強めることを強調し、それによって宇治平等院などの華麗な阿弥陀堂が建立された。また、二十五三昧会《にじゅうござんまいえ》など特別の念仏が行われた。しかし、のちに浄土信仰がより内面的に深められていくにしたがって、法然・親鸞はそのような方法は必要なく、ただ口に名号《みょうごう》をとなえる称名《しょうみょう》念仏によって浄土に往生できると説いた。なお、『往生要集』は極楽往生できない者がおちる地獄の様相を克明に描きだした書として知られ、日本人の地獄観の原点ともなった。→往生・源信・地獄

【往生礼讃】おうじょうらいさん

唐の善導（六一三～八一）の著で、詳しくは『勧一切衆生願生西方極楽世界阿弥陀仏国六時礼讃偈』といい、『往生礼讃』のほか『願往生礼讃偈』『六時礼讃』『礼讃』ともいう。一巻。日没・初夜・中夜・後《ご》夜《や》・晨朝《じんちょう》・日中の六時、つまり一日六回にわたって讃文をとなえて礼拝する作法を明らかにしたもの。→六時礼讃

【往相・還相】おうそう・げんそう

念仏を信じる人は自分が浄土に往生するだけでなく、仏となったのちにまた穢土《えど》（この世）に戻って今度は人びとを浄土に導くはたらきをするとされる。この浄土に往生する姿を往相といい、穢土に還って教化《きょうけ》のはたらきをあらわす姿を還相という。親鸞は、往相も還相も如来の廻向《えこう》すなわち仏の慈悲のはたらきによるものであると説き、『高僧和讃』に「弥陀の廻向成就して往相還相ふたつなり」と記している。この往相と還相の二種廻向こそ真宗の眼目であって、『教行信証』のはじめに「謹んで浄土真宗を按《あん》ずるに二種の廻向あり、一つには往相、二つには還相なり」と述べられている。→廻向

【横超】おうちょう

本願のはたらきによって、迷いの世界を横に超える、つまり、すばやく横ぎって真実報土《ほうど》（浄土）に生まれ、無上涅槃《むじょうねはん》（最上のさとり）をえること。親鸞の『尊号真像銘文』には、「横はよこさまとい

う、如来の願力（本願の力）なり、他力をもうすなり、超はこえてという、生死の大海をやすくよこさまにこえて無上大涅槃のさとりをひらく也」と説明され、これが他力のなかの他力であることを示している。→頓教《とんぎょう》・二双四重《にそうしじゅう》

【大谷光瑩《おおたにこうえい》】一八五二～一九二三

大谷派本願寺二十二世。法名は現如《げんにょ》。二十一世厳《ごん》如《にょ》（大谷光勝）の子。明治二十二年（一八八九）継職。明治三年から翌年末まで門徒を率いて北海道に渡り、道路工事・開拓にたずさわる。明治五年、石川舜台らを連れて欧米を視察。明治二十八年、東本願寺の両堂を再建した。→石川舜台

【大谷光演《おおたにこうえん》】一八七五～一九四三

大谷派本願寺二十三世。法名は彰《しょう》如《にょ》。二十二世現如《げんにょ》（大谷光瑩《こうえい》）の子。明治四十一年（一九〇八）継職。明治三十三年、仏骨奉迎正使としてタイに赴く。明治四十四年、親鸞《しんらん》六百五十回忌を勤修。大正六年（一九一七）朝鮮・中国東北地方（満州）を巡《じゅん》錫《しゃく》。書・画・俳句をよくし、句誌『懸葵』を主宰した。句仏《くぶつ》という俳号をもつ。句集に『夢の跡』『我は我』がある。

【大谷光勝《おおたにこうしょう》】一八一七～九四

大谷派本願寺二十一世。法名は厳如《ごんにょ》。二十世達如《たつにょ》の子。弘化三年（一八四六）継職。安政五年（一八五八）・元治元年（一八六四）の両度にわたる本願寺炎上にさいして復興に尽力。明治五年（一八七二）伯爵に列し、同十八年、明治になって廃止されていた門跡《もんぜき》号を復興する。

【大谷光瑞《おおたにこうずい》】一八七六～一九四八

本願寺派本願寺二十二世。法名は鏡《きょう》如《にょ》。明治三十六年（一九〇三）継職。明治十九年得度、法嗣として中国・ヨーロッパ諸国の宗教事情を視察。法灯を継いで以後、宗政刷新、学事興隆、人材養成などにつくした。明治三十五年から同四十三年にかけて三次にわたり大谷探検隊を中央アジアに派遣。第一次には自らも参加し、西域文化研究に関する貴重な

資料を収集。大正三年（一九一四）退隠後は、海外での事業経営のほか、光寿会会長として雑誌『大乗』を刊行。著書には『大谷光瑞全集』などがある。

【大谷光尊】 おおたに こうそん 一八五〇〜一九〇三

本願寺派本願寺二十一世。法名は明如《みょうにょ》。明治四年（一八七一）継職。廃仏毀釈《はいぶつきしゃく》にさいして二十世広如を補佐し宗門改革にあたる。明治三年、政府に寺院寮の設置を建議。明治五年、梅上沢融・島地黙雷を海外派遣、また、学制改革、財政改革など、教団の近代化につとめた。著書には『仏会紀要』『明如上人日記抄』『明如上人遺文抄』などがある。↓島地黙雷

【大谷大学】 おおたにだいがく

京都市北区小山上総町にある。寛文五年（一六六五）大谷派十五世常如（一六四一〜九四）が別邸渉成園に学寮を設けたのにはじまり、明治になって貫練場、貫練教校、真宗大学寮などとよばれた。明治二十七年（一八九四）の学制改革ののち、真宗大学と真宗高倉大学寮とに分立、真宗大学は明治三十四年に東京に移ったが、明治四十四年、再び併合して真宗大谷大学と称した。大正元年（一九一二）現在地に校舎を新築、大正十一年の大学令により大谷大学と改称し、昭和二十四年に新制大学となり、短期大学、大学院などをもつ総合大学として現在に至る。
↓真宗大谷派

【大谷派《おおたには》】 ↓真宗大谷派

【大谷本廟】 おおたにほんびょう

親鸞の廟所。親鸞の廟堂は、親鸞の末娘の覚信尼（一二二四〜八三）が現在の知恩院（浄土宗総本山）のある大谷の地に造営したことに始まり、これが本願寺の起源ともなった。京都市東山区五条坂にある本願寺派の親鸞の廟所は慶長八年（一六〇三）知恩院の拡張にあたり、江戸幕府の命令によって現在地に移転、万治三年（一六六〇）十三世良如（一六一二〜六二）が仏殿を建て、親鸞の墓所をその後方へ移転した。この本願寺派の親鸞廟所を西大谷ともよ

ぶ。いっぽう、大谷派の親鸞廟所は、京都市東山区円山町にあり、東大谷ともよばれる。また、本願寺を真宗本廟、廟所を大谷祖廟という。慶長七年（一六〇二）の本願寺分立ののち祖廟は東本願寺境内にあったが、寛文十年（一六七〇）円山《まるやま》の地に移され、延享三年（一七四六）には九代将軍徳川家重から一万坪の地を寄附された。↓廟堂・本願寺

【抑止門】おくしもん

抑止とは、おさえとどめること。無量寿経の第十八願文およびその完成されたところを示す成就文《じょうじゅもん》に「五逆（親殺しなどの五つの大罪）と誹謗正法《ひぼうしょうほう》（謗法《ほうぼう》＝仏法をそしること）は除く」と説かれているが、これは五逆・謗法といった大罪を犯さないようにとの意味であって、仏の本願力はこれら重罪の者でももらさず救いとることをいう。このことが、親鸞の『尊号真像銘文』には、「唯除というのは、ただのぞくということばなり、五逆のつみびと（罪人）をきらい誹謗のおもきとがをしらせんとなり、このふたつのつみ（罪）のおもきことをしめして、十方一切の衆生《しゅじょう》みなもれず往生すべしとしらせんとなり」と説かれている。この抑止（罪をおさえること）と摂取《せっしゅ》（すべてを救いとること）の二つを、それぞれ抑止門・摂取門と呼ぶ。なお、親鸞は、抑止の立場から、師をそしる謗法の者や親をそしる五逆の者とは同座するなと戒めている。↓罪《ざい》

【織田得能】おだとくのう 一八六〇～一九一一

大谷派。越前（福井県）の甑香寺に生まれ、東京の宗恩寺を継ぐ。師範学校、中学の教壇に立ってのち、本願寺学寮や大阪高貴寺で学ぶ。明治二十一年（一八八八）にタイ、同二十二年に中国・インドを歴遊。仏教学のみならず、日本文学にも造詣が深く、上田万年・芳賀矢一などと交際。著書には、十数年をかけて独力で編集した『仏教大辞典』のほか『法華経講義』『大乗起信論義記講義』などがある。

【お斎】おとき

仏事のときにする食事のこと。元来は午前の食事をさす。釈尊は出家者が正午を過ぎて食事をするこ

とを禁止した（不過中食《ちゅうじき》）ので、正午以前に分量を過ごさない食事をすることを比丘《びく》（出家者）の戒と定めた。これがのちに転じて、仏事のさいの食事をいうようになったもの。真宗では、末寺・道場の寄合や講に門徒が菜を持ち寄ってお斎を営み、地縁の結合を深め合うことが古くから行われた。↓講

【御文】（御文章） おふみ（ごぶんしょう）

本願寺八世蓮如（一四一五～九九）が門徒に書き与えた寛正二年（一四六一）から明応七年（一四九八）にかけての法語。蓮如みずから御文《おふみ》と称し、大谷派でも御文とよぶが、本願寺派では御文章という。また、勧章・宝章などともいう。真宗の信仰のありかたを消息体（書簡形式）で平易に説き、真宗普及に果した役割は大きい。真偽未決のものを除いて二百二十一通が伝えられており、広く流布され、現在も勤行《ごんぎょう》や説教、法話のあとなどに読まれている。また、戦国時代の一向一揆のようすを知る史料としても重要である。↓蓮如

【恩】 おん

一般の用語と同じ「めぐみ」を意味する場合と、迷いの原因となる「恩愛《おんない》の煩悩《ぼんのう》（愛するものを失いたくないという心）」をさす場合とがある。前者は、父母・衆生《しゅじょう》・国王・三宝（仏法僧）の四恩、仏の慈恩・仏恩《ぶっとん》・大悲弘誓《だいひぐぜい》の恩などというように用いられる。真宗では阿弥陀仏の本願によってのみ救いがもたらされると説くので、とくに仏恩《ぶっとん》に報謝することが信仰のありかたとして強調される。後者は、親鸞が『高僧和讃』に、「恩愛はなはだたちがたく、生死はなはだつきがたし、念仏三昧行じてぞ、罪障を滅し度脱（さとりにいたること）せし」とあるように、親子・夫婦の愛はきわめて強い煩悩の一つとしてとらえられている。そして、人がこのように強い煩悩をもつゆえに、ひたすら念仏をとなえ、仏の力によって浄土に生まれることを願うべきであると説かれている。↓報恩・煩悩

【戒】かい

一般に戒律とまとめていわれるが、律が、比丘《びく》・比丘尼《びくに》（男女の出家者）が違反を犯すたびにこれを制して処罰規定を定めた出家教団の規律であるのにたいして、戒は、出家・在家の仏教徒がそれぞれに守るべきものであり、処罰規定をともなわない自発的なものである。仏教徒の基本条件として仏・法・僧の三宝に帰依する三帰戒《さんきかい》のほか、在家の信者が守るべき五戒、見習いの出家者が守るべき十戒、完全なる出家者（比丘・比丘尼）が守るべき具足戒《ぐそくかい》などがある。親鸞は『教行信証』で、末法の時代には教えはあってもその実践と証果《しょうか》（さとりに達すること）がなく、戒そのものが失なわれているから、すでに持戒（戒を守ること）とか破戒とかいうことはなく、無戒《むかい》である。その無戒のものこそが本願の正機《しょうき》（阿弥陀仏の救いの対象）であるとする。

→悪人正機・無戒名字の比丘

【改邪鈔】がいじゃしょう

建武四年（一三三七）に本願寺三世覚如（一二七〇～一三五一）が真宗教団における邪義や異説を批判するために二十一か条をあげて撰述した書。当時、本願寺教団をしのぐ形勢にあった仏光寺教団を主な対象としているともみられ、また、奥書に覚如が法然・親鸞・如信の三代伝持の正統を継ぐことを述べているように、真宗教団におけるみずからの正統的な地位を明らかにしようとする意図もみられる。古写本として、新潟県の高田浄興寺永享二年（一四三〇）写本、岩手県花巻光徳寺永正八年（一五一一）写本、西本願寺伝蓮如写本などが伝わっている。

→覚如

【鏡御影】かがみのみえい

親鸞の生存中に描かれた右向き立ち姿の肖像画（寿像）。作者は似顔画の画家であった藤原信実の子の専阿弥陀仏（号・袴殿）。簡素な線描小品ながら、まるで鏡に映したようによく親鸞の個性を描き出しているところから、鏡の御影と称されている。賛銘は、延慶三年（一三一〇）修覆のさいに本願寺三世覚如（一二七〇～一三五一）が加えたもの。西本願寺蔵。国宝。↓御影

【餓鬼】 がき

三悪道（三悪趣《あくしゅ》）・五悪趣・六道《ろくどう》の一つ。また、生前犯した罪の報いによって餓鬼道におちた亡者。常に飢えと渇きに苦しみ、むさぼりの心による行為の報いとして受ける境遇であるとされる。日本で浄土教が発展するもとともなった源信の『往生要集』には餓鬼のありさまが詳しく記され、阿弥陀仏による救済を願うべきことが説かれている。↓往生要集・六道

【覚信尼】 かくしんに　一二二四～一二八三

親鸞の末娘。母は恵信尼《えしんに》。常陸（茨城県）に生まれ、親鸞に伴われて京都に行き、日野広綱に嫁して覚恵（一二三九～一三〇七?）を生み、広綱と死別後、小野宮禅念と再婚して唯善（一二六六～?）を生む。親鸞の歿後、大谷の地に廟堂を建て、門弟たちと共有し、みずから留守職《るすしき》として廟堂の守護にあたった。この廟堂がのちに本願寺に発展した。↓恵信尼・唯善・留守職

【覚如】 かくにょ　一二七〇～一三五一

本願寺三世。親鸞の曽孫。覚恵の長男。弘安十年（一二八七）大綱の如信に宗義を受け、翌正応元年（一二八八）常陸（茨城県）の唯円にも学ぶ。正安三年（一三〇一）に編した『拾遺古徳伝』などによって浄土門流における親鸞の地位を明らかにすると

覚如

ともに、元亨元年（一三二一）ごろ、親鸞の墓所である大谷廟堂を本願寺に改めるなど、本願寺中心の真宗教団の理念を示し、教権拡張の基礎をきずいた。著書には『報恩講式』『執持鈔』『口伝鈔』『改邪鈔』などがある。→改邪鈔・覚信尼・本願寺

【金子大栄】かねこ だいえい 一八八一～一九七六

大谷派。現在の新潟県上越市の最賢寺に生まれる。大正五年（一九一六）東洋大学教授をへて真宗大谷大学教授に着任。同十四年、清沢満之の浩々洞《こうこうどう》にはいり、雑誌『精神界』の編集責任者となる。同十五年『仏座』を主宰。著書に『金子大栄選集』ほかがある。→清沢満之

【観経《かんぎょう》】→浄土三部経《じょうどさんぶきょう》

【観経四帖疏】かんぎょうしじょうしょ

唐の善導（六一三～六八一）が著した観無量寿経の註釈書。『観無量寿仏経疏』『観経疏』『四帖疏』『楷定疏』『証定疏』ともいう。玄義分・序分義・定善義・散善義の四帖から成り、古今の諸師の解釈を批判し、観無量寿経は念仏をとなえることによって極楽往生することができると説く経典であるという点を強調して新らたな解釈を行った。浄土宗の開祖法然（源空一一三三～一二一二）はこの書によって称名《しょうみょう》念仏による往生を確信したという。親鸞も、『教行信証』などにしばしば引用して自分の解釈を加えている。→浄土三部経・善導

【願作仏心】がんさぶっしん

仏になろうと願う心、また仏が人びとをさとりに導こうとする心をいう。親鸞は『高僧和讃』に、「願作仏心」の左訓《さくん》（お左がな）として「ほとけ（仏）にならんとねがうこころ（心）なり」と説くほか、『正像末和讃』に、「ほとけ（仏）にならんとちかいしん（信）ずるこころなり」と、それが信心であると説き、「たりき（他力）のぼたいしん（菩提心）なり、ごくらく（極楽）にうまれてほとけにならんとねがえとすすめたまえるこころ（心）なり」「みだ（弥陀）のほんがん（本願）なり」「じょ

うど（浄土）のだいぼだいしん（大菩提心）なり」と阿弥陀仏が人びとを救おうとする心そのものであることを説いている。→菩提心・発願廻向《ほつがんえこう》・発心《ほっしん》・欲生《よくしょう》

【観念法門】かんねんぼうもん

唐の善導（六一三〜八一）の著。一巻。詳しくは『観念阿弥陀仏相海三昧功徳法門』という。観無量寿経などによって観仏三昧《かんぶつざんまい》（仏や浄土のありさまをまのあたりに見るように念じ修行すること）などの意義と修行のありかたを明らかにし、阿弥陀仏の本願による念仏の法門に入らせるために説かれたもの。→念仏

【灌仏会】かんぶつえ

釈尊が誕生したとき、天から竜が降りてきて水を注いだという伝説にもとづき、釈尊誕生の四月八日に釈迦誕生仏（生まれたばかりの釈尊の姿を写した仏像）に香水《こうずい》（香をいれて浄化した水）をそそぐ儀式。花まつり・仏生会《ぶっしょうえ》ともいわれ、一般寺院でひろく行われる。なお、今日では香水にかわって甘茶をそそぐことが多い。→釈迦牟尼仏

【観無量寿経《かんむりょうじゅきょう》】→浄土三部経《じょうどさんぶきょう》

き

【帰敬式】ききょうしき

俗に「おかみそり」とも「おこうぞり」ともいう。僧侶の出家得度《しゅっけとくど》になぞらえて、一般の人が真宗に帰《き》依《え》（帰命《きみょう》）したことを証するために行われる儀式。本山で法主（門主）みずから、時には法嗣または連《れん》枝《し》が代行して行う。式を受ける人は、宗祖親鸞の御《み》影《えい》の前にすわり、頭髪に三度剃刀《かみそり》があてられて剃髪の儀式とし、法名が授けられる。→得度・法名

【疑城胎宮】ぎじょうたいぐう

仏智を信じないで自力の修行による往生を願う者（疑情の者）は、五百年のあいだ宮殿にとじこめられ、仏・菩薩などを見ず、法も聞けず、あたかも母親の胎内にいるようである（胎生《たいしょう》）と説く無量寿

経の教えのこと。↓四生《ししょう》・辺地《へんじ》

【北畠道竜】《きたばたけどうりゅう》 一八二〇〜一九〇七

本願寺派。紀伊和歌浦（和歌山市）法福寺の僧。学林《がくりん》（学寮）に学ぶが、還俗して農兵隊を組織し、天誅組の乱の鎮圧（一八六三）、第二次長州征伐（一八六六）で活躍。晩年、仏教大学の設立を志し、東京小石川に北畠法和所を設け、僧侶改良論などを主張したため、本山と絶縁、僧籍離脱。著書には『法界独断』『因明入正理論与便』などがある。

【祈禱】《きとう》

仏《ぶつ》・菩薩《ぼさつ》・諸神の加護《かご》をいのり、災いをのがれ福徳を得ることを願うことで、仏教では本来これを行わなかった。しかし、のちに密教が発達することによって息災法・増益法《ぞうやく》・護身法など各種の加持《かじ》祈禱が盛んとなったが、儀礼などの人の行いによって神仏からの利益《りやく》を招く祈禱は、絶対他力の信仰を旨とする真宗の教義にはそぐわない。親鸞は『西方指南抄』に、「ただ念仏ばかりこそ現当（現世と来世）の祈禱とはなり候え」と記し念仏によって来世に浄土往生できるだけでなく、現世においてもおのずから仏・菩薩の加護をうけるなどの利益を受けるとして祈禱を不要とする。↓現世利益

【機法一体】《きほういったい》

機とは人びとの機根《きこん》（気質や能力）の機で、人びとそのもの、または人びとの仏にたいする信心を表し、法は、阿弥陀仏またはその救済のはたらきをいう。南無阿弥陀仏という六字は「南無」が仏に帰依《きえ》するという信心を示し、「阿弥陀仏」が法を示し、この機と法の関係が不二、一体であることを機法一体という。南無阿弥陀仏の六字において、人びとの往生と仏の正覚《しょうがく》（さとり）とが同時に完成していることを意味する場合と、信心においてたのむ機とたすける法とが一体となるという場合とがある。『安心決定鈔』（作者不詳）に詳しく説かれており、覚如、存覚、蓮如などがこの語を用いて名号《みょうごう》や念仏の功徳を説き明かしている。↓南無阿弥陀仏

【帰命】きみょう

仏の教えに帰依《きえ》、帰順《じゅん》すること。「南無《なむ》」と同義。言葉の由来については自己の身命をささげて仏をたのみ、たすけたまえと請い求めることとする考えかたと、本来の根源的な生命に帰ること、すなわち還源とする考えかたがある。浄土宗鎮西派では帰投身《きとうしん》命《みょう》を、西山派では還源の意味を重んじる。親鸞は『尊号真像銘文』において、「帰命は南無なり、また帰命ともうすは如来の勅命にしたがうこころなり」と、人びとを救いとらんとする仏にすなおにしたがうことであるといい、これが真宗の正しい信心であるとしている。さらにこの信心（帰命）までも阿弥陀仏の本願他力のはたらき（廻向《えこう》）であるとする。

↓廻向・信

【逆縁】ぎゃくえん

縁あって仏道にすなおに入る場合（順縁《じゅんえん》）にたいし、仏にそむき、仏法をそしることが、かえって仏道に入る縁となることをいう。真宗以外では、自

分の修行をさまたげるもろもろの障害を逆縁といったり、また、親が先に死んだ子のためにとか、恨みのある者にたいしてその恨みをはなれて供養する場合にも用いる。↓縁

【行】ぎょう

仏道修行のこと。今日、一般には水行や参籠（おこもり）など、身体的苦痛をともなう特殊な修行をとくに行と呼ぶことが多いが、真宗では口に南無阿弥陀仏ととなえる称名《しょうみょう》念仏を正行《しょうぎょう》（正しい行）とし、その他もろもろの行は雑行《ぞうぎょう》であって、むしろ阿弥陀仏への心からの信仰をさまたげるものとする。これらの修行は自力をたのむ心をのこしたものだからである。真宗では、阿弥陀仏は因位《いんに》（仏になるために願をおこし修行する菩薩《ぼさつ》の位）の万行（よろずの行）、果地《かじ》（仏の位）の万徳（あらゆる功徳）を南無阿弥陀仏という名号《みょうごう》におさめて人びとに与えられた（廻向《えこう》された）のであるから、南無阿弥陀仏の名号および名号のはたらきとしての称名念仏を大《だい》行《ぎょう》（もっとも功徳の大きい行）という。↓大行・正

【教行信証】《きょうぎょうしんしょう》

①浄土真宗の根幹をなす真実の四法つまり真実の教え、真実の行、真実の信、真実の証（さとり）のこと。真実の教えは、阿弥陀仏の本願によるすべての救済を説く大無量寿経の教え、真実の行は、諸仏《しょぶつ》称名の願（阿弥陀仏の四十八願のうち第十七願）に誓われた無碍光如来《むげこうにょらい》（阿弥陀仏）の名を称する大行（称名念仏）、真実の信は、至心信楽《ししんしんぎょう》の願（第十八願）に誓われた大信心、真実の証は、必至滅度《ひっしめつど》の願（第十一願）に誓われた無上涅槃《むじょうねはん》（最上のさとり）である。この四法をつづけて表現すれば、「衆生は大行《だいぎょう》である名号のはたらきによりおこされた信心を因として現生《げんしょう》（この世）に正定聚《しょうじょうじゅ》（極楽往生が定まること）に住し必ず滅度《めつど》（さとり）にいたらしめられる」という、真宗の教えそのものとなる。↓行・信・正定

②親鸞が著した『顕浄土真実教行証文類』の略称。六巻。元仁元年（一二二四）の成立と伝える。総序につづいて『顕浄土真実教文類（教巻）』『顕浄土真実行文類（行巻）』『顕浄土真実信文類（信巻）』『顕浄土真実証文類（証巻）』『顕浄土真仏土文類（真仏土巻）』『顕浄土方便化身土文類（化身土巻）』からなる浄土真宗の立教開宗の根本聖典。数多くの経典類（経・論・釈）の要文を引用して親鸞自身の解釈をほどこし、教義の根幹である教（仏の教え）・行（仏道修行のありかた）・信（真実の信心）・証（行による救済とさとり）の四法を明らかにしたもの。真宗の根本聖典であるだけに、本典《ほんでん》・御典・御本書《ごほんじょ》ともよばれ、また教行証文類・教行証・広文類などと略称される。「御草稿本（坂東本）」とよばれる自筆の再稿本は国宝で東本願寺蔵。西本願寺には親鸞歿後まもなく、文永十二年（一二七五）書写と推定される「清書本」が蔵されている。↓正信偈

【教化】《きょうけ》

教え導いて仏道に向かわせることで、教導化益《きょうどうけやく》の略。また、仏前で諷誦《ふうじゅ》（曲調をつけて読むこと）する真宗の讃歌の一種も教化という。↓自行化《じぎょうけ》

他《た》・自《じ》信教人信《しんきょうにんしん》・利他

【脇士】きょうじ

「わきじ」ともいう。主尊（中心となる仏）の両脇に侍する菩薩《ぼさつ》などのこと。主尊の徳を表し、またはそのはたらきを助ける侍者。阿弥陀仏の脇士は、観音・勢至《せいし》の二菩薩であり、観音は仏の慈悲を、勢至は智慧を表している。阿弥陀仏を中心に観音・勢至の両菩薩を両脇に配した仏像を阿弥陀三尊像という。しかし真宗の信仰は、ひたすら阿弥陀仏の名《みょう》号《ごう》をとなえて、その本願力に救われるとする信心であり、脇士は念仏をすすめるという意味はあっても、ことさら観音などの脇士を信仰すべきでないとする。

→阿弥陀仏・観音菩薩・本尊

【教相判釈】きょうそうはんじゃく

仏教は一口に八万四千といわれる経典（各種の教え）をもつが、そのなかでどれが釈尊の真実の教えであり、また、自身にもっとも適した教えとして信仰のよりどころとすべきかについて、形式・方法・

時期・説かれた内容などによって整理分類し、信仰の根本となる経典を明らかにすること。教相・教判・判教ともいう。真言宗では大日経・金剛頂経、日蓮宗では法華三部経というように、祖師の行った教判により各宗はそれぞれ所依《しょえ》の経典（信仰の依るべき経典）を立てる。法然以降、鎌倉新仏教の開祖はとくに教判を重視し、親鸞も二双四重《にそうしじょう》の教判を立てて、阿弥陀仏の本願にすべてを託した称名《しょうみょう》念仏が正しい信心のありかたであると示し、それは浄土三部経、なかでも無量寿経によることを説いている。

→二双四重・廃立《はいりゅう》

【教如】きょうにょ 一五五八～一六一四

大谷派本願寺十二世。本願寺十一世顕如の子。元亀元年（一五七〇）得度、法嗣となる。石山合戦《いしやまがっせん》にさいし、父顕如とともに織田信長と戦ったが、のち、抗戦を主張して和睦を受けいれようとする父と対立、義絶される。文禄元年（一五九二）顕如の死により十二世を継いだが、母如春尼が末弟准如《じゅんにょ》（一五七七～一六三〇）を擁立したことで隠居。慶長七年

（一六〇二）徳川家康から寺地の寄進を受け、東本願寺（現在の大谷派本願寺）を創設し、以後、本願寺は東西にわかれた。→石山合戦・真宗大谷派

【清沢満之】きよざわまんし 一八六三～一九〇三
大谷派。尾張藩士の徳永家に生まれ、十六歳で得度。大谷派育英教校を経て、明治二十年（一八八七）東京帝国大学哲学科卒業。明治三十三年、東京に浩々洞《こうこうどう》（宗教的な共同生活体）を営み、翌三十四年雑誌『精神界』を発刊。同年、真宗大学学監（学長）となる。ヨーロッパ合理主義をとりいれた精神主義により、自己の内的信仰にねざした近代的仏教信仰の確立につとめ、本願寺宗政改革運動をすすめた。著書には『宗教哲学骸骨』『我信念』などがある。

【錦織寺《きんしょくじ》】→真宗木辺《きべ》派

く

【苦】く
くるしみのこと。生《しょう》・老・病・死を四苦とし、これに愛する者と別れる愛別離苦《あいべつりく》を加えて五苦、さらに、憎む者と会う怨憎会苦《おんぞうえく》、求めて得られない求不《ぐふ》得苦《とくく》、身心や環境のすべてを形成する色・受・想・行・識の五要素に執着することによる五《ご》陰盛苦《おんじょうく》（五蘊盛苦《うんじょうく》）を加えて八苦とする（四苦八苦）。人生とは苦であるとするのは、仏教の教えの基本であり、それをさとることを苦諦《くたい》（苦という真理）という。苦は欲望などの煩悩《ぼんのう》から生まれるが、それから解放されるのは自分自身の力をもってしてはとうていなしえず、阿弥陀仏の慈悲（本願力廻向《ほんがんりきえこう》）によってのみ救われるとするのが真宗の教えである。→煩悩《ぼんのう》

【空】くう
仏教のきわめて重要な言葉の一つ。一般には「むなしいこと」と受けとられるが、仏教ではあらゆる事物は縁起の法則によって生じたものであって固定

的な実体はないということを意味し、それゆえ目前の現象にとらわれてはならないということを意味する。↓縁・色《しき》・無為

【空也《くうや》】 九〇三～七二

名は光勝というが、みずから空也と称し、橋を架けたり、道をきりひらくなどしながら、諸国に念仏踊りをひろめ、阿弥陀仏の名号《みょうごう》をたたえて民衆を教化した。出自不詳。阿弥陀《あみだ》聖《ひじり》、市聖《いちのひじり》ともいわれる。天暦二年（九四八）延暦寺で受戒し、光勝と改名。のち、京都に西光寺を建立した。六波羅蜜寺にある空也の立像は、口から小仏像を吐き出し、称《しょう》名《みょう》念仏を象徴する印象的な姿で知られる。↓念仏

【倶会一処《くえいっしょ》】

ともに一つの場所に出会うということで、阿弥陀経には極楽浄土に往生すると浄土の人びとと会合することができると説かれて、真宗では墓碑にしばしば「倶会一処」と刻まれる。↓浄土

【口称《くしょう》】

口に南無阿弥陀仏と名号《みょうごう》を称える口称念仏、称《しょう》名《みょう》念仏のこと。一般に念仏といえば口称念仏をさす。このほかに、念仏には観念念仏、観想念仏、実相念仏（これら三つに口称を加えて四種念仏という）があるが、親鸞は『教行信証』行巻の冒頭で「大行《だいぎょう》というは則ち無碍《むげ》光如来《こうにょらい》（阿弥陀仏）の名を称すなり」として口称念仏を真実の行とし、これが「大行」となるのは、阿弥陀仏のはたらきが南無阿弥陀仏の名号《みょうごう》におさめられているためとしている。

↓念仏・名号

【九条武子《くじょうたけこ》】 一八八七～一九二八

本願寺派本願寺二十一世明如（大谷光尊）の娘。二十二歳で九条良致と結婚し、ロンドンにおもむいた。帰国後、女性の教化につとめ、仏教婦人会本部長や東京真宗婦人会長となる。また、六華園長などを勧めて社会事業にも尽力し、遺志により、あそか病院が設立された。歌人としても知られ、随筆に

『無憂華』がある。

【功徳】 くどく

修行の功により積まれた徳。極楽往生するための行として、浄土三部経では、それぞれ、念仏とその他の行の功徳の別（無量寿経）、九品《くほん》（人の品格のちがいにより往生にも九種の別があること）の差異（観無量寿経）、多善根《たぜんごん》と少善根（阿弥陀経）をあげるが、親鸞は『正信偈』で名号《みょうごう》（南無阿弥陀仏）の功徳によって善根の満ちることを海にたとえ、称名念仏によってだれでも等しく救われると説いている。→九品・善〈善根〉

【愚禿】 ぐとく

親鸞の自称で、承元元年（一二〇七）の越後配流を契機として自ら名のり、その後、生涯を通じて用いた。「禿」は「禿居士《とくこじ》」のことで肉食妻帯の「無《む》戒名字《かいみょうじ》の比丘《びく》（戒を守らず名だけの僧）」をさす。親鸞はこの自称について、『教行信証』化身土巻に、「或は僧の儀を改め、姓名を賜うて遠流に処す、予は其の一なり、爾《しか》れば、已《すで》に僧に非ず俗に非ず、是の故に禿の字を以て姓と為す」と、非僧非俗《ひそうひぞく》の姿を表すものであると記している。→非僧非俗・無戒名字の比丘

【愚禿鈔】 ぐとくしょう

建長七年（一二五五）八月に親鸞が著した書。二巻。『二巻鈔』とも呼ぶ。愚禿とは親鸞の自称であり、はじめに「賢者の信を聞て愚禿が心を顕す」とあり、浄土教の諸先師の教えを聞き、阿弥陀仏の本願によってすみやかに無上涅槃《むじょうねはん》（最上のさとり）をえることができるとする親鸞の信心の立場を明らかにした書。親鸞の自筆本は現存せず、写本では永仁元年（一二九三）顕智書写本（専修寺蔵）がもっとも古い。→愚禿

【九品】 くほん

品とは、等級・種類を表わし、九種類の品位という意味。人のもつ品格によって往生にもちがいがあるとされ、観無量寿経の散善三観には、上品上生・

上品中生・上品下生・中品上生・中品中生・中品下生・下品上生・下品中生・下品下生の九種が示されている。これを九品往生という。阿弥陀仏・浄土・往生・蓮台《れんだい》などにそれぞれ九種があるとするが、真宗では称名《しょうみょう》念仏によってだれでも等しく真実の浄土に往生できるとする。↓三輩

【供養】くよう

食物や衣服などの供物を、仏法僧の三宝にささげることで尊崇の念を表し、福徳の行とされる。一般に死者の霊や先祖などにたいして供物をすることも供養といい、これを死者供養、先祖供養というが、親鸞は『浄土和讃』などに、供養を受ける資格のあるのは仏のみであると説いている。↓追善

【黒谷上人語灯録】くろだにしょうにんごとうろく

黒谷上人とは、親鸞の師であった法然（一一三三〜一二一二）のこと。語灯録は法然の遺文・法語をまとめた書。十八巻。浄土宗了恵の編。漢語と和語によって書かれ、漢語の部分を「漢語灯録」、和語の部分を「和語灯録」という。法然の法語・行状を伝える『西方指南抄』（親鸞の編と推定される）の十九年後に作られた。↓西方指南抄・法然

け

【袈裟】けさ

初期の仏教教団で制定された法衣《ほうえ》が、ぼろ布を集めて洗い、縫い合わせたものであり、その色が美しくない濁った色であったところから、サンスクリット語の濁った色、あせた色を意味する言葉「カーシャーヤ」を音写して、法衣を袈裟と呼ぶようになった。比丘《びく》（男性の出家者）の衣服としては外出時に着る大衣、聴講や布薩《ふさつ》（半月ごとに行う僧侶の行事）などのさいに着る七条衣、日常の作業や就寝時に着る五条衣の三衣と、比丘尼（女性の出家者）の用いる二衣の合わせて五衣が定められた。しかし、中国や日本では気候風土の関係から、三衣は次第に形式化され、袈裟の下にころもを着るようになり、袈裟そのものは仏教僧侶であることを象徴するものとして生地や色なども次第に華美になっていった。

現在、真宗では各派によって規定があり、五条袈裟や七条袈裟を用いる。↓便覧編

【化身】 けしん

本来は無色無形の真理そのものである仏が仮りに形を現した仏身、とくに仏が人びとを教化《きょうけ》するために仏以外の姿をとって形を現したものをいう。仏身については法身《ほっしん》（真理そのもの）・報身《ほうじん》（真理をさとった具体的な仏）・応身《おうじん》（衆生救済のためにこの世に出現した仏）の三身説が一般的であるが、これに化身を加えると四身説となる。また、阿弥陀仏の本願によらず他の信仰と修行によって往生する浄土は、真の浄土（真仏土）ではなく、その外縁部にあたる化身土（方便化身土・化土《けど》）であるとされる。↓三身・辺地・方便

【解脱】 げだつ

煩悩《ぼんのう》から解放され、迷いから抜け出て、涅槃《ねはん》（さとり）をえて無碍《むげ》（真の自由）の境地に達すること。初期の仏教では人は苦しみの世界を輪廻《りんね》転生《てんしょう》し、そこから脱することを解脱として仏道修行の目標とした。真宗では阿弥陀仏の本願によって、人は迷いの世界から脱し、永遠の安楽（安らぎ）の世界（仏国土・浄土）に生まれると説く。↓涅槃

【血脈】 けちみゃく

師資《しし》相承《そうじょう》ともいい、教法や戒律が師から弟子にうけつがれてゆくことをいう。また、師から弟子への系譜を書いた系図を血脈ともいい、宗脈・法脈・戒脈などがある。真宗では法主（門主）が血統によって継承されることをさして相承の血脈ということもある。↓日野一流系図

【月感】 げっかん　一六〇〇～七四

大谷派。肥後（熊本県）延寿寺の僧。承応二年（一六五三）上洛して、同門で能化《のうけ》職にあった西吟《さいぎん》の学説および行状を非難する弾劾状を宗主に提出、月感騒動とよばれる論争に発展した。寛文五年（一六六五）本願寺派から大谷派に転じた。著書には『四十八願略鈔』『雑修十三失要解合釈』などがある。

【外道《げどう》】

仏教以外の教説・思想。また、それを信奉する者のこと。蓮如（一四一五〜九九）の『御文』（御文章）では異安心《いあんじん》（まちがった信仰）の一つである秘《ひ》事法門《じぼうもん》を「あさましき外道の法」と戒めている。
→異安心

【源海《げんかい》】 ?〜一二七八
仏光寺三世。もと武士であったというが、高田門徒の中心的人物であった真仏《しんぶつ》（一二〇九〜五八）について剃髪し、甲斐（山梨県）等々力山万福寺の二十四世になったという。文永年中（一二六四〜七五）武蔵国（埼玉県）荒木に満福寺を創設、いわゆる荒木門徒の始祖となった。→真宗仏光寺派

【源空《げんくう》】→法然《ほうねん》

【現生十種の益《げんしょうじっしゅのやく》】

他力の信心をえたものに、この世であたえられる十種の利益《りやく》。親鸞は『教行信証』信巻に「金剛の真心（阿弥陀仏の本願をかたく信じる心）を獲得すれば、横《おう》に五趣八難の道を超え、必ず現生に十種の益を獲《う》」として、次の十益をあげている。①冥衆護持（諸天善神がつねに守っている）、②至徳具足（このうえない功徳をそなえる）、③転悪成善《てんなくじょうぜん》（悪を転じて善となす）、④諸仏護念（もろもろの仏が思いをかけて守る）、⑤諸仏称讃（諸仏がほめたたえる）、⑥心光常護（仏の救いの光明につねに照らされ守られる）、⑦心多歓喜（未来に極楽往生することが定って心に喜びが多い）、⑧知恩報徳（仏の恩を知り、報いようとする）、⑨常行大悲（つねに大悲＜大いなる慈悲＞を行じる身となる）、⑩入正定聚《にゅうしょうじょうじゅ》（かならず仏になると定まる）。→現世《げんぜ》利益《りやく》・護念・正定・冥加《みょうが》

【顕浄土真実教行証文類《けんじょうどしんじつきょうぎょうしょうもんるい》】→教行信証

【源信《げんしん》】 九四二〜一〇一七
平安時代の浄土教の大成者。親鸞が真宗相承の祖

師と定めた七人の高僧（七高僧）の第六祖。恵《え》心僧《しんそう》都《ず》とよばれる。大和（奈良県）葛城郡当麻に生まれる。幼少にして比叡山に登り良源《りょうげん》に師事、天台教学を究める。覚運（九五三〜一〇〇七）の檀那流にたいしてその流派は恵心流といわれる。『一乗要決』『往生要集』をはじめ、著作はひじょうに多く、上記のほか浄土教関係で現存するものに『観心略要集』『阿弥陀教略記』『勧進往生極楽偈』『横川法語』などがある。↓往生要集

源信

【現世利益】げんぜりやく

この世でうける利益。道綽の『安楽集』、善導の『観経疏』『往生礼讃』、源信の『往生要集』、了恵編の『和語灯録』（法然の法語集）、親鸞の『教行信証』『浄土和讃』などに、念仏する者は、仏《ぶつ》・菩薩《ぼさつ》・諸天《しょてん》善神《ぜんじん》に守られて、死後に極楽往生するだけでなく現世の利益（現生《げんしょう》十種《じっしゅ》の益《やく》など）もあたえられると説く。親鸞の『浄土和讃』には十五首の「現世利益和讃」が収められているが、これは阿弥陀仏の名《みょう》号《ごう》をとなえることによっておのずから罪障《ざいしょう》が消滅するなどの念仏の功徳《くどく》を説いたもの。↓現生十種の益・冥加《みょうが》

【賢善精進】けんぜんしょうじん

賢く、善く、つとめはげむこと。親鸞は『唯信鈔文意』に、「あらわにかしこきすがた、善人のかたちをあらわすことなかれ、精進《しょうじん》なるすがたをしめすことなかれ」と、愚悪で内心は虚仮《こけ》（うそ、いつわり）である凡夫《ぼんぶ》が外面に賢善精進の相をかざるこ

とをいましめ、凡夫の心は「蛇蝎《じゃかつ》（ヘビ・サソリ）と同じ」としている。↓凡夫

【顕智】けんち　一二二六〜一三一〇

高田派専修寺《せんじゅじ》三世。専修寺二世真仏の門下。正嘉二年（一二五八）親鸞が説いた「自然法爾章《じねんほうにしょう》」を聞書したのをはじめ、親鸞の著述や経釈文を多数書写し、それらは専修寺に現存している。初期真宗教団の重鎮として高田教団の基礎をつくった。↓自然・真宗高田派

【玄智】げんち　一七三四〜九四

本願寺派。河内（大阪府）の大谷派願宗寺に生まれ、のち慶証寺玄誓のあとを継ぎ七世となる。安永元年（一七七二）大谷本廟の輪番となり、墓所での読経などの異風を改めた。天明四年（一七八四）高田派良空の『親鸞聖人正統伝』の誤りを指摘した『非正統伝』を、寛政四年（一七九二）『本典光融録』を著したほか、著書には『浄土三経字音考』『十二礼冠註』などがある。↓大谷本廟・親鸞聖人正統伝

こ

【五悪】ごあく

仏教徒として守るべき、不殺生・不偸盗《ふちゅうとう》（ぬすまないこと）・不邪淫《ふじゃいん》・不妄語《ふもうご》（虚言をいわないこと）・不飲酒《ふおんじゅ》の五戒を破り、人倫の道である、仁・義・礼・智・信の五常に反すること。現在の人間は煩悩《ぼんのう》にとらわれて仏道を正しく行じる力がなく、また罪ぶかいものであるという認識に立つ真宗では、この五悪を、より内面的な罪の意識としてとらえ、阿弥陀仏に絶対的に帰依《きえ》することによってのみ、悪の世界からのがれられるとする。↓悪・罪《ざい》・煩悩

【劫】こう

サンスクリット「カルパ」の音訳で、きわめて長い時間のこと。その長さは四十・八十・百二十里立方の城内に満たした芥子粒《けし》を三年に一粒ずつとり出してなくなるまでなどとたとえられる。真宗では「五劫思惟《ごこうしゅい》」「十劫正覚《じっこうしょうがく》」という言葉がよく使われ

る。十劫正覚とは、阿弥陀仏が十劫の昔に仏となったということ。五劫思惟とは、その前に法蔵菩薩《ほうぞうぼさつ》という名で修行していたとき、人びとを救うもっともすぐれた方法は何かと五劫のあいだ考えつづけたことをいう。↓五劫思惟

【講】 こう

もとは経典を講じ研究する集会を講会《こうえ》といったが、転じて、寺院で修する法会をさし、さらに宗教的集団組織を意味するようになり、その集会を講・御講という。戦国時代には講を一つの核として一向一揆《いっこういっき》がおこった。江戸時代には本山や末寺の護持会的な性格が強まるいっぽう、地蔵講・念仏講・観音講など、老若男女の信仰の場として幅ひろい民間信仰の一形態となった。また、宗教的組織から転じて、株講・頼母子《たのもし》講などの社会的・経済的集団の名ともなった。その構成員を講中・講員という。真宗では、親鸞の忌日（旧暦十一月二十八日）に修する仏事を報恩講《ほうおんこう》という。↓報恩講

【業】 ごう

サンスクリット「カルマ」の訳。人間の意思にもとづく行為。身体的動作（身業《しんごう》）・言語活動（口《く》業）・意思のはたらき（意業）の三つを、とくに身口意の三業といい、また善・悪・無記《むき》（非善非悪）の三種の業にわける。因縁業果の法則を立てる仏教では、人間の行い、つまり善悪の業を因縁として、苦楽の果報（結果）をうけるとするが、真宗では、人は欲望などの煩悩《ぼんのう》によって悪と苦しみの世界にとらわれており、阿弥陀仏の本願の力（大願業力《だいがんごうりき》）によってのみ、そこから脱出できると説く。↓因・煩悩

【興正寺《こうしょうじ》】 ↓真宗興正派

【毫摂寺《ごうしょうじ》】 ↓真宗出雲路《いずもじ》派

【功存《こうぞん》】 一七二〇～九六

本願寺派。越前（福井県）の平乗寺住職。同国河和田村の明生寺に生まれ、十八歳で本山学林《がくりん》（学

寮）に入る。明和六年（一七六九）能化《のうけ》職。宝暦十三年（一七六三）『願生帰命弁』を著して、仏のほうに救済の因が成就されているのだから、人間のほうには帰命《きみょう》の心は不要だという考えかた（無帰命《むきみょう》安心《あんじん》）の誤りを正したが、これがのちに三業惑乱《さんごうわくらん》とよばれる論争の要因となる。著書にはほかに『大無量寿経称揚録』『阿弥陀経講録』などがある。↓三業惑乱

【光明】 こうみょう
仏《ぶつ》・菩薩《ぼさつ》などの身から発する光のことで、仏・菩薩などの智慧や慈悲がすべてを照らしだすことを象徴する言葉。阿弥陀仏にはまた無量光・無碍《むげ》光など大いなる光という意味の別名（十二光仏と総称）があり、念仏・名号《みょうごう》もまた光明として表されることがある。↓十二光

【極楽《ごくらく》】 ↓浄土《じょうど》

【五劫思惟】 ごこうしゆい
五劫の劫とは時間の単位で無限ともいえる長い時間を表す。阿弥陀仏が仏となる前（因位《いんに》）に法蔵菩薩《ほうぞうぼさつ》という名で修行していたとき、世自在王仏《せじざいおうぶつ》のもとでどんな人でも救いとるのに適した浄土を求めて二百十億の諸仏の国土をつぶさに見たという。しかし、諸仏の浄土はそれぞれにすぐれていても、仏道修行を正しく行う力のない末法《まっぽう》の凡夫《ぼんぶ》（煩悩にとらえられた人びと）を救うには適したものではなかった。そこで法蔵菩薩は五劫という想像を絶する長期間にわたって思惟をふかめ、すべてを救う四十八の誓願（本願）を立てて、さらに修行を積んだ。そして今より十劫の昔に、その誓願のすべてを実現して仏となり、極楽浄土を建設した。この五劫にわたる法蔵菩薩の思惟を五劫思惟という。↓因位・法蔵菩薩・本願

【後生】 ごしょう
後世《ごぜ》・来世《らいせ》ともいう。前生《ぜんしょう》・現生《げんしょう》にたいして用

いる言葉。また次の世界に生まれること。蓮如は『御文』(御文章)に、「人間はただゆめまぼろしのあいだのことなり。後生こそまことに永生の楽果なりとおもいとりて人間は五十年百年のうちのたのしみなり。後生こそ一大事なり」と、後生の安心《あんじん》を願うべきことを強調している。ただし真宗では、阿弥陀仏の本願を信じて念仏をとなえることによってこの世において浄土往生が決定すること(平生業成《へいぜいごうじょう》)を説き、後生に浄土に生まれるのは、その果報《かほう》(結果)であるとする。→往生・平生業成

【五障三従】 ごしょうさんしょう

女性には、梵天王《ぼんでんおう》・帝釈天《たいしゃく》・魔王・転輪聖王《てんりんじょうおう》・仏になれないという五つのさわり(五障)があり(法華経に説く)、また、家では父母に従い、嫁しては夫に従い、夫の死後は子に従うこと(三従)の五障三従があって、女性は成仏できないとされたが、阿弥陀仏の第十八願には男女の差別がなく、また第三十五願には男性に変えて救うこと(変成男子《へんじょうなんじ》の願)が誓われており、女性も成仏できるとされる。→女人成仏

【御消息】 ごしょうそく

親鸞および歴代宗主が門弟などに与えた書簡および書簡体の法語の敬称。親鸞の消息は古くから、『親鸞聖人御消息集』や『末燈鈔《まっとうしょう》』などとして編まれている。→親鸞聖人御消息集・末燈鈔

【五濁】 ごじょく

世の末の衰退のありさまを五種にまとめて表現した言葉。五濁悪世といった熟語でも使われる。善導(六一三〜六八一)の『観経疏』序分義には次のように説かれる。①劫濁《こうじょく》=悪にみちた時代相となること。②衆生濁《しゅじょうじょく》=人の心が邪悪になること。③見濁《けんじょく》=自分の悪に気づかず、他人の正しさも認識できないこと。④煩悩濁《ぼんのうじょく》=迷いや欲望のために、何につけても、むさぼり・怒りの心をおこすこと。⑤命濁《みょうじょく》=いつくしむことを知らず、自分の命も他人の命も粗末にすること。無量寿経などに如来《にょらい》(仏)は五濁の世界に現れて衆生済度《しゅじょうさいど》に力をつくすと説かれ、五濁の世に

おいては阿弥陀仏の本願を信じるほかに救いはないとされる。↓悪・末法

【**護念**】ごねん

仏・菩薩などが、衆生《しゅじょう》（生きとし生けるもの）を護ること。また、守護しようと念ずること。摂受《しょうじゅ》ともいう。念仏者は来世に浄土往生するだけでなく、現世においても諸仏に護念される（現生《げんしょう》十種《じっしゅ》の益《やく》の一つ）とする。↓現生十種の益

【**五念門**】ごねんもん

世親（天親、四、五世紀ごろ）の『浄土論』に説く五つの念仏行のこと。その結果としてえられる五つの功徳《くどく》を五功徳門という。五念門とは①阿弥陀仏の像を礼拝する礼拝門《らいはいもん》、②阿弥陀仏の名号《みょうごう》をとなえて如来の徳をほめ讃える讃嘆《さんだん》門、③阿弥陀仏の浄土に生まれたいと一心に念じる作《さ》願《がん》門、④阿弥陀仏の浄土の荘厳を思いうかべる観察《かんざつ》門、⑤自己の功徳をすべての衆生《しゅじょう》にさしむけて、ともに浄土に生まれたいと願い、また、浄土に生まれてもそこに安住せず再び衆生の世界に戻って教化する廻向《えこう》門の五門。その結果としての五功徳門とは①礼拝により仏のさとりに近づく近《ごん》門、②讃嘆により聖者の仲間に入る大会衆《だいえしゅ》門、③④作願・観察により止・観を成就する宅門と屋門、⑤廻向門のはたらきで迷いの世界に出て、自在にさまたげなしに救済する園林遊戯地《おんりんゆげじ》門の五門。このうち前四門を入門、廻向門を出門とし、親鸞は入出二門とも阿弥陀仏の因行果徳と明かした。

↓浄土論

【**御文章**《ごぶんしょう》】↓御文《おふみ》

【**根**】こん

①植物の根が発芽し、成長する力をもっているところから、力があって強いはたらきをもつものを根と名づける。眼《げん》・耳《に》・鼻《び》・舌《ぜつ》・身《しん》を五根といい、意根（意識・心）を加えて六根という。また、信・精進・念・定《じょう》・慧《え》を五根ともする。②機根《きこん》または根機。教えをうけて実践する能力のこと。また、人がもっている根本的な気質・性格・能力をいう。現在

の人間（末法《まっぽう》の凡夫《ぼんぶ》）は機根が衰えて正しく仏道を行じる能力はないが、阿弥陀仏はそのような者こそ、救済の対象にしていると説かれる。↓悪人正機・善〈善根〉

さ

【罪】 ざい

つみ・とが。罰としての苦の報いを招く行為。五悪（仏教徒として守るべき不殺生・不偸盗《ちゅうとう》・不邪淫・不妄語・不飲酒《おんじゅ》の五戒を破ること）、十悪（殺生・偸盗・邪婬・妄語・両舌・悪口・綺語《きご》・貪欲《とんよく》・瞋恚《しんに》・愚癡《ぐち》）、五逆（父母を殺すことなど）の罪が説かれる。それらの罪は欲望などの煩悩《ぼんのう》によっておこるもので、煩悩を滅することが罪からのがれることであり、またそれが仏道修行にほかならない。しかし、『歎異抄』では、阿弥陀仏の本願は「罪悪深重《ざいあくじんじゅう》煩悩熾盛《ぼんのうしじょう》の衆生をたすけんがための願」と説かれ、罪ぶかい煩悩具足の凡夫こそが阿弥陀仏の救いの対象とされている。しかしそれは悪を勧める意味ではなく、阿弥陀仏の四十八願の第十八願には五逆などをおかすことが戒められており、それを抑止《おくし》という。

↓悪人正機・抑止門・滅罪

【在家】 ざいけ

出家者（僧侶）にたいし、一般の人をいう。在俗者のこと。初期の仏教は出家者（比丘《びく》・比丘尼《びくに》）の僧団を中心としたものであったが、大乗仏教では在俗者の救いが強調された。親鸞はそれをさらに進めて、出家・在家の区別なく阿弥陀仏に救われるとし、非僧非俗《ひそうひぞく》の立場をつらぬいた。↓僧・非僧非俗

【済度】 さいど

済はすくう、度はわたすの意で、迷いの世界にある人びとを救って、さとりの世界（浄土）へわたすこと。すべての生きとし生けるものを救うことを衆《しゅ》生《じょう》済度という。↓引接《いんじょう》・招喚《しょうかん》

【西念寺】 さいねんじ

茨城県笠間市稲田町にある寺院。親鸞が関東時代に滞在した旧跡で、稲田禅房・稲田御坊ともいう。

万治三年（一六六〇）東本願寺の末寺となったが、現在は単立寺院。本堂の前には親鸞が植えたというイチョウの木がある。

【西方指南抄】 さいほうしなんしょう

親鸞の師であった法然（一一三三〜一二一二）の法語や行状を書きしるした書。親鸞の編と推定されるが確定していない。康元元年（一二五六）から翌年にかけて執筆された親鸞の自筆本が専修寺《せんじゅじ》（三重県津市）に現存し、国宝となっている。法然の言行を知るうえで、『黒谷上人語灯録《くろだにしょうにんごとうろく》』とともに重要な書。→黒谷上人語灯録・法然

【西方浄土】 さいほうじょうど

極楽浄土のこと。この世界（娑婆《しゃば》）の西方十万億の仏土（仏の国）を過ぎたところにあるとされるが、経典によっては百千万億とも千億万ともされる。なぜ、阿弥陀仏がその浄土を西方に定めたかについては、一般の人には聖者のように十方に念をおよぼす力がないから（道綽『安楽集』）とも、東は生のはじめ、西は死のおわりを表し、心のおちつくところとして西を選んだ（同）ともいう。→浄土

【佐々木月樵】 ささきげっしょう　一八七五〜一九二六

大谷派。愛知県の願力寺に生まれ、同県の上宮寺を継ぐ。真宗大学（のちの大谷大学）研究科を卒業。在学中に、清沢満之らの本願寺宗政改革運動に参加。明治三十四年（一九〇一）清沢らと雑誌『精神界』を発刊。真宗大学教授を経て、大正十三年（一九二四）大谷大学学長。著書には『唯識二十論の対訳研究』『支那浄土教史』などがある。→清沢満之

【佐田介石】 さだかいせき　一八一八〜八二

本願寺派。肥後（熊本県）八代郡の浄立寺に生まれる。幼くして儒医斎藤宗原に四書五経（儒教の古典）を学ぶ。のち京都に出て筑前学派の法雲・南渓について倶舎《くしゃ》・唯識《ゆいしき》などを学び、また、東福寺・南禅寺で禅門の修行をつむ。その間、森尚謙の『護法資治論』に啓発され、『視実等象儀』を著す。国粋主義的立場から外交論・貿易論・経済論などを展開

し『ランプ亡国論』などを著す。明治三年（一八七〇）『世益新聞』を発刊。著書として以上のほかに『栽培経済問答』『扶桑益世仏教開国論』などがある。

【三界】 さんがい

輪廻《りんね》転生《てんしょう》（生まれかわり）する三種の世界。

①欲界＝食欲・婬欲・睡眠欲の三欲を有するものの住むところで、地獄・餓鬼・畜生・阿修羅《あしゅら》・人・天の六道に分かれる。②色《しき》界＝三欲をはなれたものの住むところで、四段階の禅定（四禅）を修めて生まれる天界。③無色界＝物質を超えた精神の世界で、四無色定（形にとらわれない四つの心）を修めたものが生まれる天界。↓欲界・輪廻

【三願転入】 さんがんてんにゅう

三願とは阿弥陀仏の四十八願のうちの第十八願・第十九願・第二十願をいう。第十八願（至心信楽《ししんしんぎょう》の願）は真実の信（他力信心）を浄土往生の正因《しょういん》とし、第十九願（至心発願《ほつがん》の願）は自力の修行による往生を、第二十願（至心廻向《えこう》の願）は称名《しょうみょう》念仏のうちでもそれを自力の行とする者の往生を仏が誓ったものとされるが、第十九願・二十願は真実である他力信心の法門に人びとを導くための方便《ほうべん》（手だて）であり、第十九願・二十願の自力の法門から第十八願の他力の法門に入ることを三願転入という。

また、『教行信証』化身土巻にある三願転入の文は、親鸞自身が阿弥陀仏に絶対的に帰依するにいたった経緯をのべた信仰告白とみられている。親鸞の廻心《えしん》（本願の真実に帰依すること）は建仁元年（一二〇一）二十九歳のときであったとされるが、三願転入によって真実の信仰をえられたことは、すべて善《ぜん》巧《ぎょう》方便（仏が人びとを導こうとするたくみな手だて）の仏恩《ぶっとん》によると、親鸞はのべている。↓廻心・方便・本願

【慚愧】 ざんき

罪を恥じること。詳しくは、慚は自ら罪を作らず、愧は他に罪を作らせないこと。また、慚は内に自らの罪を恥じ、愧は他にむかって自らの罪を恥じること。慚は有徳者を敬い恩に感謝する心、愧はみずか

らの罪をおそれる心。善導（六一三〜八一）の『法事讃』には「釈迦・諸仏の恩を慚愧せよ」とある。→懺悔《さんげ》

【三経往生文類】さんぎょうおうじょうもんるい

親鸞の著。一巻。正式には『浄土三経往生文類』という。浄土三部経の重要な部分を抽出し、その教えを簡明に説いたもの。略本（親鸞真蹟）は西本願寺に、広本は興正寺に所蔵されている。→浄土三部経

【懺悔】さんげ

罪過を悔いて、仏に許しを乞うこと。蓮如は『御文』（御文章）に、「つみ（罪）は十悪五逆謗法闡提《ほうぼうせんだい》のともがらなれども廻心懺悔してふかくかかるあさましき機をすくいまします弥陀如来の本願なりと信知して」と、自分は罪ぶかい身であるけれど、その罪を悔いて他力念仏の真実の信仰に入り（廻心《えしん》懺悔）、罪ぶかくあさましい人を救うという阿弥陀仏の本願を信じるとのべている。→罪《ざい》・慚愧《ざんき》

【三業惑乱】さんごうわくらん

本願寺派の教義に関する論争。三業とは、あることをしようと意思する（意《い》業）、それが身体的行動としてあらわれる（身《しん》業）、言語表現としてあらわれる（口《く》業）の三つのはたらきのこと。三業惑乱は、人びとが救われるためには三業に帰依《きえ》の心をあらわして、仏にむかって救けたまえと願い求めなければならないとする三業帰命《きみょう》の説を異端として批判したことからおこった。三業帰命は学林（僧侶の修学道場）の新義派と称する知空・功存が主張し、この説を誤りとする在野の大瀛《だいえい》らは古義派と称して強くこれを否定した。その正邪は本山においても決しかね、暴動までおこるにいたって、文化元年（一八〇四）江戸幕府が介入、古義派を正義と決定し、学林の能化《のうけ》職（学頭職）が廃止されて決着した。→業・功存

【三十二相】さんじゅうにそう

仏の身にそなわっているすぐれた形相のうち、顕

著な三十二の特徴をいう。平安時代にはこの三十二相を思い描く観想《かんぞう》念仏が重視されたが、鎌倉時代に入り、称名《しょうみょう》念仏を唯一の行とする法然・親鸞はそれを自力、方便の行としてしりぞけた。仏の三十二相とは以下のもの。①足底が大地に均等にふれる扁平足（足下安平立相）、②足裏に千の輻宝の肉紋がある（千輻輪相）、③手の指が長い（長指相）、④踵が広く平ら（足跟広平相）、⑤指のあいだにみずかきがある（手足指縵網相）、⑥手が綿のようにやわらかい（手柔軟相）、⑦足の甲が豊か（足趺高満相）、⑧股の骨が鹿王のようにこまやか（腨如鹿王相）、⑨両手が膝を越す（正立手摩膝相）、⑩平常は陰部が馬のように体中に隠れている（陰蔵相）、⑪身長と両手を広げた長さが等しい（身広長等相）、⑫青い毛が上に向かい右旋している（毛上向相）、⑬毛孔ごとに一毛を生じている（一孔一毛生相）、⑭身が金色（身金色相）、⑮身からの光が四面一丈を照らす（丈光相）、⑯肌がなめらかでけがれがない（細薄皮相）、⑰両手、両足、両肩、うなじの肉がふくよか（七処隆満相）、⑱腋の下がくぼまず光を放つ（両腋下隆満相）、⑲獅子のように威徳がある（上身如師子相）、⑳瑞厳な身（大直身相）、㉑肩がふくよか（肩円満相）、㉒歯の数が四十（四十歯相）、㉓歯がととのっている（歯斉相）、㉔四つの牙が鮮白（牙白相）、㉕頬が獅子のようにふくよか（師子頬相）、㉖最上の味感をもつ（味中得上味相）、㉗舌が広長で髪の生えぎわまでとどく（大舌相）、㉘微妙ではるかにひびく声（梵声相）、㉙青く澄んだひとみ（真青眼相）、㉚牛王のようにすぐれたまつ毛（牛眼睫相）、㉛頭頂に髻のような肉の突起がある（頂髻相）、㉜眉間にあって光を放つ右回りのまき毛（白毫相）。→念仏

【三心】 さんしん〈さんじん〉

浄土往生の因となる信心の内容を三種の心として示したもの。①無量寿経の説く三心《さんしん》（三信ともいう）＝阿弥陀仏が四十八願のうち第十八願に示した至心《ししん》・信楽《しんぎょう》・欲生《よくしょう》の三心。大経の三心ともいう。至心とは真実なる心で、具体的には南無阿弥陀仏という名号《みょうごう》によって表される。信楽は至心よりおこる

心で真実の信心をいう。欲生は浄土に生まれたいと願う心で、阿弥陀仏が人びとの往生を願う心から出たもの。三心はいずれにしても、仏が人びとに与えたもので、一体のものである。②観無量寿経の説く三心《さんじん》＝浄土に生まれるための条件とされる至《し》誠《じょう》心《しん》・深心《じんしん》・廻向発願心《えこうほつがんしん》の三心。善導は至誠心を真実の心、深心を深く信ずる心、廻向発願心を、自他所修の善根を真実の深信の心にさし向けて往生を願う心であると解釈している。↓至心・信・信楽・欲生

【三身】 さんしん

仏の三つの姿（仏身）をいう。形相を超えた永遠不滅の真理そのものである仏身を法身《ほっしん》、修行を因とし、その報いとして得た仏身を報身《ほうじん》、衆生の機根（教えを理解する能力）に応じて仮りに現われた仏身を応身《おうじん》として、法・報・応の三身という。阿弥陀仏は法蔵菩薩が修行をつんで仏となったのであるから報身にあたるが、同時に永遠不滅の真理でもあり、源信（九四二〜一〇一七）の『往生要集』には、「彼の仏は是れ三身一体の身なり」と、阿弥陀仏における三身相互の関係が有機的で結局は一体であることを説いている。また、阿弥陀仏は真理そのものであると同時に、人びとを救うという具体的なはたらきをもった仏であるから方便法身《ほうべんほっしん》ともされる。

↓化身

【三途の川】 さんずのかわ

人が死んで冥土《めいど》に行く途中に渡るといわれる川。緩急の異なる三つの瀬があって、生前の業《ごう》（行い）により、渡る場所が三通りあり、また、川のほとりには、衣を奪いとる奪衣婆《だつえば》と、その衣を衣領樹《えりょうじゅ》にかけてしまう懸衣翁《けんえおう》がいて、衣がかけられた枝のたれかたにより生前の罪の軽重がはかられるという。蓮如は『御文』（御文章）で「三途の大河」と記している。↓冥途

【三誓偈】 さんせいげ

無量寿経にある偈の一つで、重誓偈《じゅうぜいげ》ともいい、浄土宗では四誓偈という。法蔵菩薩《ほうぞうぼさつ》（阿弥陀仏の前身）の四十八願を説き終って、重ねて韻文で誓願を

うたつたもの。①世に超えすぐれた願をなしとげ、②大施主となってすべての貧苦の者を救い、③名《みょう》声《しょう》をくまなく聞こえさせなければ仏にならない、と誓ってその決意と実践をのべたもので、端的に三つの誓願にまとめて阿弥陀仏の本願の内容を語っているので尊重され、日常の勤行にもよく用いられ、しばしば唱和される。↓本願

【三千世界】さんぜんせかい

ありとあらゆる世界の総称。古代インドの宇宙観では、世界は須弥山《しゅみせん》を中心に九山八海、四洲（四天《してん》下《げ》）、日月などから構成されているとして、これを一世界という。一世界が千で小千世界、小千世界が千で中千世界、中千世界が千で大千世界とし、大千世界は小中大三種の千世界を含むので、大千世界を三千世界、三千大千世界という。宇宙は無数の三千大千世界から成り、一仏の教化《きょうけ》の範囲（一仏土）は一世界（四天下）とも、一三千世界とも、さらにそれより大であるともする。古来、この現実世界（娑婆《しゃば》）は、四天下の一つである「閻浮提《えんぶだい》」にすぎないと考えられ、それにたいして仏の世界がいかに広大であるかを表現している。↓娑婆《しゃば》

【三蔵】さんぞう

①すべての経典類、一切経・大蔵経の意。蔵は容器の意味で、仏教聖典を、仏の教説をあつめた経蔵、生活規則をあつめた律蔵、教説を体系づけて論議解釈した論蔵の三種に分けた総称。②三蔵に精通した法師のこと。転じて三蔵の翻訳者のこと。三蔵法師の略。③浄土三部経に説かれた三種の法門、福智蔵・福徳蔵・功徳蔵のこと。福智蔵とは阿弥陀仏の四十八願のうち、第十八願の他力念仏を示した無量寿経の真実の教え。福徳蔵とは第十九願の諸行を説く観無量寿経の方便の教え。功徳蔵とは第二十願の自力念仏を説く阿弥陀経の方便の教えをいう。なお、方便とは人びとを真実に導く手だてを意味する。
↓本願

【三忍】さんにん

忍は、ものごとの道理を認識してさとり、心を安

んずること。三忍は真理をさとる三種の智慧（三法忍）のこと。①教えを聞いてさとる音響忍（随声忍）、②法の道理にすなおにしたがってわきまえる柔順忍（随順忍）、③真理にかない形相を超えて真実をありのままにさとる無生《むしょう》法忍、をいう。また、観無量寿経で阿弥陀仏の浄土を見た韋提希《いだいけ》は信心を喜ぶ心（喜忍）、仏智をさとる心（悟忍）、仏の本願を信じる心（信忍）の三忍をえたと説かれ、親鸞は称名念仏によって韋提希と同様に三忍をえることができると説く（『教行信証』信巻）。→韋提希

【三輩】 さんぱい

浄土往生を願う三種類のなかま。無量寿経に、人びとの浄土往生の因（心のありかた、修行のしかた）について上・中・下の三輩があると説く。また、観無量寿経では、上品《ほん》・中品・下品の三輩があるとし、それぞれ上生・中生・下生の往生の別があって九品とし、これを三輩九品という。→九品《くほん》

【三福】 さんぷく

往生を願うものが修する世福・戒福・行福の三種の浄業。世福とは、父母に孝養し、年上の人によく仕え、十善（十善戒＝大乗仏教徒の行うべき十種の善行）をつとめること。戒福とは、仏法僧の三宝に帰依し、すべての戒を守って威儀を正すこと。行福とは、菩提心（さとりを求める心）をおこし、他人にもすすめること。しかし、親鸞は『一念多念文意』などで三福は真実の浄土に生まれる行ではないとし、みずからの行いによって浄土に生まれたいという自力の心を捨て、ひたすらに阿弥陀仏の本願によるべきであるとする。→善〈善根〉

【讃仏偈】 さんぶつげ

嘆仏偈・歎仏偈ともいう。法蔵菩薩《ほうぞうぼさつ》が師である世《せ》自在王仏《じざいおうぶつ》の徳をたたえ、自らの発願をのべて諸仏の証明を請うた四言八十句の偈頌《げじゅ》（詩文）。無量寿経にある偈頌の一つで、法蔵菩薩の姿や誓願の心が端的に述べられていて、親しまれ、日常の勤行でもよ

く唱和される。→法蔵菩薩

【三宝】さんぼう

仏教徒が帰依《きえ》し、供養しなければならない仏宝、法宝、僧宝の三宝のこと。さとった人（仏）、その教え（法）、さとりをめざす人（僧）を、それぞれ宝にたとえたもの。無量寿経には、末法万年ののちには三宝がことごとく亡びるが、阿弥陀仏の名号《みょうごう》だけはなお百年のあいだ残り、聞く者は往生すると説かれる。→名号

【三昧】さんまい

サンスクリット「サマーディ」の音訳で、正定《しょうじょう》（または定《じょう》）、また等持《とうじ》と訳す。正定とは、心が一か所に定まり統一して安らかなこと。等持とは、心を平等にたもち、あらゆる功徳《くどく》をたもつこと。元来は智慧をえるための実践方法として重視されたが、浄土教では念仏三昧といい、念仏を行ずる人が余分な思いをまじえず、心を一つにして称名《しょうみょう》念仏を続ければ、心眼が開けて仏が目の前に現れるのを見るという。これを定《じょう》とも三昧とも名づける。親鸞は『教行信証』行巻に道綽の『安楽集』を引きながら、他の三昧は部分的な障害を除くのにたいして、念仏三昧は三世のあらゆる障害を除くと説いている。
→正定《しょうじょう》

【三門徒】さんもんと

如道《にょどう》（如導一二五三〜一三四〇）が越前大町（福井市）に開創した専修寺《せんじゅじ》を拠点とした念仏集団の総称。如道は親鸞の関東布教によって形成された高田門徒の系統に属する人。はじめ本願寺の覚如とも親密であったが、のちに疎遠になったと伝える。如道を中心とした大町門徒は、道性が鯖江に証誠寺《しょうじょうじ》（現在の山元派《やまもとは》本山）、如覚が誠照寺《じょうしょうじ》（現在の誠照寺派本山）を建て、三門徒とよばれた。如道の歿後は二男如浄、三男了泉へと相承されたが、そのころ越前に進出しつつあった本願寺教団との関係で大町門徒は分裂した。如道の法脈を継承する一派は了泉の子浄一を擁して専修寺を出、足羽郡蕗野郷中野に移って専照寺と称した（現在の三門徒派本山）。蓮如

（一四一五〜九九）は北陸に進出したさいに、「三門徒おがまず衆」「秘事法門《ひじぼうもん》」として大町門徒の教義を異安心《いあんじん》（あやまった信仰）として批判した。なお、三門徒の名は、もっぱら親鸞の和讃を読誦することから「讃門徒」といわれたのが転じたともいう。↓真宗三門徒派・真宗誠照寺派・真宗山元派・如道・秘事法門

し

【死】 し

『末燈鈔』（親鸞の法語集）には、生死無常の道理は仏がすでに説かれていることであるから、いまさら死を驚くべきでないと説く。念仏者の死にざまも、身からおこる病は往生の支障とならず、心からおこる病では天魔となり地獄へおちると教える。親鸞の『浄土和讃』では、念仏には中天《ちゅうおう》（若死すること）を除く利益があり、邪見の者は、毒薬・いのり・のろいなどのために横死するとされる。また、他力の信心をえて自分への執着がなくなることを心命《しんみょう》の死といい、それによって正定聚《しょうじょうじゅ》（極楽往生が定まった安心の位）に入るとされる。↓正定・葬式・来《らい》迎《こう》

【慈円】 じえん 一一五五〜一二二五

天台座主。法然を擁護した関白九条兼実の弟。『親鸞伝絵』に「（親鸞）九歳の春比、阿伯従三位範綱卿（親鸞の養父）、前大僧正（慈円）の貴坊へ相具したてまつりて鬢髪を剃除したまいき」とあり、親鸞得度の戒師といわれる。著書には『愚管抄』のほか、歌集『拾玉集』などがある。↓青蓮院《しょうれんいん》

【此岸】 しがん

理想の世界、さとりの境地を彼岸《ひがん》というのにたいして、迷いの世界つまりこの世をいう。↓彼岸

【色】 しき

広義には、五蘊《ごうん》（色＝物質、受＝感覚、想＝知覚、行＝意志その他の心の作用、識＝心識）の一つとしての物質的存在の総称。狭義では、眼によって見ることのできるいろ（顕色《けんじき》）とかたち（形色《ぎょうしき》）をい

う。仏の真実の姿は色を超えた無色無形のものとされる。↓空《くう》

【識】 しき

対象を認識、識別するはたらき。眼耳鼻舌身の五識（五根）によって色声香味触を感覚し、意識は意根によって法境（心の対象）を認識する。また、識は凡夫《ぼんぶ》の心を意味し、親鸞の『教行信証』化身土巻には「智に依《よ》りて識に依らざるべし」と説かれる。↓凡夫

【自行化他】 じぎょうけた

自ら仏教を信じて実践し、他にも勧め教化《きょうけ》することで、大乗仏教の根本精神を表す言葉。自利利他《じりりた》、自益益他《じやくやくた》、自信教人信《じしんきょうにんしん》ともいう。真宗では、自行（自利）も化他（利他）もすべて阿弥陀仏のはからい（他力）によって実行しうるものとする。↓教化・自信教人信・自利利他

【地獄】 じごく

自分の行った罪業によって死後その報いを受ける最悪で極苦の環境。地獄趣・地獄道ともいい、輪廻《りんね》転生《てんしょう》するさまざまな世界、三悪道・五趣・六道・十界の一つ。①等活《とうかつ》、②黒縄《こくじょう》、③衆合《しゅごう》、④叫喚《きょうかん》、⑤大叫喚、⑥焦熱、⑦大焦熱、⑧無間の八大地獄（八熱地獄）があり、各地獄にそれぞれ十六の小地獄があるとされる。親鸞は『歎異抄』で、凡夫《ぼんぶ》はどのように修行してもとうていさとりの世界にいたりえない存在であり、地獄のほかにいく所はないとしている。それゆえ、阿弥陀仏の本願を信じなければならないという意味である。↓冥途《めいど》・六道

【自在】 じざい

心の欲するままになにごとも自由になしうること。心のままに自由自在に救いのはたらきをあらわす力をそなえた人を自在人といい、仏のことをいう。阿弥陀仏の三十七号の一。↓阿弥陀仏

【時宗】じしゅう

時衆ともいう。一遍智真（一二三九〜八九）によって開かれた浄土教の一宗。浄土三部経のうち、とくに阿弥陀経によって宗義をたて、阿弥陀経の「臨《りん》命終時《みょうしゅうじ》（生命が終わるとき）」の文によって、平生（日常）を臨終と心得て一切を捨てて称名念仏することをすすめるところから、臨命終時宗の意で時宗とよばれたという説と、教団を時衆とよんだところから時宗といわれるとする説とがある。各地を遍歴して遊行聖《ゆぎょうひじり》とよばれた開祖一遍の行跡にならって全国を集団遊行するところから、遊行宗とも称した。総本山は神奈川県藤沢市の清浄光寺（遊行寺）。

↓一遍

【四十八願】しじゅうはちがん

阿弥陀仏が仏となる前に法蔵菩薩《ほうぞうぼさつ》とよばれていたときに衆生済度《しゅじょうさいど》（生きとし生けるものを救うこと）を願ってたてた四十八の願。浄土門では、この四十八願をさして本願という。一般に弥陀の本願あるいはたんに誓願ともいわれる。↓本願

【四生】ししょう

すべての生きものを生まれかたから分類したもの。①人や獣など母胎から生まれる胎生、②鳥や魚など卵から生まれる卵生、③虫など湿気のあるところから生まれる湿生、④天や地獄・中有《ちゅうう》など、過去からの業の力で忽然と生まれる化生《けしょう》の四生をいう。親鸞は「六道四生」「六趣四生」などとこの語を用いている。さらにこれとは別に、仏智《ぶっち》（仏の智慧）をそのまま信じる念仏者が直実報土《ほうど》（阿弥陀仏の極楽浄土）に往生するのを化生《けしょう》といい、仏智を疑う者は浄土往生しても五百年間、仏にも法にも会わずにいるという方便化土《けど》（仮りの浄土）に往生し、これを胎生《たいしょう》（蓮華の胎内にとどまり宿っている意から）といって往生の区別をあげ、きびしく真実信心をうながしている。↓疑城胎宮・報土

【至心】ししん

阿弥陀仏の本願の第十八願で誓われている、至《し》

心《しん》・信楽《しんぎょう》・欲生《よくしょう》の三心（大経の三心）の一つ。浄土宗などでは、阿弥陀仏を心の底から信ずることを至心とするが、真宗では、仏を信ずる心そのものが仏のはからいによるものであり、仏のまごころがすなわち至心であるとする。阿弥陀仏が真実心をもって名号《みょうごう》を人びとに廻向《えこう》（救済のはたらきかけ）することを至心廻向といい、心をこめて願をおこすことを至心発願《ほつがん》という。→三心

【自信教人信】 じしんきょうにんしん

善導（六一三〜八九）の『往生礼讃』による。自ら信じ、人にも教えて信じさせることで、真宗の伝道・教化の理念とする。自信と教人信は、自利《じり》（自己のさとりを求めること）と利他《りた》（他を益すること）、自行《じぎょう》（自分のための修行）と化他《けた》（他を教化し導くこと）に相当する。『蓮如上人御一代記聞書』には、「自信教人信と候時はまず我が信心決定して、人にも教えて仏恩になるとのことに候」と記されている。→自行化他《じぎょうけた》

【地蔵菩薩】 じぞうぼさつ

釈尊の入滅後、五十六億七千万年後に弥勒《みろく》菩薩が成道して仏となるまでの無仏の世において、衆生《しゅじょう》を救うことをまかされた（付嘱された）菩薩。日本では平安時代中期以降、さまざまな姿をとって人の苦痛を除く菩薩として信仰された。とくに地獄での救済者、子どもを守る菩薩として鎌倉時代には民間信仰的色彩を強め、「地蔵盆」などの習俗を生んだ。親鸞は玄奘訳の『地蔵十輪経』を『教行信証』化身土巻に引用し、吉凶を占ったり鬼神をまつってはならないといましめている。→現世利益《げんぜりやく》

【七高僧】 しちこうそう

親鸞が浄土真宗相承《そうじょう》の祖師と定めた七人の高僧。七祖・七高祖ともいう。インドの竜樹菩薩《りゅうじゅぼさつ》（二世紀ごろ）、天親《てんじん》（世親《せしん》）菩薩（四〜五世紀ごろ）、中国の曇鸞和尚《どんらんかしょう》（四七六〜五四二）、道綽禅師《どうしゃくぜんじ》（五六二〜六四五）、善導《ぜんどう》大師（六一三〜八一）、日本の源《げん》信《しん》和尚（九四二〜一〇一七）、法然《ほうねん》上人（源空一一

三二一〜一二一二）をいう。真宗寺院では、聖徳太子像一幅とともに七祖連座の一幅（掛軸）を安置する。↓源信・世親・善導・道綽・曇鸞・法然・竜樹

【七難】しちなん

この世における七種の災難。法華経普門品に説く、①火②水③羅刹④刀杖⑤鬼（死霊）⑥枷鎖（牢獄につながれること）⑦怨賊の七難のほか、各種の経典で七難が説かれる。親鸞の『浄土和讃』には「七難消滅の誦文には、南無阿弥陀仏をとなうべし」とある。↓苦・現生十種の益

【実悟】じつご　一四九二〜一五八四

本願寺八世蓮如（一四一五〜九九）の十男。加賀（石川県）清沢の願得寺の開山。弘治三年（一五五七）から本願寺に伺候。『蓮如上人一語記（実悟旧記）』『蓮如上人仰条々連々聞書』『蓮如上人御一期記』など、蓮如の語録を編纂したほか、『日野一流系図』『下間系図』『拾塵記』『山科御坊幷其時代之事』『本願寺作法之次第』など、本願寺の故実に関する著書が多い。↓日野一流系図・蓮如上人御一期記

【十劫秘事】じっこうひじ

十劫の昔（永遠ともいえる遠い過去）に法蔵菩薩《ほうぞうぼさつ》が衆生済度《しゅじょうさいど》（生きとし生けるものすべてを救うこと）の本願を完成し正覚（さとり）を開いて阿弥陀仏となった（十劫正覚《じっこうしょうがく》）とき、すでに衆生の救済も実現されているのであるから、それを忘れないのが信心であるという見解。十劫安心《あんじん》・十劫領解《りょうげ》ともいう。異安心《いあんじん》の一種で、秘事法門《ひじぼうもん》の一つ。本願寺八世蓮如（一四一五〜九九）の時代に越前（福井県）で盛んであった。↓異安心・秘事法門

【実相】じっそう

すべてのもののありのままの真実のすがた。涅槃《ねはん》（さとり）の異名として用いられたり、阿弥陀仏の名号、浄土の荘厳をいうこともあり、きわめて多義的に用いられる語。親鸞の『教行信証』証巻には、「無為法身《むいほっしん》（色も形もない真理そのものとしての仏）

は即ち是れ実相なり、実相は即ち是れ法性《ほっしょう》（真理）なり」と説く。↓真如

【実如《じつにょ》】 一四五八〜一五二五

本願寺九世。蓮如（一四一五〜九九）の五男。延徳元年（一四八九）本願寺を継ぐ。大永三年（一五二三）三か条の掟を発して戦乱に介入することを禁じた。また、蓮如の消息を五帖の『御文』（御文章）に編集して教義の確立につとめ、本願寺一族の嫡男を一門衆、次男以下を一家衆と定める（一門一家の制）など、教団体制の整備に力を尽した。↓蓮如

【自然《じねん》】

人為を超えておのずからそうあらしめられること。また真理・法則のままにあることを法爾《ほうに》といい、あわせて自然法爾という。本願他力というはたらきを表したもの。信心は仏のはからいによってもたらされるものであって、自力の心を捨て、仏のはからい（法）に従うこと、すべてをまかせきることがそのまま自然法爾であり、真の信仰の状態とされる。親鸞は『末燈鈔』で次のように説いている。「自然というは、自はおのずからという、行者（念仏者）のはからいにあらず、然というは、しからしむということば（言葉）なり。しからしむというは行者のはからいにあらず。如来（仏）のちかい（誓願）にてあるがゆえに法爾という」。↓安心《あんじん》・廻向《えこう》・信

【自然法爾《じねんほうに》】 ↓自然《じねん》

【慈悲《じひ》】

衆生《しゅじょう》（生きとし生けるもの）をいつくしんで楽を与え（慈）、衆生を憐みいたんで苦を抜くこと（悲）。観無量寿経に「仏心は大慈悲である」と説き、無量寿経には「仏の悲はその上を蓋うものがない最上の広大なものであるから無蓋の大悲という」と説かれている。一般にはたんに「いつくしみ」を慈悲というが、親鸞の『正像末和讃』には「小慈小悲もなき身」と人間の限界が示されている。それゆえ、『歎異抄』には「念仏していそぎ仏になりて大慈大悲をもておもうがごとく衆生を利益《りやく》する」と語り、

念仏こそ徹底した慈悲であると説かれている。↓往《おう》相《そう》〈環相《げんそう》〉

【島地大等】しまじだいとう　一八七五～一九二七

本願寺派。旧姓は姫宮。新潟県の人で盛岡市願教寺の島地黙雷（一八三八～一九一一）の養嗣となる。東京帝国大学などで仏教学・仏教史の教鞭をとり、大正九年（一九二〇）勧学となる。著書は『真宗大綱』『日本仏教教学史』など。↓島地黙雷

【島地黙雷】しまじもくらい　一八三八～一九一一

本願寺派。周防（山口県）佐波郡の専照寺に生まれる。明治元年（一八六八）赤松連城らと本山改革を建言。明治五年、外遊中に「三条教則批判」を建言し、政教分離・信教自由を主張した。明治八年、白蓮社《びゃくれんしゃ》を設けて仏教講話を開始するとともに、大内青巒と『報四業談』を発行。著書には『島地黙雷全集』などがある。↓赤松連城・島地大等

【釈迦牟尼仏】しゃかむにぶつ

世尊《せそん》・釈尊ともいう。釈迦はシャーキャの音写で、種族名。牟尼はムニの音写で、仙人・智者・聖者《しょうじゃ》などの意味。釈迦牟尼とは「釈迦族出身の聖者」である。名はゴータマ・シッダルタといい、BC六～五世紀ごろ、ヒマラヤ山麓のルンビニーに、浄飯王《じょうぼんおう》と摩耶夫人《まやぶにん》のあいだに王子として生まれる。二十九歳で出家。三十五歳で仏陀《ぶつだ》（覚者＝真理をさとった者）となる。八十歳で入滅。入滅後、その教えは仏教として広まり、それとともに、釈尊は歴史上実在した人物、仏教の開祖というだけでなく永遠の真理そのものを現した仏として尊崇されるにいたった。親鸞は、無量寿経を説いて阿弥陀仏による救済を知らせることが、釈尊がこの世に出現した本来の目的（出世本懐《しゅっせほんがい》）であるとし、無量寿経が仏教の根本的な教え（真実の教）であるとした。↓浄土三部経

【綽如】しゃくにょ　一三五〇～九三

本願寺五世。明徳元年（一三九〇）越中（富山

県）井波に瑞泉寺を開創するなど、北陸に教線の拠点を置いたほか、本願寺に堂衆を置くなど、寺院としての体制を整えた。→本願寺

【捨家棄欲】しゃけきよく

家を捨て、父母妻子の情を断ち、世間の欲を棄《す》てて修行すること。蓮如の『御文』（御文章）に、「あながちに出家発心のかたちを本とせず、捨家棄欲のすがたを標《しる》しとせず、ただ一念帰命の他力の信心を決《けつ》定《じょう》せしむるときはさらに男女老少をえらばざるものなり」とあるように、真宗では、立場、かたちにとらわれず阿弥陀仏の救いは平等であると説く。→非《ひ》僧《そう》非《ひ》俗《ぞく》

【娑婆】しゃば

この世のこと。サンスクリット「サハー」の音写で、沙河・娑阿・索訶とも書く。詳しくは娑婆世界といい、衆生《しゅじょう》（あらゆる生きもの）が内なる煩悩《ぼんのう》、外なる苦悩を忍ばなくてはならない、この現実世界をさし、忍土と訳す。釈尊は、この娑婆で仏となり、娑婆の人びとに向かって「浄土三部経」ほかの教えを説いたので「娑婆の本師」「娑婆世界の教主」などといわれる。→三千世界・釈迦牟尼仏

【沙門】しゃもん

サンスクリット「シュラマナ」の音訳で、出家者の総称。剃髪し、諸種の悪をやめ、善に勤め、さとりを得るために努力する人。親鸞は出家・在家の区別は無意味として非《ひ》僧《そう》非《ひ》俗《ぞく》の立場をとった。→僧・非僧非俗・比丘《びく》

【舎利】しゃり

サンスクリット「シャリーラ」の音訳。遺骨のことで普通は釈尊の遺骨をさす。釈尊の遺骨は滅後、荼毘《だび》にふされて細分され、のちには小石をもって代替して仏舎利塔を建て、供養された。その形が米粒に似ることから、米を舎利ともいうようになった。また、阿弥陀経で説く極楽浄土には人語を解するシャリ（奢利）という鳥がいるとされる。なお、仏弟子の舎利弗《しゃりほつ》（舎利子《しゃりし》）を略して舎利ということもあ

る。→舎利弗

【舎利弗】しゃりほつ

詳しくは舎利弗多羅《たら》と書き、舎利女の子の意。また、舎利子《しゃりし》ともいう。釈迦の十大弟子の一人で、智慧第一といわれ、法将と称された。阿弥陀経は舎利弗を相手として釈尊がみずから語りかけた経典で、経文中、しばしば「舎利弗」の名が登場する。→浄土三部経

【宗】しゅう

宗とは経典の主要な教義をさす。たとえば、無量寿経は阿弥陀仏の本願を宗旨とし、観無量寿経は観《かん》仏三昧《ぶつざんまい》と念仏三昧とを宗旨とする。そこから尊ぶ教義を同じくする集団を宗、宗派といい、開祖を宗祖、教義を宗義・宗乗、宗義の趣旨を宗旨、宗義の学を宗学、宗の気風を宗風、宗の門弟を宗徒などという。浄土真宗の名は親鸞の『教行信証』の初めに「大無量寿経　真実之教　浄土真宗」と示されていることによる。→浄土真宗・立教開宗

【十悪・十善】じゅうあく・じゅうぜん

十悪とは、身《しん》・口《く》・意《い》の三業《さんごう》（身心のすべての行い）のうちとくに顕著な十種の悪き行為。殺生・偸《ちゅう》盗《とう》・邪婬（よこしまな男女関係）・妄語（うそをつくこと）・両舌（二枚舌）・悪口《あっく》（悪いことば）・綺語《きご》（かざりことば）・貪欲《とんよく》（むさぼり）・瞋恚《しんに》（いかり）・邪見（おろかさ）の十。十善とは、これらの十悪を離れることをいう。十善はまた別に、悪をやめ善を行わせる戒として、十善戒、十善法戒、十根本戒などともいわれ、大乗仏教徒の基本的倫理とされる。煩《ぼん》悩《のう》に染まった人間は十悪をはなれがたいものとされるが、「念仏の功徳はなおし十善にもすぐれ」（親鸞『唯信鈔文意』）と説かれる。→悪・善〈善根〉

【従覚】じゅうかく　一二九五～一三六〇

本願寺三世覚如《かくにょ》の二男。正慶二年（一三三三）親鸞が弟子に与えた書簡を集めた『末燈鈔《まっとうしょう》』を編集。観応二年（一三五一）父覚如の歿後、門弟乗専のすすめによって、覚如の生涯を描いた『慕帰絵』の詞

書（ことば書き）を著す。→末燈鈔

【住持】 じゅうじ

寺院の管理者。住持職を略して住職という。本来の意味は、仏がこの世に教えと力をたもち、人びとを救いつづけることをいう。また、法然の『選択本願念仏集』などに「住持の三宝」とあるのは、人びとを教えに導く仏像（仏宝）・経典（法宝）・聖僧や菩薩など（僧宝）をいう。→僧

【執持名号】 しゅうじみょうごう

阿弥陀仏の名号を一心不乱に信じたもつこと。親鸞は『教行信証』化身土巻に、「執は心堅牢にして移らず、持は不散不失に名《なづ》く、故に不乱といえり、執持即ち一心なり、一心は即ち信心なり」と説いている。→名号

【十二光】 じゅうにこう

阿弥陀仏の徳と威力を、あらゆるものを照らす光明にたとえた十二の名称。①量ることのできない光（無量光）、②限界のない光（無辺光）、③さえぎるもののない光（無碍《むげ》光）、④ならぶもののない光（無対光）、⑤この上もない光（炎王光）、⑥清らかに浄める光（清浄光）、⑦安らぎと喜びを与える光（歓喜《かんぎ》光）、⑧迷いをやぶる悟りの光（智慧光）、⑨常にあまねく照らす光（不断光）、⑩思いはかることのできない光（難思《なんじ》光）、⑪説きつくすことができない光（無称光）、⑫日・月に超えてすぐれた光（超日月光）。→阿弥陀仏・光明・無量光

【十念】 じゅうねん

十声の念仏。念仏を十回となえること。阿弥陀仏の四十八願のうち第十八願に「乃至《ないし》十念」とあり、古来、その意味についてはさまざまに論議された。善導（六一三～六八一）は、上は一生涯にわたる念仏から下はわずか十声一声の念仏にいたるまで数の多寡に関係なく往生するという意味に解釈し、それが法然・親鸞へと受けつがれた。なお、十念を十声の念仏とするについては、親鸞は『唯信鈔文意』に、「弥陀の本願はとこえまでの衆生みな往生すとしら

せんとおぼして十声とのたまえるなり、念と声とはひとつこころなりとしるべしとなり、念をはなれたる声なし、声をはなれたる念なし」と記している。
→念声《ねんしょう》是《ぜ》一《いち》

【十六観】じゅうろくかん

観無量寿経に説く、阿弥陀仏の浄土に往生するための十六の観法（瞑想法）。①日想観＝日没を観じて西方極楽を想う。②水想観＝水と氷を観じて極楽の瑠璃《るり》の大地を想う。③地想観＝水想観を成就して極楽の大地を想う。④宝樹観（樹想観）＝極楽の七重の宝樹を想う。⑤宝池観（八功徳水想観）＝極楽の八つの宝池を想う。⑥宝楼観（楼想観）＝極楽の五百億の楼閣を想う。この想を成就することでほぼ宝地・宝樹を観じたことになるので総観想ともいう。⑦華座想観＝阿弥陀仏を観じるため、まず阿弥陀仏の蓮華の台座を想う。⑧像想観＝尊像を観じて阿弥陀仏の姿を想う。⑨真身観（偏観一切色身想観）＝阿弥陀仏の真の相好と光明を想うことで十方諸仏の姿を見る。⑩観音観＝阿弥陀仏の脇侍である観音菩薩を想う。⑪勢至観＝同じく阿弥陀仏の脇侍である勢至菩薩を想う。⑫普観＝自身が浄土の蓮華《れんげ》に坐った思いで、あまねく浄土のありさまを想う。⑬雑想観＝力が及ばず弥陀・観音・勢至を観じることのできない凡夫でも、仏の宿願力によって三尊が大身・小身を現してすべてのものを教化する姿を想う。⑭〜⑯の三観は、修行者の素質によって異なる往生のしかたを想うもので、⑭は上輩生想、⑮は中輩生想、⑯は下輩生想。善導（六一三〜八一）は、このうち前十三観を韋提希《いだいけ》の請いで説かれた定善《じょうぜん》観、後三観を釈尊がみずから説いた散善《さんぜん》観とする。→定散《じょうさん》二善《にぜん》

【宿世】しゅくせ〈すくせ〉

過去の世、前の世、前世のこと。過去の世につくった善悪の業（行い）を宿業、過去の世からの誓願を宿願、過去の世に修めた善根を宿善、過去に結ばれた善悪順逆の因縁を宿縁という。古来、この世で仏法に出会い、また、念仏の信をもつことができるのは宿善によるとされたが、本願寺三世覚如（一二

七〇～一二五二）は宿善のないものでも阿弥陀仏の力によって往生できるとする無宿善往生を説いた。

↓根《こん》経

【衆生】 しゅじょう

有情《うじょう》ともいい、生命をもつものすべてをいう。広い意味では仏・菩薩をふくめていうこともある。

↓有情

【修正会】 しゅしょうえ

毎年正月に、仏教各宗の寺院で行われる法会。日本では室町時代以降ひろく行われるようになり、真宗でも恒例の行事とする。

【出世本懐】 しゅっせほんがい

出世とは、仏が世に出現することで、その根本的な目的、本意を出世本懐（出世の本懐）、出世の大事という。親鸞は、釈尊が出世したのは無量寿経によって阿弥陀仏の本願による救いを説くためであったとし、無量寿経を出世本懐の経という。↓無量寿経

【准玄】 じゅんげん 一五八九～一六四八

本願寺派。寛永十六年（一六三九）本願寺派に創設された学林の初代講主。その職を能化職《のうけしょく》（のち勧学《かんがく》）といい、宗学を統括した。↓龍谷大学

【順信】 じゅんしん 生歿年不詳

親鸞の関東時代の高弟二十四人（二十四輩）の第三。鹿島明神の宮司の子といい、常陸（茨城県）鹿島地方の門徒（鹿島門徒）の中心人物であった。親鸞の歿後、鹿島門徒は下野（栃木県）の高田門徒とならんで、東国の真宗教団を代表する勢力となった。

↓高田門徒・二十四輩

【順如】 じゅんにょ 一四四二～八三

本願寺八世蓮如の長男。幼少から蓮如のそばにいて渉外役などをつとめる。蓮如が越前（福井県）の吉崎《よしざき》にいた間、近江近松坊にあって祖像を守護。大阪府枚方市の出口光善寺の開山とされている。↓吉

崎別院・蓮如

【准如】 じゅんにょ　一五七七〜一六三〇

本願寺派本願寺十二世。十一世顕如の第四子。天正二十年（文禄元年一五九二）顕如が歿したのち、長兄の教如が本願寺十二世として継職したが、翌文禄二年、豊臣秀吉の命によって引退したので、准如がかわって十二世となった。その後、教如は東本願寺を分立、以後本願寺は東西にわかれた。↓浄土真宗本願寺派・本願寺

【浄一】 じょういち　一三六四〜一四三八

越前（福井県）で真宗布教の端緒をひらいた如道（如導一二五三〜一三四〇）の孫。如道は越前大町（福井市）に専修寺《せんじゅじ》を開創し、そこを拠点に大町門徒（三門徒）といわれる念仏集団を形成したが、越前に進出しつつあった本願寺教団との関係で大町門徒は分裂。浄一は専修寺を弟の浄光にゆずって足羽郡菩野郷中野に移り、専照寺（現在の真宗三門徒派本山）を開いた。系譜では専照寺四世となるが、専照寺の事実上の開山である。↓真宗三門徒派

【正覚】 しょうがく

正等覚、等正覚の略で、仏のさとり、真実のさとりをいう。阿弥陀仏は四十八願（本願）を立てて十《じっ》劫《こう》の昔（永遠ともいえるはるかな過去）に正覚を成就し、それによって衆生《しゅじょう》（生きとし生けるもの）の浄土往生が可能であると浄土教では説いている。↓涅槃《ねはん》

【正観】 しょうかん

邪観にたいして、正しい観想。観ずる心と観ぜられる対象とが一致すること。また、阿弥陀仏だけを観ずるのを正の観仏、他の仏をまじえるのを雑の観仏といい、正の観仏により真実の仏身仏土（仏と浄土）を観ずるのを真観、方便（真実にいたる手だて）として日没などを通して極楽のありさまを観ずるのを仮観《けかん》という。↓十六観

【招喚】しょうかん

阿弥陀仏が人びとを浄土に生まれよとさしまねくこと。これにたいして釈迦牟尼仏《しゃかむにぶつ》が浄土に生まれよと励ますことを発遣《はっけん》といい、あわせて遣喚という。人が浄土往生できるのは阿弥陀仏の招きと釈迦牟尼仏の励ましによることは「二河白道《にがびゃくどう》」の譬喩《ひゆ》に端的に示されている。親鸞は「帰命《きみょう》（阿弥陀仏にまかせきる信心）は本願招喚の勅命《ちょくめい》なり」（『教行信証』）といって、人が信心をうることも阿弥陀仏のはからい（廻向《えこう》）であることを強調している。↓廻向・引《いん》接《じょう》・二河白道・欲生《よくしょう》

【正行】しょうぎょう

さとりを得るための直接の原因となる正しい実践。親鸞は『教行信証』行巻に、「弥陀付属の一念は即ち是れ一声なり、一声《しょう》即ち是れ一念なり、一念即ち是れ一行なり、一行即ち是れ正行なり、正行即ち是れ正業なり、正業即ち是れ正念なり、正念即ち是れ念仏なり、則ち是れ南無阿弥陀仏なり」と、称《しょう》名《みょう》念仏が唯一の正行であると説いている。なお、正行以外の行を雑行《ぞうぎょう》という。↓行

【聖教】しょうぎょう

仏および先師の教え（遺文・法語など）をたたえる呼称。古く一般には、仏法・大法《だいほう》・釈教などとともに、仏教の別称としても用いられた。また、たとえば七祖聖教・仮名聖教などのように、一宗がよりどころとする典籍の名称としても使われる。

【小経《しょうきょう》】↓浄土三部経《じょうどさんぶきょう》

【証空】しょうくう　一一七七〜一二四七

西山《せいざん》浄土宗の開祖。十四歳で出家して法然（一一三三〜一二一二）の門に入り、二十二歳で天台宗に伝わる大乗戒である円頓戒《えんどんかい》を受ける。法然門下の重要な地位にあって、三十五歳ごろから法華・台密（天台密教）を学び、思弁的な独自の教学を立てる。はじめ京都の小坂に住したのでその門流を小坂義と呼び、建保元年（一二一三）天台座主慈円《じえん》から譲ら

れた西山善峰寺の往生院に住したので西山義とも呼ぶ。著書には『観経疏要義釈観門義鈔（自筆鈔）』『観経疏他筆鈔』などがある。↓浄土宗

【勝興寺】 しょうこうじ

富山県新湊市古国府町にある本願寺派の寺院。『大谷遺蹟録』では親鸞が建保年中（一二一三～一九）に越後（新潟県）鳥屋野に開創したのを、本願寺八世蓮如（一四一五～九九）が文明三年（一四七一）現在地に再興したという。『反古裏書』では、蓮如の二男蓮乗（一四四六～一五〇四）が越中（富山県）土山《どやま》に草庵を開いたのにはじまり、本願寺九世実如（一四五八～一五二五）から勝興寺の寺号が付与されたとある。早くから越中の僧録所と称したが、江戸時代には越中の本願寺派の触頭《ふれがしら》をつとめた。

【浄興寺《じょうこうじ》】 ↓真宗浄興寺派

【荘厳】 しょうごん

仏身や仏土をおごそかにかざること。また、身口《しんく》意《い》の三業《さんごう》（身心のすべての行い）をととのえて清浄にすること。極楽浄土の美しさは阿弥陀経に種々に説かれているが、それは法蔵菩薩の四十八願に表される清浄願心により荘厳されたものとされる。また、寺院の本堂などの飾りを荘厳具といい、略して単に荘厳ともいう。↓浄土

【定散二善】 じょうさんにぜん

浄土往生のための善行《ぜんぎょう》を①雑念を払い一つの対象に集中する心（定心）で仏の世界を念じる定善（三《さん》昧《まい》・禅定《ぜんじょう》）と②平生の散動する心（散心）のままで悪を捨て善を修する散善（道徳的善）とに分ける。善導（六一三～八一）は観無量寿経に説く十六観のうち前十三観を定善、後三観を散善とし、末法《まっぽう》の世の罪ぶかい凡夫《ぼんぶ》のために仏みずから示されたのが散善の法であるとする。浄土真宗では、定散二善とも自力の行であるとし、「定散自心」「定散自利心」「定散自力」などという。これにたいして、他力の信心はいずれをも頼まず、ただ阿弥陀仏の働きを頼りとするものであるとする。「定散二心をひるがえ

し、……弘願《ぐがん》の信心守護せしむ」（『高僧和讃』）などとうたわれるのは、この定散二心を自力としているからである。→三願転入・十六観

【正定】しょうじょう

まさしく仏となることが定まるという意味で、正定業《ごう》、正定聚《じゅ》、正定滅度などと用いられる。①正定業＝さとりに定まる正因《しょういん》となる行業《ぎょうごう》（行い）のことで、浄土教では人びとの往生が決定する業因《ごういん》のことである。五正行《しょうぎょう》中では第四の称名正行《しょうみょうしょうぎょう》をいうが、『正信偈（正信念仏偈）』に「本願の名号《みょうごう》は正定の業なり」とあるように、本願力にまかせて阿弥陀仏の名をとなえるものがかならず往生できるのは第十七願に誓われた仏の名号が衆生をかならず往生させる業力《ごうりき》を備えているから、とされる。②正定聚＝まさしく往生またはさとりに定まる人びとの意味。生きとし生けるもの（衆生）を三種に分類して三聚（または三定聚）といい、一般に、さとりに定まっている正定聚、地獄に定まっている邪定聚《じゃじょうじゅ》、どちらとも定まらぬ不定聚《ふじょうじゅ》の三つをさすが、その

種別には諸説がある。無量寿経には、「阿弥陀仏の浄土ではすべてが正定聚に住する」と説き、真宗ではこれによって、他力の信心を決定した第十八願のものは滅後に浄土往生が確かに約束されているため正定聚とし、諸善万行を修する第十九願の行者を邪定聚、自力の念仏に励む第二十願のものを不定聚とする。③正定滅度＝真宗独特の教えとして説かれるもので、第十一願に誓われた「入正定聚の益《やく》」と「必至滅度の果」との関係をいう。他力の信心を得て正定聚に入るのは、現世においてこの身に得られる利益《りやく》であり（これを現益《げんやく》という）、さとり（滅度）に至るのは、来世において滅後に実現する結果である（これを当益《とうやく》という）とする。したがって、信心獲得《ぎゃくとく》によって、現世で「滅後に必ず仏になることが定まったもの」すなわち正定聚となるという。
→安心《あんじん》・三昧《さんまい》・正行・不退《ふたい》

【証誠寺《しょうじょうじ》】→真宗山元《やまもと》派

【誠照寺《じょうしょうじ》】→真宗誠照寺派

【性信】しょうしん　一一八七〜一二七五

親鸞の関東時代の高弟二十四人（二十四輩）の第一。坂東報恩寺の開基。十八歳で浄土宗の開祖法然（一一三三〜一二一二）の弟子となり、のち親鸞に師事する。親鸞の高弟として横曽根《よこそね》門徒（現在の茨城県一帯の信徒）の中心となり、建長の念仏弾圧にさいしては、関東の門弟を代表して幕府での訴訟処理にあたった。↓二十四輩・横曽根門徒

【正信偈】しょうしんげ

「正信念仏偈」の略称。親鸞の主著『教行信証』の第二章（行巻《ぎょうかん》）の末にある七言百二十句の偈（詩頌《しじゅ》）。まず阿弥陀仏に帰依《きえ》し、本願・名号《みょうごう》のなりたちと、他力の信心こそが往生の正因となるいわれをうたい、次にこの浄土教を伝えた高僧の恩とその偉業を讃える形でつづる。内容が、浄土真宗の本義を端的に述べるものなので、のちに本願寺八世蓮如（一四一五〜九九）は、これに和讃（六首）と念仏を加えて日常仏前で詠唱することに定め、それ以来、

仏事や日常の勤行にもっとも多用され、信徒たちに親しく唱和されている。『浄土《じょうど》文類聚鈔《もんるいじゅしょう》』にも同様の偈があり、これは「念仏正信偈」「文類正信偈」などとよばれて区別されるが、同じく仏事・勤行にしばしば唱和されている。↓教行信証・浄土文類聚鈔

【正信念仏偈《しょうしんねんぶつげ》】↓正信偈

【乗専】じょうせん　一二九五〜？

本願寺三世覚如（一二七〇〜一三五一）の高弟で京都出雲路《いずもじ》（上京区寺町頭あたり）に毫摂寺《ごうしょうじ》（のちの真宗出雲路派本山）を開創。覚如の『口伝鈔』『改邪鈔』は乗専の請いによって著されたもの。毫摂寺の名は乗専の別号にちなむものである。歿年はあきらかでないが、大和（奈良県）吉野郡平尾に八十三歳で歿したとも伝える。↓真宗出雲路派

【正像末】しょうぞうまつ

釈尊の滅後に仏教がどのように行われるかについ

て①正法《しょうぼう》②像法《ぞうほう》③末法《まっぽう》の三時に時代区分したもので、釈尊なきあと、①初めは教義も実践もさとりも実現されたが、次第に②教義があって実践されてもさとることができず、③ついには実行すらされなくなるとするもの。これらの年限には諸説があるが、正法五百年、像法千年、末法一万年の説が多く用いられる。末法が終ると、教えさえも聞かれない法滅《ほうめつ》の時代が来るとされる。日本では平安時代中期から末法思想が強まり、とくに浄土教や日蓮宗で強調された。しかし、真宗では、他力の教えは無量寿経にも「経道《きょうどう》滅尽の後もこの経を百年留める」とあるように、この三時にわたる教法盛衰によらずとし、末法においてこそこの教えは時機相応（時代と人びとに適した教え）であるとされる。親鸞はこれを讃嘆して『正像末和讃』百十四首をつづり、そのなかにも「像末五濁の世となりて　念仏往生さかんなり」とうたった。↓末法

【浄土】　じょうど

仏のさとりによって造られた浄らかな国土、または将来さとりを開くべき菩薩の住む所をいう。たとえば、薬師如来の東方浄瑠璃《じょうるり》世界、弥勒菩薩の兜《と》率天《そってん》、観音菩薩の普陀落《ふだらく》、阿弥陀仏の極楽などをいう。大乗仏教では涅槃《ねはん》（さとり）の積極的なはたらきを認め、無数の仏がそれぞれ無数の衆生《しゅじょう》を教え導くとし、その仏の住む国土を浄土という。また「心浄ければ住む世界も浄まる」といい、煩悩《ぼんのう》に汚れた衆生の住む娑婆《しゃば》世界（穢土《えど》）も、さとってみればそのまま浄土であるとする。とくに阿弥陀仏のはたらきを信じて浄土往生する教えを浄土教といい、西方《さいほう》極楽世界（安楽世界、安養界《あんにょうかい》ともいう）をさして浄土というのが一般的で、阿弥陀仏の本願力《ほんがんりき》を信じてすべてを託せば、滅後浄土に往生し、さとりを開くことが約束されるとする。↓穢土・往相《おうそう》〈還《げん》相《そう》〉・西方浄土・報土

【聖道門】　しょうどうもん

この世で自己の修行の力量で、聖者《しょうじゃ》の位に入り、さとりをえようとする道またはその教えをいう。浄土門にたいする。これは自力門・難行道《なんぎょうどう》であるとさ

れ、唐代初期の中国浄土教の祖師道綽《どうしゃく》の『安楽集《あんらくしゅう》』に、この聖浄二門が判別されている。法然はこの二門判で浄土宗を立てた。↓浄土門・自力・二《に》双四重《そうしじゅう》

【聖徳太子】しょうとくたいし　五七四～六二二

用明天皇の第二皇子。厩戸皇子《うまやどのおうじ》という。幼時から聡明で、二歳のとき東方に向かって南無仏《なむぶつ》ととなえたといわれる。仏教受容をめぐる物部・蘇我の争いには、蘇我馬子とともに物部氏討伐にあたった。推古女帝のもとで、皇太子・摂政として国政をつかさどり、天皇を中心とする統一国家体制樹立をめざして、冠位十二階、十七条憲法の制定、暦法の採用、国史編纂、遣隋使派遣など数多くの事績をあげた。推古二年（五九四）仏法興隆の詔《みことのり》を発して仏教を国政の根本理念にすえ、やがてこれは十七条憲法の、「篤《あつ》く三宝《さんぼう》を敬え、三宝とは仏法僧《ぶっぽうそう》なり」という宣言となった。蘇我馬子とともに日本最初の寺院である法興寺の造営にもあたる。太子の崇仏は、深い仏教理解と信仰にもとづくもので、推古十四年には勝鬘・法華の二経を講じ、同二十二年に『三経義疏』をまとめたと伝える。歿後、太子は観音の化身として尊崇され、ことに比叡山では早くからこの信仰が盛んであった。親鸞は、太子を「和国の教主」としてあがめた。二十九歳のとき太子が建立したとされる六角堂に参籠し、九十五日の暁に「しょうとくたいしのもんをむすびて、じげん（示現）にあずからせ給いて候ければ」（『恵信尼消息』）と、聖徳太子の夢告によって法然を訪ね、専修《せんじゅ》念仏に帰し、のち、太子の徳を奉讃して和讃を著した。民間に流布した太子信仰は、真宗発展の基盤ともなった。↓六角夢告《ろっかくむこく》

【浄土三部経】じょうどさんぶきょう

浄土教の根本の依り処（正依《しょうえ》）となる三部の経典。すなわち、仏説無量寿経《ぶっせつむりょうじゅきょう》（大無量寿経）・仏《ぶっ》説観無量寿経《せっかんむりょうじゅきょう》・仏説阿弥陀経の三部で、それぞれ大経・観経・小経と略称される。法然の『選択本願念仏集』（選択集）第一章に「正《まさ》しく往生浄土を明かす教えというは三経一論（上記の三部経と世親の

『浄土論』是なり」と示されたのに始まる。真宗では、そのなかでも特に大経を「真実の教《きょう》」とし、阿弥陀仏が法蔵菩薩の位にあってどのようにして四十八の本願を立て名号《みょうごう》法を完成したか、衆生《しゅじょう》がいかにしてこの名号を受けとめて救済されるかを説き明かす根本の経典とされる。観経は、韋提希夫人《いだいけぶにん》が息子阿闍世《あじゃせ》王の悪逆に苦しめられたとき釈尊から阿弥陀仏とその浄土を目の当たりに示されるという劇的な物語で現世の苦悩を除いて浄土往生する方法を説いたもの。小経は、浄土の荘厳《しょうごん》（美しいありさま）を示し、六方の諸仏がこれを証明し、称名《しょうみょう》念仏を勧めるもので、短編のため親しく読誦されることが多い。→阿弥陀仏・浄土論・無量寿経

【浄土宗】　じょうどしゅう

法然（源空一一三三〜一二一二）によって開宗された。浄土三部経・『浄土論』（世親著）を正依《しょうえ》の経論とし、とくに中国浄土教の善導（六一三〜六八一）の『観経疏《かんぎょうしょ》』によって、専修念仏《せんじゅねんぶつ》の教えを確立し、いかなる人も念仏すれば阿弥陀仏の浄土に往生できると説き、その宗義を『選択本願念仏集（選択集）』に示した。広く庶民にも支持されたが、南都（奈良）北嶺《ほくれい》（比叡）の迫害を受け、念仏停止《ちょうじ》となって法然以下、親鸞ほかの門弟が流罪《るざい》となったこともあった。学僧や武士・農民層に支持者が多く、法然歿後多くの流派が生まれた。そのうち、のちには鎮《ちん》西《ぜい》・西山《せいざん》の二流が残り、現在は知恩院を総本山とする鎮西流が中心である。→法然

【浄土真宗】　じょうどしんしゅう

親鸞（一一七三〜一二六二）を開祖と仰ぐ教団の宗名。親鸞の主著『教行信証』教巻冒頭に釈尊の出世の本懐《ほんがい》（釈尊がこの世に出現した本来の目的）の経たる大無量寿経が、〈真実の教〉であり、本願・名号を説く〈浄土真宗〉（浄土門の真実の教えの意）であると示されたことによって、宗名を本願寺派では浄土真宗、他派では真宗と称する。本願名《ほんがんみょう》号《ごう》（阿弥陀仏の本願によって与えられた南無阿弥陀仏という名号）を全領（そのまま受けとめる）する信心によって他力往生が決定し、その後は報恩感謝

の念仏の生活となると強調する。親鸞の曽孫覚如（一二七〇～一三五一）の代に本願寺を称し、本願寺教団は第八世蓮如（一四一五～九九）にいたって飛躍的に拡大し、庶民の支持をえた。江戸時代のはじめに本願寺は、東西に分かれたが、同じ法統を受ける宗派が十派あり、真宗十派と称する。ただし、浄土真宗という宗名は、浄土宗からの反発もあって明治五年（一八七二）になって初めて名乗るようになったもので、近世までは普通、一向宗《いっこうしゅう》と呼ばれていた。↓一向宗・真宗十派・本願寺

【浄土真宗本願寺派《じょうどしんしゅうほんがんじは》】

西本願寺（京都市下京区堀川通花屋町下ル）を本山とする教団。本願寺は京都東山の大谷に親鸞の遺骨を改葬した廟堂にはじまるが、その後、延暦寺僧徒や法華宗徒の攻撃、織田信長との争い（石山合戦）などによって変遷し、天正十九年（一五九一）十一世顕如のときに豊臣秀吉から京都西六条の現在地の寄進を受けて御影堂・阿弥陀堂が再建された。顕如の歿後、顕如の子教如（一五五八～一六一四）と准如（一五七七～一六三〇）が本願寺の継承をめぐって対立、教如は慶長七年（一六〇二）徳川家康から東六条に土地の寄進を受けて別立した。以後、准如が継承した本願寺を西本願寺と通称し、本願寺門徒は東西にわかれて所属することとなった。本願寺は顕如の時代に門跡（皇族の住する寺）に列せられて以来、院家・坊官の制によって寺務を統括したが、十四世寂如（一六五一～一七二五）の時期に制度が完備され、諸国に録所・触頭《ふれがしら》をおいて末寺を統括した。教学面では寛永十六年（一六三九）に学寮（のち学林）を開設、能化《のうけ》職をおいて教学にあたらせたが、論争（三業惑乱《さんごうわくらん》）が生じて能化職を廃止。以後、勧学が交代で講義にあたり、これがのちの龍谷大学に発展した。明治五年、真宗各派が合同して真宗と称したが、明治九年、興正派《こうしょうは》が本願寺から独立、翌十年、各派が別立するにさいして、当派は浄土真宗本願寺派と称した。現在、寺院・布教所等一万四九七。↓三業惑乱・准如・本願寺・龍谷大学

【浄土変】じょうどへん

浄土や地獄など、経典に説かれるところを図像によって表すのが「変相《へんそう》」であって、浄土変は、浄土の仏・菩薩・荘厳《しょうごん》などを描いて浄土のありさまを表現したもの。弥勒菩薩の兜率天《とそつてん》を写して弥勒浄土変などというが、阿弥陀仏の西方極楽を写すのが多く、とくに観無量寿経の説くところにもとづいたものでは、蓮糸で織ったと伝える当麻曼陀羅《たいままんだら》（奈良県北葛城郡当麻寺蔵）が名高い。日本で、変相を曼陀羅と称するのは、密教の図像と混同されたための誤称である。↓浄土

【浄土門】じょうどもん

阿弥陀仏の本願力によって浄土に生まれてさとりを開く道。聖道《しょうどう》門にたいする。浄土教ではこの聖道・浄土の二門によって全仏教を二分するが、浄土門は他力門、易行道《いぎょうどう》であるとする。法然はこれをさらに「正明《しょうみょう》往生浄土教」と「傍明《ぼうみょう》往生浄土教」とに分け、親鸞は、真実（横超《おうちょう》）と方便（横出《おうしゅつ》）とに分けて二双四重《にそうしじゅう》の教相判釈《きょうそうはんじゃく》を立てた。↓教相判釈・聖道門・二双四重

【浄土文類聚鈔】じょうどもんるいじゅしょう

親鸞の著書。一巻。主著作の『顕浄土真実教行証文類』（教行信証）六巻にたいして略文類・略典という。はじめに教義の大綱を示し、『教行信証』の抄本的性格をもつが、その執筆が『教行信証』より前であったか後であったかは明らかでない。真蹟本は現存しない。↓教行信証

【浄土論】じょうどろん

正式書名は『無量寿経優婆提舎願生偈《むりょうじゅきょううばだいしゃがんしょうげ》』で、往生論、無量寿経論などとも称する。世親《せしん》（天親《てんじん》）の著、菩提留支《ぼだいるし》の訳。二十四行九十六句の詩頌《しじゅ》（願生偈、偈文《げもん》）とその解説（長行《じょうごう》）とからなる。無量寿経にもとづいて、極楽浄土を観じ阿弥陀仏を見て、その浄土に生まれたいと願うもので、長行には、礼拝《らいはい》・讃嘆《さんだん》・作願《さがん》・観察《かんざつ》・廻向《えこう》の五念門を修し、その果《か》（五果門）をえて自利利他円満することを説き、

浄土の荘厳《しょうごん》を讃嘆しつつ（観察門）、浄土往生を勧める。日本では、法然が「三経一論」（浄土三部経と浄土論）として尊重し、浄土教の正依《しょうえ》の論とされる。親鸞は、この指南によってその注釈書『浄土論註』にもとづいて他力廻向《たりきえこう》の説を明らかにし、『浄土論』を一心《いっしん》の華文《かもん》（他力の一心すなわち信心を明らかに述べる文）として重んじた。↓五念門・浄土三部経・浄土論註・世親

【浄土論註】じょうどろんちゅう

正式書名は『無量寿経優婆提舎願生偈註《むりょうじゅきょううばだいしゃがんしょうげちゅう》』で、往生論註、論註とも略称する。二巻。北魏の曇鸞（四七六〜五四二）が世親（天親）の『浄土論』を注釈したもの。上巻は詩頌《しじゅ》（偈文《げもん》）の註釈（総説分）で、『浄土論』が大乗の極致《ごくち》であるとし、その末尾の八番問答では十悪五逆の極悪人《ごくあくにん》も十念（念仏）によって往生できると説く。下巻は長行《じょうごう》の注釈（解釈分《げしゃくぶん》）で、阿弥陀仏の浄土への往生はすべて他力すなわち阿弥陀仏の本願力によることを論ずる。浄土教の思想に大きな影響を与え、とくに親鸞は、この『論註』を『浄土論』と同一視するほどに重視して、たびたび自著に引用しており、他力信心の教義に根本的な影響を与えている。↓浄土論・曇鸞・八番問答

【成仏】じょうぶつ

仏になる、すなわちさとりを開くことで、聖道《しょうどう》門《もん》（自力の修行でさとりに達する法門）では自らの修行によって成仏することができるとし、浄土門では、他力（本願力）によって浄土に往生したうえで、成仏するとされる。↓往生

【称名】しょうみょう

口に仏や菩薩の名をとなえることであるが、浄土教では、南無阿弥陀仏ととなえることをいい、諸仏が阿弥陀仏の名を称讃することをもいう。唐の善導（六一三〜八一）が五正行《しょうぎょう》の第四に称名正行をあげ、法然は、称名念仏を浄土往生の正定業《しょうじょうごう》であるとして称名正因《しょういん》（浄土往生するための正しい行）を説いた。浄土真宗では、他力本願を全領する信心

こそが浄土往生の正因（信心正因）で、信心をえたのちは、仏恩《ぶっとん》への感謝（報恩）の思いから称名念仏することになる（称名報恩）という。↓口称・正行・名号

【常楽寺】じょうらくじ

本願寺三世覚如の長男存覚（一二九〇〜一三七三）を開基とする本願寺派の別格寺。京都市下京区東中筋花屋町上ルにある。存覚は六条大宮に住していたが、文和二年（一三五三）門弟らのすすめによって洛東の今小路に移り、その住房を常楽台とよんだ。翌年、親鸞の姿を夢中に見、それを画工に描かせた親鸞御影が今に伝わっている。その後、本願寺とともに各地に移り、天正年中（一五七三〜九二）に堀川北小路に寺基を定めたが、明治二十九年（一八九六）本願寺の門前地拡張にさいして現在地に移転した。『存覚上人袖日記』ほか、南北朝・室町時代の聖教古写本を多く蔵する。↓存覚

【青蓮院】しょうれんいん

親鸞が治承五年（養和元年一一八一）九歳の春、比叡山の慈円によって出家得度《しゅっけとくど》したところと伝える。京都市東山区粟田口三条坊町にある天台宗の寺院で、久安六年（一一五〇）天台座主行玄が比叡山東塔の青蓮房を青蓮院と改めたのにはじまる。その後、比叡山の無動寺や洛北の鞍馬寺など、三百余の寺社を支配下においた。その本坊は三条白川にあった白川坊と考えられ、三世慈円が祇園十楽園の地に移して吉水坊といった。親鸞が得度したのは白川坊である。また、親鸞の廟所（墓所）である大谷廟堂は青蓮院末の妙香院を本所とする法楽寺の寺領にあったため、本願寺は青蓮院末となり、歴代の宗主は青蓮院で得度するのが習わしとなり、それは本願寺十一世顕如（一五四三〜九二）が永禄二年（一五五九）に門跡号をゆるされるまでつづいた。江戸時代には毫摂寺《ごうしょうじ》（現在の出雲路派本山）も青蓮院末であった。↓慈円・親鸞

【初地】しょじ

大乗仏教の修行者である菩薩《ぼさつ》は、十信・十住・十行・十廻向・十地・等覚・妙覚の五十二の段階をへて仏になるとされる。その十地の第一段階が初地で第四十一段階にあたる。歓喜地《かんぎじ》ともいい、念仏の信者がこの世において往生が定まる境地はこの初地に相当する。また、親鸞は『高僧和讃』に「本師竜樹菩薩は大乗無上の法をとき、歓普地を証してぞひとえに念仏すすめける」とたたえている。↓正定《しょうじょう》・平生業成《へいぜいごうじょう》・菩薩

【自力】じりき

自己にそなわった能力などの力、またはそれを頼みとして修行に励むこと。これにたいして、仏や菩薩などの力、またそれを頼りとするのを他力という。北魏の曇鸞（四七六～五四二）の『浄土論註』に自力・他力の判別が示され、これにもとづいて、浄土教では他力とは阿弥陀仏の本願力であるとし、この他力によって念仏し浄土に往生するとするが、浄土真宗では、さらに、本願によって往生のための徳を積んだり念仏したりすることまでも他力のなかの自力として判別し、本願力に全幅の信頼を寄せるのが他力のなかの他力であるとする。↓聖道門《しょうどうもん》・浄土論註・他力・二双四重《にそうしじゅう》

【自利利他】じりりた

自利は、自らを利する意で、修行によって自らのさとりをえること、利他は、他を利する意で、衆生《しゅじょう》をさとらしめること、または救済することをいう。小乗は自利にかたよっているが、大乗は、菩薩《ぼさつ》の道として自利と利他とを完成する自利利他円満を理想とする。北魏の曇鸞《どんらん》（四七六～五四二）は『浄土論註』のなかで、利他を他を利すと判別して、利他は仏の立場からのはたらきを示すものであると説き、したがって真宗では、自利利他円満は仏のさとりの世界、阿弥陀仏が本願を完成されたところをいい、親鸞は『浄土和讃』の「自利利他円満して」の句に「自利は阿弥陀仏の仏になりたまいたる心、利他は衆生を往生せしむる心」と解説している。↓自《じ》

行化《ぎょうけ》他《た》・利他

【信】しん

一般に、心を澄んだ清らかな状態にするはたらきで、仏道に自己をしっかり結びつけることを意味するが、真宗では、阿弥陀仏の本願を疑わない心をいう。信心《しんじん》ともいい、その内容が、無量寿経の第十八願の三心《さんしん》で示され、とくにそのなかの信楽《しんぎょう》（本願を信頼しきって本願を喜び願い求める心）が中心とされる。また、この信心は如来の本願のはたらきによって衆生に与えられた本願力廻向《えこう》の信心、他力の信心であり、仏心そのものであるから、真実の信心、金剛の信心などといわれる。したがって、「信心さだまるとき往生またさだまるなり」（『末燈鈔』）といわれ、浄土往生の要因はこの信心こそが正因《しょういん》であるとして、信心正因が強調される。信心の相を機《き》法《ほう》二種の深信《じんしん》で説くのも大きな特徴である。↓廻向・帰命《きみょう》・三心・正定《しょうじょう》

【信楽】しんぎょう

親鸞の『教行信証』信巻に「信楽は則《すなわ》ち是《こ》れ真実信心なり」とあるように、疑いなく信じ、喜ぶ真実の信心のこと。人びとはこの信楽の一念によって救われるが、それは阿弥陀仏の本願力によって与えられたものであるから「願力廻向《がんりきえこう》の信楽」、仏が生きとし生けるものを救おうとする深く広い心にもとづくから「利他深広《りたじんこう》の信楽」、仏の真実心にもとづくから「真実の信楽」という。至心《ししん》・信楽・欲生《よくしょう》の三《さん》心《しん》の一つ。↓三心

【信後相続】しんごそうぞく

阿弥陀仏の本願に全幅の信頼を寄せる信心が決定したのちは、仏恩報謝《ぶっとんほうしゃ》の思いから、一生、称名《しょうみょう》念仏を相続することをいう。蓮如（一四一五～九九）は「他力というは、弥陀をたのむ一念のおこるとき、やがて御助けにあづかるなり。その後念仏申すは、御助けありたるありがたさと思う心を歓びて南無阿弥陀仏南無阿弥陀仏と申すばかりなり」（『蓮如上人

御一代記聞書』）と説いている。↓信

【真宗《しんしゅう》】↓浄土真宗

【真宗出雲路派《しんしゅういずもじは》】

毫摂寺《ごうしょうじ》（福井県武生市清水頭町）を本山とする教団。本願寺三世覚如の高弟乗専《じょうせん》（一二九五〜？）が京都出雲路（上京区寺町頭あたり）に毫摂寺を開創。毫摂寺は応仁の乱のころ、五世善幸（一三一〇〜六一）が越前横越（福井県鯖江市）の証誠寺（現在の山元派本山）をたよって同国山元に移転したが、その後、証誠寺と対立し、慶長元年（一五九六）現在地に移った。元禄年間（一六八八〜一七〇四）には天台宗青蓮院に属し、明治五年（一八七二）本願寺派の所轄となったのち、同十一年に独立した。現在、寺院・布教所等六七。なお、兵庫県宝塚市小浜の毫摂寺は乗専の分流で本願寺派に属する。↓乗専

【真宗大谷派《しんしゅうおおたには》】

東本願寺（京都市下京区烏丸通七条上ル）を本山とする教団。本願寺は京都東山の大谷に親鸞の遺骨を改葬した廟堂にはじまるが、その後、延暦寺僧徒や法華宗徒の攻撃、織田信長との争い（石山合戦）などによって変遷し、天正十九年（一五九一）十一世顕如のときに豊臣秀吉から京都西六条の現在地の寄進を受けて御影堂・阿弥陀堂が再建された。顕如の子教如（一五五八〜一六一四）は石山合戦において活躍し、文禄元年（一五九二）顕如の示寂にさいし本願寺十二世となるが、弟の准如（一五七七〜一六三〇）と本願寺の継承をめぐって対立、教如は慶長七年（一六〇二）徳川家康から東六条に土地の寄進を受けて別立し、いわゆる東本願寺を創建、以後大谷派は教如の子孫が法主となって法灯をつぐ。教学面では十五世常如（一六四一〜九四）は学寮を設け、のちの大谷大学に発展。昭和五十六年、宗憲をあらためて本願寺を真宗本廟と称し、門首制をしいた。現在、寺院・布教所等九八〇四。↓大谷大学・教如・本願寺

【真宗木辺派】しんしゅうきべは

錦織寺《きんしょくじ》（滋賀県野洲郡中主町）を本山とする教団。錦織寺の寺伝によれば、慈覚大師円仁（七九四〜八六四）が開創した毘沙門堂（天安堂）に関東から帰洛途上の親鸞が止宿し、『教行信証』を完成したという。また、錦織寺の名は暦仁元年（一二三八）天女が錦を織る瑞夢を四条天皇に奏上し、天皇から「天神護法錦織之寺」という勅額を受けたことによるともいう。しかし、本願寺三世覚如の長男存覚（一二九〇〜一三七三）の自伝『存覚一期記』に慈空を「木部開山大徳」としていることからみると、開創は南北朝のころと考えられる。慈空は下総豊田庄（茨城県水海道市豊岡町付近）におこった横曽根門徒の流れをくむ人で、のち存覚の子綱厳（慈観一三三四〜一四一九）が慈空の養嗣となって錦織寺をついだ。真宗十派といわれる親鸞の法系のなかでは、高田門徒（栃木県に発生）の系統が多いが、木辺派は唯一、横曽根門徒の系統に属する。その後、蓮如によって本願寺教団が発展するにさいし、錦織寺七世慈賢の子勝慧《しょうえ》（一四七五〜一五五九）が蓮如に帰依するなど、門徒の多くが本願寺に吸収された。また、錦織寺は天正年間（一五七三〜九二）と元禄七年（一六九四）に焼け、幕府の援助によって復興した。現在、末寺約二五〇。↓横曽根門徒

【真宗興正派】しんしゅうこうしょうは

興正寺《こうしょうじ》（京都市下京区堀川通七条上ル）を本山とする教団。その名称は文明十四年（一四八二）高田門徒の系統に属した仏光寺十四世経豪（一四五一〜九二）が本願寺八世蓮如に帰依《きえ》し、仏光寺のもとの名称であった興正寺をもちいて興正寺蓮教と名乗ったことによる。仏光寺の末寺の多くも蓮教にしたがい、その一派は本願寺教団において特別の地位をたもち、永禄十二年（一五六九）には脇門跡となって一門の筆頭としての地位を築くが、江戸時代初期ごろから独立の動きを示し、文化八年（一八一一）幕府の裁定によって西本願寺の末寺となる。明治九年（一八七六）真宗四派の大教院分離にさいして独立。現在、寺院・布教所等四八六。↓高田門

徒・蓮教

【真宗三門徒派】しんしゅうさんもんとは

専照寺（福井市みのり町）を本山とする教団。如道（如導一二五三〜一三四〇）が越前大町（福井市）に開創した専修寺《せんじゅじ》を拠点とした大町門徒（三門徒）にはじまる。如道の歿後、専修寺は二男如浄、三男了泉へと相承されたが、そのころ越前に進出しつつあった本願寺教団との関係で大町門徒は分裂。了泉の子浄一《じょういち》は専修寺を弟の浄光にゆずって足羽郡踏野郷中野に移り、専照寺を開いた。その後、専照寺は天正十年（一五八二）北荘（福井市）堀小路に移り、享保九年（一七二四）現在地に移転。江戸時代中期には天台宗妙法院の所轄であったが、明治六年（一八七三）大谷派に属し、同十一年に独立。現在、寺院・布教所等四一。↓三門徒・浄一

【真宗十派】しんしゅうじっぱ

次の十教団をいう。浄土真宗本願寺派・真宗大谷派・真宗高田派・真宗仏光寺《ぶっこうじ》派・真宗興正《こうしょう》派・真宗木辺《きべ》派・真宗出雲路《いずもじ》派・真宗山元《やまもと》派・真宗誠照寺《じょうしょうじ》派・真宗三門徒《さんもんと》派。それぞれの教団については各項参照。

【真宗浄興寺派】しんしゅうじょうこうじは

浄興寺（新潟県上越市高田寺町）を本山とする教団。浄興寺は『大谷遺蹟録』では親鸞が常陸（茨城県）稲田に創建し、下総磯部（茨城県）・信濃（長野県）長沼に移ったのち、上杉景勝によって春日山城下（新潟県上越市）に転じ、さらに十二世了性のころ現在地に移ったとされる。本願寺八世蓮如（一四一五〜九九）は東国巡化のとき奥州の松島から浄興寺に書状を寄せるなど、本願寺と密接な関係をもった。その後、大谷派に属し、昭和二十七年に浄興寺派を立てて独立。現在、末寺等一四。

【真宗誠照寺派】しんしゅうじょうしょうじは

誠照寺（福井県鯖江市下深江）を本山とする教団。誠照寺は親鸞が留錫した車道場にはじまると伝えるが、如道（如導一二五三〜一三四〇）を中心に形成された三門徒に属した如覚（一二五〇〜一三一一）

の創建と考えられる。誠照寺ははじめ真照寺といい、照誠寺と改称されたのは永享九年（一四三七）。戦国時代に発展し、本願寺と対立した織田信長が助勢をもとめた文書が残されている。その後、兵火をこうむるが、豊臣秀吉の安堵をえて再建。元禄六年（一六九三）日光の輪王寺（天台宗）に所属したが、明治十一年（一八七八）真宗誠照寺派として独立。現在、寺院・布教所等八〇。↓三門徒・如覚

【真宗高田派】 しんしゅうたかだは

専修寺《せんじゅじ》（三重県津市一身田町）を本山とする教団。親鸞の門弟の真仏《しんぶつ》（一二〇九～五八）を中心に下野高田（栃木県芳賀郡二宮町高田）の如来堂によった信徒を高田門徒といったのが始まり。如来堂は嘉禄元年（一二二五）親鸞が善光寺如来（長野善光寺の阿弥陀仏）を感得し、翌年これを本尊として開創したのを帰洛にあたって真仏に継承させたと伝える。その教線は東北地方から東海地方にひろまり、初期真宗教団の主流をなした。十世真慧《しんね》（一四三四～一五一二）のときに北陸や伊勢に教線をのばし、伊勢

国一身田町に無量寿院を建立。十二世堯恵（一五二七～一六〇九）・十三世堯真（一五四九～一六一九）のころ専修寺と改めた。明治十年（一八七七）高田派と公称。現在、寺院・布教所等六四二。

なお、本山専修寺の堂宇は正保三年（一六四六）の大火による焼失ののち再建されたもの。御影堂・如来堂は重文。また親鸞自筆の著作や書簡を所蔵し、国宝・重文に指定されている。いっぽう、高田門徒の故地、下野高田（栃木県芳賀郡二宮町高田）は下野本寺専修寺といい、高田派本寺とされる。寺域は親鸞の遺跡として尊重され、如来堂・御影堂・山門などが重文。↓真慧・真仏

【真宗仏光寺派】 しんしゅうぶっこうじは

仏光寺（京都市下京区高倉通仏光寺下ル）を本山とする教団。親鸞の関東布教によって形成された高田門徒（栃木県）を始まりとし、初期の法脈は親鸞・真仏・源海・了海・誓海・明光とつづき、第七世了源（一二九五～一三三六）が山科の興正寺を仏光寺と改めた。以後、京都を中心に教線をひろめ、

その教勢は本願寺をしのぐ。これにたいし、本願寺三世覚如（一二七〇～一三五一）は『改邪鈔』を著して批判した。その後、仏光寺十四世経豪（蓮教一四五一～九二）が本願寺の蓮如に帰依して末寺の多くも本願寺末となったが、明治十四年（一八八一）仏光寺派を公称。現在、寺院・布教所等三九〇。

なお、本山仏光寺は天正十四年（一五八六）豊臣秀吉の大仏建立の寺域とかさなるために五条高倉の地に移転。その後、天明八年（一七八八）と元治元年（一八六四）に火災にあい、大師堂は明治十七年、本堂は同三十七年に再建された。寺宝に木造聖徳太子孝養像・親鸞伝絵などがある。↓源海・真仏・高田門徒・了海・了源・蓮教

【真宗山元派】しんしゅうやまもとは

証誠寺《しょうじょうじ》（福井県鯖江市横越町）を本山とする教団。寺伝によれば、親鸞とその子善鸞によってこの地に布教され、善鸞の孫浄如のときに証誠寺の寺号を賜って勅願寺となったとされるが、如道（如導一二五三～一三四〇）を中心に形成された三門徒（大町門徒）に属した道性《どうしょう》（生歿年不詳）が創建したものと考えられる。大町門徒のなかで大きな勢力をもったが、本願寺八世蓮如がその教義を否定したことや織田信長の越後攻略で打撃をうけた。江戸時代中期には天台宗聖護院の院家となったが、明治五年（一八七二）本願寺派（西本願寺）に属し、同十一年に独立、真宗山元派となる。現在、寺院・布教所等二一

↓三門徒・道性

【真心】しんしん

真実の心の意で、阿弥陀仏が衆生《しゅじょう》（生きとし生けるもの）を救わんとする真実心、さらにそれを衆生に廻施《え せ》されたところの信心すなわち他力の信心をいう。親鸞の『高僧和讃』には「真心徹到するひとは金剛心なりければ」とうたわれている。↓信

【深心】じんしん

観無量寿経に説く、往生人のそなえる三心《さんじん》の一つで、唐の善導（六一三～八一）は、これを深く信ずる心（深信《じんしん》の心）とし、その内容を七種で説明する。

真宗ではとくにその初めの二種が信心の相であるとして重視される。↓三心・深信

【深信】じんしん

深く信ずるの意で、唐の善導（六一三〜六八一）の観無量寿経の注釈『観経四帖疏《かんぎょうしじょうしょ》』の第四「散善義」のなかに、観経の説く往生人のともなう三心《さんじん》の第二「深心《じんしん》」を解説して、七種の深信をあげる。とくにその第一が、自身ははるかな過去から迷いつづけて救われがたい罪悪生死《しょうじ》の凡夫《ぼんぶ》であると深信すること（機の深信）、第二が、このような凡夫が本願力のはたらきでかならず往生できると深信すること（法の深信）である。この二種の深信は、阿弥陀仏の本願に全幅の信頼を寄せる、信心の両面の相を表し、とくに重視されている。↓深心

【真俗二諦】しんぞくにたい

真諦と俗諦との二つ。真諦は、勝義諦・第一義諦ともいい、絶対的な真実としての真理、言語表現を超えた、宗教的に絶対的な立場をさし、また俗諦は、世俗諦ともいい、絶対的真理が相対的な相で具体的に示される世間的な立場を意味する。真宗では、さらに真俗二諦の語を転用して、信心と倫理の関係を示す。すなわち真宗教義の根幹、信心正因称名《しんじんしょういんしょうみょう》報恩《ほうおん》が真諦、世間一般に対処する生活態度として示される王法為本仁義為先《おうぼういほんじんぎいせん》（一般社会の倫理生活）が俗諦とされ、とくに明治維新以降、この二諦の相依相資（互いに補完しあうこと）が強調された。

【神通】じんづう

仏《ぶつ》・菩薩《ぼさつ》などがもつ自由自在な超人的なはたらき、力。これに五種あるいは六種をあげ、五神通・六神通という。無量寿経には、阿弥陀仏の四十八願のうちの第五願から第十願に、①自他の過去世の寿命や生存がどうであったかをすべて知る宿命通《しゅくみょうつう》、②あらゆる未来の事柄を見透す天眼通《てんげんつう》、③世間のすべての声を聞き取る天耳通《てんにつう》、④他人の心中を知る他心通、⑤思い通りに思う場所に飛行したり姿を変えたり対象を思い通りにする神足通《じんそくつう》、⑥煩悩《ぼんのう》を断ちつくしてもはや迷いの世界に生まれないことを悟る漏尽通《ろじんつう》と

いう六神通をすべての往生人が身に得るとの誓いをあげる。↓本願

【真慧】しんね　一四三四～一五一二

専修寺《せんじゅじ》十世。九世定顕の子といわれるが、公家の葉室家から入寺したという説もある。寛正五年（一四六四）定顕の死によって寺務を継ぎ、伊勢（三重県）の一身田に無量寿院（のちの専修寺）を建てる。寛正六年の大谷本願寺破却にさいして蓮如（一四一五～九九）と袂を分かち、以後本願寺に対抗して教団体制の確立につとめた。文明四年（一四七二）『顕正流義鈔』を著して教義を確立、長享元年（一四八七）法印・大僧都となる。永正元年（一五〇四）永正規則（真恵上人御定）を制定し、門末統制を強化した。高田派の中興上人。↓真宗高田派

【真仏】しんぶつ　一二〇九～五八

親鸞の関東時代の高弟二十四人（二十四輩）の第二。高田派の祖。下野（栃木県）の国司であった大内国春の長男で椎尾弥三郎春時といい、嘉禄元年（一二二五）十七歳で剃髪、親鸞に帰依《きえ》して高田専《せん》修寺《じゅじ》を開いたと伝える。真仏を中心とする信徒は高田門徒といわれ、初期真宗教団の主流を形成した。↓真宗高田派・高田門徒・二十四輩

【新発意】しんぽっち

新たに菩提心《ぼだいしん》（さとりをえて仏になろうとする心）をおこすということで、新たに仏門に入った者、とくに年少で得度《とくど》したものをいうが、俗に寺院の子弟として生まれた年少者を新発意とよぶことが多い。↓得度

【親鸞】しんらん　一一七三～一二六二

浄土真宗の開祖。別名として綽空《しゃっくう》、善信ともいわれる。号は愚禿《ぐとく》。諡《おくりな》は見真大師《けんしんだいし》。日野有範《ひのありのり》の子で幼名は松若丸。九歳のとき青蓮院《しょうれんいん》慈円《じえん》について得度。建仁元年（一二〇一）六角堂に参籠し、九十五日の暁に聖徳太子の示現《じげん》（現われ示すこと）により、吉水に法然（一一三三～一二一二）を訪ね、専《せん》修《じゅ》念仏の門に帰した。建永元年（一二〇六）興福寺

の告訴による念仏弾圧により、翌承元元年（一二〇七）法然や同輩数名とともに罰せられ、藤井善信という俗名を与えられて越後（新潟県）に流された（承元の法難）。その後、愚禿と自称し、非僧非俗《ひそうひぞく》（僧侶でも俗人でもない）の立場に立って、この地の豪族三善為教の息女とも推定される恵信尼《えしんに》と結婚。建暦元年（一二一一）赦免され、建保二年（一二一四）家族とともに常陸（茨城県）に移住し、関東各地の民衆に念仏をすすめた。その間に浄土真宗の立教開示の根本聖典となる『顕浄土真実教行証文類（教行信証《きょうぎょうしんしょう》）』を撰述し、六十二、三歳ごろ帰洛してからも加筆推敲した。弘長二年（一二六二）十一月二十八日、弟尋有の坊舎で、末娘覚信尼《かくしんに》らにみとられて生涯を終えた。『教行信証』のほか著書には『浄土文類聚鈔《じょうどもんるいじゅしょう》』『愚禿鈔《ぐとくしょう》』『浄土和讃《わさん》』『高僧和讃』『正像末和讃』など多数がある。↓恵信尼・覚信尼・愚禿鈔・教行信証・浄土真宗・浄土文類聚鈔・青蓮院・非僧非俗・法然・六角夢告・和讃

親鸞

【親鸞聖人御消息集】 しんらんしょうにんごしょうそくしゅう

親鸞の書簡十八通（数えかたによって十九通）を収録した書。一巻。親鸞の消息集としては『末燈鈔』が有名だが、この消息集のうち八通は『末燈鈔』と重複し、一般にはそれを除いて『親鸞聖人御消息集』という。十八通がそろった完全なものは西本願寺および京都府永福寺に室町時代末期の写本が伝わっている。↓末燈鈔

【親鸞聖人正統伝】 しんらんしょうにんしょうとうでん

江戸時代、高田派の良空（一六六九～一七三三）が親鸞の伝記を年齢順に構成し、高田派が親鸞の正統であることを明らかにする意図で編纂した書。六巻。詳しくは『高田開山親鸞聖人正統伝』という。→真宗高田派

【親鸞聖人門弟交名牒】 しんらんしょうにんもんていきょうみょうちょう

親鸞の流れをくむ門弟の名と、その住所を記した文書。「門侶交名牒」ともいう。はじめのものは注進状の形式をとることから、どこかに報告する必要から作られたものと考えられる。茨城県稲田の西念寺本・京都仏光寺内の光薗院本などが現存する。

【親鸞伝絵】 しんらんでんね

親鸞の生涯を、絵と詞書《ことばがき》を交互にいれた絵巻物形式で描いたもの。二巻。親鸞の曽孫にあたる本願寺三世覚如（一二七〇～一三五一）が父の覚恵とともに親鸞が暮らした関東の地を歴訪したのち、永仁三年（一二九五）に「善信聖人絵」として撰述した。その後、添削が重ねられ、現行のものは上巻八段、下巻七段からなる。その詞書の部分を集めたものを「御伝鈔《ごでんしょう》」、絵の部分を掛軸にしたものを「御絵伝《ごえでん》」といい、報恩講のときに用いる。→覚如

【親鸞夢記】 しんらんむき

親鸞が聖徳太子や観音菩薩から授かった夢告を記した書。専修寺に伝わる。親鸞が娘の覚信尼あてにつづった文書の形式をとっているが、真偽は未定。建久二年（一一九一）の聖徳太子勅言、正治二年（一二〇〇）の如意輪告命、建仁元年（一二〇一）六角夢告《ろっかくむこく》を記し、三夢記ともいう。→六角夢告

【深励】 じんれい　一七四九～一八一七

大谷派。越前（福井県）の碧雲寺に生まれ、同国永臨寺の寿天のあとつぎとなる。京に出て、慧琳、随慧の門に入り、また、真言宗豊山《ぶざん》派の智道や仁和寺の竜山らに学ぶ。寛政六年（一七九四）講師（学寮の最高責任者）となり、大谷派宗学を大成する。

著書には『浄土三部経講義』『観経四帖疏講義』などがある。↓真宗大谷派

【信蓮房】しんれんぼう 一二一一〜？

親鸞の子。名は明信。越後栗沢（新潟県中頸城郡板倉町）に住した。日野一流系図は親鸞の第四子とする。↓日野一流系図

せ

【聖覚】せいかく 一一六七〜一二三五

親鸞の法兄。比叡山東塔北谷八部尾竹林房に住した。法然教義の正統的理解者として当時の浄土教界に多くの思想的影響を与え、承久三年（一二二一）に浄土門においては信心を基本とすると述べる『唯信鈔』を著した。親鸞はこの書を何度も書写して東国の門弟に下すとともに、建長二年（一二五〇）にはその註釈書として『唯信鈔文意』を著している。『親鸞聖人正統伝』などには、親鸞が吉水の法然の門に入ったのは聖覚の手引きによるとある。↓唯信鈔

【世自在王仏】せじざいおうぶつ

阿弥陀仏が仏となる前に、法蔵比丘《ほうぞうびく》（法蔵菩薩《ぼさつ》ともいう）として、そのもとで修行した師仏。世饒王《せにょうおう》仏《ぶっ》・饒王仏ともいう。一切の法に自在で、無碍《むげ》に（一切の障害なく）世間を利益する仏という意味。↓法蔵菩薩

【世親】せしん 四〜五世紀頃

親鸞が真宗相承の祖師と定めた七人の高僧（七高僧）の第二祖。ヴァスバンドゥの訳。旧訳では天親《てんじん》。ガンダーラ国の首都プルシャプラに生まれ、小乗《しょうじょう》仏教を学んで『倶舎《くしゃ》論』をつくったが、兄無著の勧めで大乗仏教に転じ、数多くの著書を著した。法然は、世親の『浄土論』を浄土三部経とともに「三経一論」とし、浄土宗の正依《しょうえ》の論（教義の根本となる書）とさだめ、真宗では七祖聖教の一つとする。上記のほか、著書には『辯中辺論』『唯識三十頌』『十地経論』『摂大乗論釈』などがある。↓七高僧・浄土論

【善・善根】ぜん・ぜんごん

一般の道徳としての善は、主として社会生活を好ましくたもつための行いや意識をいうが、仏教ではそれだけでなく、さとりに到達するための行い、すなわち正しい仏道修行、またさとりに導かれる信心がたもたれた状態を最大の善とする。さとりに到達することが自分自身を救うのみならず、仏となってすべての人を救うという最終的な善にいたる道だからである。仏道修行はその人の機根《きこん》（気質や能力）によって違いがあるので、大乗仏教でとくに強調される十善《じゅうぜん》のほか、定善《じょうぜん》（精神を統一して修行に専念すること）・散善《さんぜん》（日常の種々の思いのうちに修行すること）などの別が説かれる。善根（また善本《ぜんぽん》・徳《とく》本《ほん》）は、いろいろな善を生む原因・根本となるもののことであるが、真宗ではとくに南無阿弥陀仏という名号《みょうごう》が浄土往生という果徳《かとく》（結果としての徳・さとり）を生ずる因であるという意味で、名号を善本あるいは徳本という。しかし、その名号をとなえる念仏においても、みずからの力をたのんで自力の修行として行うことは雑毒雑修《ぞうどくざっしゅ》の善といい、名号を自己の善根として頼るもの（機根のことなるさまざまな人を救済の対象とした四十八願のうち第二十願の機）として、まだ完全に本願他力に全託《ぜんたく》（阿弥陀仏にまかせきること）しておらず、真実の浄土往生はできないものとされる。『歎異抄』に「念仏は行者のためには非行非善なり」といって、念仏を自己の徳としようとすることが戒められている。↓根《こん》・十悪〈十善〉・定散二善

【専海】せんかい　生歿年不詳

親鸞の門弟で関東六老僧の一人。遠江（静岡県）鶴見の人。建長七年（一二五五）『教行信証』を書写し（専修寺蔵）、親鸞の寿像を法眼朝円に描かせた（安城《あんじょう》の御影《みえい》）。長瀬の願照寺（愛知県岡崎市）は、専海が念仏をひろめた遺跡と伝える。↓御影・六老僧

【専空】せんくう　一二九二〜一三四三

専修寺四世。下野（栃木県）で大内冠者行弘と称

していたと伝えるが、出家して顕智《けんち》の門に入り、延慶三年（一三一〇）顕智の歿後法統を継ぐ。兵火で焼失した大谷廟堂の再建維持に尽力するとともに、高田派の発展につとめた。↓顕智・真宗高田派

【善光寺】ぜんこうじ

長野市箱清水にある。欽明十三年（五五二）に百済から伝来した阿弥陀三尊像を本尊として推古十年（六〇二）本田善光という人物が開いたと伝えられる。日本最古の寺院の一つである。善光寺は以来、

善光寺如来

阿弥陀信仰の霊地として栄え、親鸞も参詣したことが知られている。本尊の三尊像は一つの光背のなかに阿弥陀仏を中心として観音《かんのん》・勢至《せいし》の両菩薩がおさめられた特殊な形で、一光三尊像《いっこうさんぞんぞう》とよばれ、また善光寺如来とよばれて各地にそれを模した阿弥陀三尊が伝えられた。親鸞は「善光寺如来和讃」をつくったほか、関東時代に善光寺如来を感得し、下野（栃木県）高田に専修寺《せんじゅじ》を開創して安置したという伝承がある。善光寺自体は無宗派の寺院であるが、現在は天台宗の大勧進、浄土宗の大本願によって管理されている。境内には、親鸞の像がある。

【選択】せんじゃく

最良のものを選び取ること。阿弥陀仏が仏となるまえに法蔵菩薩《ほうぞうぼさつ》として修行していたとき、あらゆるものを救う最良の方法を求めてさまざまな仏の国土（浄土）を観察し、また五劫《ごこう》（永遠ともいえる長期間）にわたって熟慮して、最良の浄土と往生の行《ぎょう》を選び取って四十八の本願をおこした。これを選択本願という。とくに、「ひたすら弥陀の名号《みょうごう》〈南無阿

弥陀仏〉のはたらきにまかせるものを救う」という第十八願がそれらのなかで根本であり精髄であるので、親鸞はこの第十八願をとくに「選択本願」という。なお、浄土宗では選択を「せんちゃく」と読む。→本願

【選択本願念仏集】せんじゃくほんがんねんぶつしゅう

浄土宗の開祖であり、親鸞の師であった法然（源空一一三三〜一二一二）の著。『選択集』と略称される。二巻。浄土宗では「選択」を「せんちゃく」と読む。建久九年（一一九八）関白九条兼実の請いによって撰述したといわれる。阿弥陀仏が生きとし生けるものを救う最良の方法として選び取った選択本願の行である念仏について、浄土三部経のほか、中国で浄土教を大成した善導（六一三〜八一）の釈《しゃく》（注釈書）などの要文を集め、解説（私釈）をくわえて浄土宗の立教開宗を宣言した書。はじめに「南無阿弥陀仏　往生之業　念仏為本（浄土往生の因となる業《ごう》〈心身の行い〉は念仏を根本とする）」を掲げ、全体は十六章（二門〈教相〉・二行・本願・三輩・念仏利益・特留・摂取・三心・四修・化讃《けさん》・讃歎・付属・多善根・証誠《しょうじょう》・護念・慇懃）よりなる。特別の修行を積まなくても、念仏をとなえることによってどんな人でも浄土に往生してさとりがえられると専修念仏を説いた法然教団は、比叡山や奈良の保守的な仏教勢力の非難と攻撃にさらされ、『選択集』を書写することも法然の生前はわずかしか認められず、歿後刊行されたが、奈良仏教の華厳宗を中興した明恵（一一七三〜一二三二）は『摧邪輪』できびしく批判した。親鸞は、浄土三部経と世親（天親）の『浄土論』の三経一論を浄土門の正依《しょうえ》（浄土教の教義が正しく依《よ》るべき経論）とする立場を『選択集』から受けついで『教行信証』を撰述し、『選択集』のもつ意味を明らかにしたとされる。→選択・専修・法然

【専修】せんじゅ

ただひたすらに阿弥陀仏の名をとなえることで、専修念仏とよびならわされる。浄土宗では、唐の善導（六一三〜八一）が掲げた五正行《ごしょうぎょう》（浄土経典を読《どく》

誦《じゅ》する読誦正行のほか、念仏往生のための五つの正しい行)、とくに五正行の第四にある称名《しょうみょう》念仏(名《みょう》号《ごう》をとなえること)をもっぱらに修することをいい、他の行をあわせて修することを雑修《ざっしゅ》という。真宗では阿弥陀仏のはからい(他力)を自己の判断によらず受け止めた信心(他力信心)をもって念仏をとなえるのを専修とし、自己の力をすこしでもたよる心をのこした念仏は正行ではあっても専修とはしない。↓正行《しょうぎょう》

【専修寺《せんじゅじ》】↓真宗高田派

【善性《ぜんしょう》】 生歿年不詳

親鸞の関東時代の高弟二十四人(二十四輩)の第九。その伝記には次の諸説がある。①俗名を豊田四郎治親といい、四十歳ごろ親鸞の門弟となり、歿後子の良信がその遺跡に石下東弘寺(茨城県結城郡)を開いた。②越後守井上八郎光世と称し、承元二年(一二〇八)に親鸞の門弟となり、歿後子孫が東弘寺・浄興寺・勝願寺を開き、豊田治親はその檀越であった。③後鳥羽天皇の第三皇子で、比叡山に登り周観と号し、建保六年(一二一八)親鸞に帰依して善性房鸞英と改め、貞永元年(一二三二)浄興寺に住し、文永五年(一二六八)七十歳で歿。↓二十四輩

【専照寺《せんしょうじ》】↓真宗三門徒派

【善導《ぜんどう》】 六一三〜八一

中国における浄土教の大成者。親鸞が真宗相承の祖師と定めた七人の高僧(七高僧)の第五祖。唐代中国の山東省東溜の出身。浄土変相図(浄土のありさまを表した図)をみて浄土教に帰依し、白蓮社《びゃくれんしゃ》という念仏結社をつくった慧遠《えおん》(三三四〜四一六)の高風を慕って廬山に入る。長安近郊終南山の悟真寺に住し、唐の貞観十九年(六四五)道綽《どうしゃく》に会って教化をうけた。当時、観無量寿経の研究・講説が流行していたが、善導は諸師の説を批判し、『観経四帖疏』四巻を著し、曇鸞《どんらん》・道綽の伝統と浄土教立教の本旨を明らかにした。このほかに著書としては、

門徒ことば　語り継がれる真宗民語
三島清円
2刷
「いなだく」って聞いたことありますか？「お手廻し」「縁借」など日本各地に伝わる、独特な意味をもつ真宗門徒の言葉を紹介。
一、二〇〇円

カンタン英語で浄土真宗入門
大來尚順
2刷
難しい仏教用語も英語だとスッとわかる。「ぶっちゃけ寺」出演、もとハーバード大学研究員のお坊さんによる、新感覚仏教入門。
一、二〇〇円

真宗大谷派のゆくえ　ラディカルに問う儀式・差別・靖国
戸次公正
課題とされてきた権威主義や差別性が克服されたのかを厳しく問い、さらなる改革の道筋を明らかにする問題作。
二、八〇〇円

ボランティアは親鸞の教えに反するのか　他力理解の相克
木越　康
ボランティアは自力なのか？　囁かれ続けてきた疑問に応える、親鸞思想と支援活動との整合性の問題に踏み込んだ一冊！
一、六〇〇円

お坊さんでスクールカウンセラー
坂井祐円
緊急支援、喪の作業、不登校。小中高のカウンセリングの現場で相談者の苦に寄り添い、死者と出会っていく7つの物語。
一、八〇〇円

親鸞聖人の生涯
梯　實圓
最新の研究成果を取り入れながら、聖人の波乱の生涯と不屈の信念をわかりやすく説く。10年にわたる連載をまとめた決定版。
一、八〇〇円

真宗門徒はどこへ行くのか　崩壊する伝承と葬儀
蒲池勢至
2刷
真宗門徒はどのように生き死んでいったのか。社会の変化にともない変容し崩壊する門徒の信仰生活を見据え、再生への道を探る。
一、八〇〇円

中陰のための法話①②
松井惠光
① 10刷
② 9刷
還骨から百カ日まで、日を追うごとに変化する心に併せて語る法話集。
各六〇〇円

仏事のあれこれ

- 葬式のはなし　菅　純和　一、〇〇〇円
- 数珠のはなし　10刷　谷口幸璽　九七一円
- 墓のはなし　6刷　福原堂礎　九五二円
- 仏壇のはなし　4刷　谷口幸璽　九五二円
- 袈裟のはなし　7刷　久馬慧忠　一、二〇〇円
- お盆のはなし　2刷　蒲池勢至　一、二〇〇円

絵はがき

法語絵はがき　2刷
おかげさま

吉田ゆずる絵／ことば
350円（12枚入・ケース付）

心あたたまる言葉と絵がたくさん！行列ができるほど人気となった佛光寺の絵入り「法語印」の生みの親による、12枚入り絵はがきセット。

待望のCD化！

CD版　全3集
曽我量深説教集

真宗教学の道場、高倉会館での昭和35年から亡くなる前年の45年までの講話を収める。

各巻10,000円［分売可

CD版　2刷
大谷派三帖和讃

読唱 井沢暢宏　12,000円
寺院、門徒共用。
三淘、繰り読みによる全325首を収めたCD。独習に最適。
〔 CD6枚組・解説書付 〕

おすすめの法話本

各1,000円

- ●やわらか子ども法話　桜井俊彦
- ●うつにならないための法話　和田真雄
- ●引きこもりを克服するための法話　和田真雄
- ●他力信心を実感するための法話　和田真雄
- ●愛し愛されて生きるための法話　川村妙慶
- ●念仏の音が聞こえるとき　2刷　大窪康充
- ●仏教からみた念仏成仏の教え　小川一乗

伝道シリーズ

各190円

- 1 仏道としての念仏　7刷　小川一乗
- 3 いのちの満足　7刷　田代俊孝
- 4 親鸞さまの求道　6刷　信楽峻麿
- 5 歎異抄はどんな本か　2刷　中西智海
- 7 悲しみをこえる人生　12刷　浅井成海
- 8 浄土真宗の救い　6刷　中村　薫
- 10 清沢満之に学ぶ生と死　田代俊孝

※2、6、9は品切

妙好人の本

- 妙好人　千代尼　2刷　西山郷史　一、二〇〇円
- 妙好人めぐりの旅　伊藤智誠　一、八〇〇円
- 妙好人の詩(うた)　菊藤明道　一、六〇〇円
- 妙好人　21刷　鈴木大拙　二、五〇〇円
- 妙好人のことば　15刷　梯　實圓　一、五〇〇円
- 新妙好人伝　近江・美濃篇　高木実衛編　一、六五〇円

新装版で読む名著

新装版 正信偈講話 上・下
蜂屋賢喜代

浄土真宗の宗祖親鸞が著した「正信偈」を、生活に即して講じた入門書。難解な語句には語注を付し丁寧に解説。

各一、八〇〇円

新装版 四十八願講話 上・下
蜂屋賢喜代

浄土真宗の根本経典である『大無量寿経』に説かれた四十八願を、第一願から順に易しく解き明かした講話集。三十年ぶりに新装版として復刊。

各二、〇〇〇円

新装版 親鸞の宿業観
廣瀬　杲

宿業とは運命なのか。『歎異抄』十三条を読み解きながら、ポスト真実時代を生き抜くための、親鸞の宿業観を考察。新装版で復刊。

一、八〇〇円

親鸞聖人七百五十回御遠忌記念出版

大系真宗史料 全25巻／特別巻1
［第Ⅰ期完結！］

真宗史料刊行会 編

①＝八、五〇〇円　④＝一〇、〇〇〇円
②＝九、〇〇〇円　⑤＝一二、〇〇〇円
③＝九、五〇〇円　⑥＝一三、〇〇〇円

第Ⅱ期刊行中！

①＝文書記録編1 親鸞と吉水教団　④＝文書記録編10 私心記
①＝文書記録編3 戦国教団　④＝文書記録編15 近世倫理書
①＝文書記録編4 宗主消息　④＝伝記編1 親鸞伝
①＝文書記録編7 蓮如法語　④＝伝記編7 学匠・宗主伝
②＝文書記録編5 戦国期記録編年　⑤＝文書記録編8 天文日記Ⅰ
②＝文書記録編14 東西分派　⑤＝文書記録編16 近世異義争論
②＝伝記編9 近世門徒伝　⑥＝文書記録編13 儀式・故実
③＝文書記録編9 天文日記Ⅱ　次回配本＝文書記録編2 初期教団

辞典関係

総合 佛教大辞典 新装版 全1巻
井ノ口泰淳
櫻部　建
薗田香融 他編

3刷

世界宗教としての仏教―全仏教圏各時代に亘る一万二千余項目と、四万七千余の詳細な索引項目の全てを網羅した、定評のある本格的仏教大辞典を、さらに使いやすい〈一冊本〉として刊行。大活字使用。

二八、〇〇〇円

真宗新辞典［机上版］
大原性実
金子大榮
星野元豊 監修

13刷

教義及び歴史に関する新しい辞典。一五年の歳月をかけて編集。典拠、用例を明らかにし、歴史においては最新の学問的成果を踏まえ各派にわたる。項目四五〇〇・索引一二〇〇〇。読みやすい大活字使用。

一八、五〇〇円

『法事讃』『往生礼讃』『観念法門』『般舟讃』があり、これらを総称して「五部九巻の聖教」という。

↓往生礼讃・観経四帖疏・観念法門・七高僧・般舟讃・法事讃

善導

【善法院】ぜんぽういん

親鸞入滅の坊舎。晩年の親鸞は五条西洞院あたりに住したが、建長七年（一二五五）の火災ののち、比叡山東塔の善法院主であった弟尋有の里房に移り、弘長二年（一二六二）十一月の入寂までそこで過ごした。晩年の円熟した境地を「自然法爾《じねんほうに》」という言葉で語ったのも、ここにおいてである。その場所は『親鸞伝絵』に押小路南万里小路東と記され、現在の柳馬場御池上ル虎石町と推定される。そこから東大谷本廟の廟上に安置されている石を「虎石」とよぶ。本願寺派では万里小路を西の京万里小路とみなし、現在の右京区山ノ内御堂殿町に安政三年（一八五六）に再興した。角坊《すみのぼう》別院がそれである。↓大谷本廟・自然

【善鸞】ぜんらん 生歿年不詳

親鸞の子。慈信房と号す。長男とも次男ともいわれ、長く親鸞のもとにあったようである。関東の信徒のあいだでおこった論争にさいして教化のため親鸞に代って東下したが、かえって異義に走ったため、建長八年（一二五六）親鸞より書状をもって義絶された。山元派《やまもとは》・出雲路派《いずもじは》では善鸞を二世とし、本願寺では善鸞の子如信《にょしん》（一二三五～一三〇〇）を二世とする。↓真宗出雲路派・真宗山元派・秘事法門《ひじぼうもん》

【僧】そう

一般の人にたいして、いわゆる僧侶《そうりょ》のことをいうが、もともとは和合という意味で仏道修行者の集団をさすサンスクリット「サンガ」を僧伽《そうぎゃ》と音写し、僧と略したもの。他に和合衆などと訳し、僧侶というのも同じ意味。仏教でもっとも尊重するべきであるとされる三宝《さんぼう》の一つ（他の二つは仏とその教えであり真理である法）。僧伽はとくに出家修行者の集団を意味し、比丘《びく》僧伽（男性出家者の集団）・比丘尼《びくに》僧伽（女性出家者の集団）、これらをあわせて二部衆などとよぶが、ひろい意味では出家・在家をふくめた仏教教団を僧伽とみてよい。現実の修行者の集団としての僧伽（現前僧伽という）は四人以上とされるが、中国・日本では一人の比丘・比丘尼でも僧・僧尼といい、いわゆる出家者をさす名詞となった。親鸞が越後への流罪となった承元の弾圧のあと、みずから「僧にあらず俗にあらず（非僧非俗）」と称したように、真宗においては出家・在家の区別を超え、信心をともにするものとしての同朋《どうぼう》・同行《どうぎょう》が強調される。→三宝・沙門《しゃもん》・同朋・比丘〈比丘尼〉・非僧非俗

【葬式】そうしき

死者を葬る儀式で、葬儀・葬礼ともいう。火葬・水葬・土葬・風葬など、さまざまな儀礼があるが、仏教では本来火葬とし、日本でも仏教伝来とともに火葬が普及したが、土葬の習俗もある。浄土教の歴史のなかでは平安時代に源信（九四二～一〇一七）が極楽浄土に往生するために集団で念仏を修した二十五三昧会《にじゅうござんまいえ》で、臨終行儀《りんじゅうぎょうぎ》（死に臨んで枕許に阿弥陀仏を安置するなどの儀礼・作法）をほどこしたほか、死後は土中に死骸を葬って土砂加持《どしゃかじ》（土地を浄化する密教の行法）を行い、卒塔婆《そとば》を立てて供養した例がある。真宗では、信心をえた者は生前に浄土往生が定まった人びと（正定聚《しょうじょうじゅ》）とされ、先に滅度《めつど》（さとりの世界にいたること）した者はあとを導く師として、葬礼は信心をうながす機縁《きえん》であると意味づけられ、葬礼をことさら一大事とすべきでないとされ

る。親鸞は「閉眼せば、（遺骸を）鴨川にいれて魚にあたうべし」といったと伝え、本願寺三世覚如（一二七〇〜一三五一）も葬礼を本とすることを戒めている。しかし、江戸時代には宗教政策として葬儀が仏式にしぼられ、寺院の重要な行事となっていった。↓死・卒塔婆・法事

【増上縁】ぞうじょうえん

他のもののはたらきを助けてより勝れたものとする縁のこと。仏教ではあらゆるものは因縁《いんねん》つまり直接的な原因（因）と間接的原因・条件（縁）によって生起すると説かれるが、さまざまな縁のうち阿弥陀仏の本願は生きとし生けるものにはたらきかけてすべての成仏（さとりをえて仏となること）をうながすので、浄土教ではとくに阿弥陀仏の本願のはたらきを増上縁という。曇鸞（四七六〜五四二）は「菩薩や人・天の起こすすべての行《ぎょう》は阿弥陀仏の本願力による」とし、親鸞は『高僧和讃』に「弥陀（阿弥陀仏）の本弘誓願《ほんぐぜいがん》（本願のこと）を増上縁と名づけたり」とうたい、その左訓《さくん》（お左がな）に「まさ（勝）る　よろずのぜん（善）にまされるによりぞうじょうえん（増上縁）というなり」と説明している。↓因・縁

【即】そく

仏教で多用される言葉の一つで、異なった二つのことがらが究極的には一体であることをいい、たとえば煩悩即菩提《ぼんのうそくぼだい》といった熟語でつかわれる。煩悩即菩提とは、苦しみの根本的な原因である欲望・無知・迷いなどの煩悩が菩提（さとりをえた清浄な状態）と不二・一体であることをいい、煩悩を離れて菩提はないという意味で人の欲望・苦しみ・悩みにも積極的な意味が与えられる。そのもっとも深い境地を示したのが親鸞が晩年に説いた自然法爾《じねんほうに》（あるがままに仏に救われた状態となること）であろう。真宗ではこのほか、「即」という言葉を用いて以下のような教えが説かれている。証知生死即《しょうちしょうじそく》涅槃《ねはん》＝『正信偈《げ》』にある言葉で、他力信心をえれば迷いの身がそのまま必ずさとりに導かれると明らかに知ること。即得往生《そくとくおうじょう》住《じゅう》不退転《ふたいてん》＝無量寿経の成就文（本

願の完成を説く文）に、信の一念（信心をえたそのとき）に同時に正定聚《しょうじょうじゅ》（かならず往生すると定まっている者）となると説かれる。この即得往生にたいして、観無量寿経には三心《さんじん》（至誠心《しじょうしん》・深心《じんしん》・廻向《えこう》発願心《ほうがんしん》）を発《おこ》して「即便往生《そくべんおうじょう》す」とある。「即」も「便」も、そのまま、すぐさま往生することをいうが、阿弥陀仏の救済を信じきって、あるがままに往生するのを「即」といい、もうすこしゆるやかに機根（人の気質や能力）に応じた手立てによるのを「便」と表現する。聞即信《もんそくしん》＝自己の判断を超えて、阿弥陀仏の本願のいわれを聞くことによって、そのまま他力信心をえること。↓往生・正定・信・菩提・煩悩・聞《もん》

【卒塔婆】　そとば

サンスクリット「ストゥーパ」の音写で、略して塔《とう》・塔婆《とば》ともいう。堆土の意味で、インドでは半球状に土をもり、そのなかに遺骨などを安置して供養した。釈尊の滅後、その遺骨（舎利《しゃり》）を納めたストゥーパが霊地として仏舎利《ぶっしゃり》信仰の対象となり、しだいに仏法の真理そのものを象徴するものに発展して、建築物から石塔・木札にいたるまでの各種の仏塔が生まれた。時代や地域によって形式がことなり、五重・三重と階層をかさねる重層塔は中国・日本に多い。墓地に立てる薄板の卒塔婆は、地《ち》・水《すい》・火《か》・風《ふう》・空《くう》という宇宙の五大要素を表す五輪塔《ごりんとう》をかたどったもので、一般に死者の冥福を祈るためとされるが、真宗では用いない。遺族の供養によって死後の安穏がえられるのではなく、阿弥陀仏の本願によって人は浄土に導かれるのであり、また、すでに浄土に生まれた死者の冥福を祈る必要はないからである。本願寺八世蓮如（一四一五〜九九）は「位牌・卒塔婆を立つるは輪廻《りんね》する者（浄土に生まれず、苦しみの世界に繰り返し生まれる者）のする事也」といましめている。なお、真宗では同じ意味で仏壇に位牌を置かない。↓供養

【存覚】　ぞんかく　一二九〇〜一三七三

本願寺三世覚如（一二七〇〜一三五一）の長男。嘉元元年（一三〇三）東大寺で出家得度し、覚如に

従って教化を助けていたが、元享二年（一三二二）に義絶される。以後、再三にわたって義絶されるが、その理由としては、存覚を支持した東国門徒と覚如が疎遠であったことのほか、南北朝対立に対応しての偽装なども考えられる。初期本願寺教団の教学を組織し、著書には『六要鈔』『歩船鈔《ぶせんしょう》』『存覚袖日記』などがある。→歩船鈔

【尊号真像銘文】そんごうしんぞうめいもん

親鸞の著。一巻。略して「尊号銘文」という。真宗の本尊である阿弥陀仏の尊号および先師の影像（肖像）に付した讃銘の文を集めて註釈を加えたもの。十三類二十一文の広本と九類十六文の略本がある。略本は建長七年（一二五五）八十三歳の著、広本は正嘉二年（一二五八）八十六歳の著。

【存如】ぞんにょ　一三九六～一四五七

本願寺七世。六世巧如の子。永享八年（一四三六）継職。巧如の後をうけて北陸の教化・布教につとめ、越前（福井県）石田に西光寺を建立。応永三十一年（一四二四）越後浄興寺に与えた『安心決定鈔』をはじめ、各地の門徒に多くの聖教《しょうぎょう》を下付した。

た

【大願業力】だいがんごうりき

阿弥陀仏の本願の大いなるはたらき。阿弥陀仏は仏となる前に、あらゆる人の救いを願って法蔵菩薩《ほうぞうぼさつ》という名で修行し、五劫《ごこう》という無限にちかい長期間にわたって思惟を深めた結果、四十八の誓願を立てた。そして十劫の昔に、その誓いのすべてを実現して仏となった。大願業力とは、その衆生済度《しゅじょうさいど》の誓願の力（大願力）、それにともなう無限の修行による力（大業力）の二つ、あるいはそれに仏の大いなる力（大力）を加えた三つの力のことをいう。親鸞は「仏の大願業力のふねに乗じぬれば、生死の大海をよこさまにこえて、真実報土《しんじつほうど》のきしにつくなり」（『一念多念文意』）という。「真実報土」とはもちろん極楽浄土である。→他力

【大行】 だいぎょう

阿弥陀仏の名号《みょうごう》をとなえること。その功徳の大なることは、どんな修行にもまさるので大行という。親鸞の『教行信証』行巻に「大行とはすなわち無碍《むげ》光《こう》如来（阿弥陀仏）の名を称するなり。この行とはすなわちこれ諸《もろもろ》の善法を摂し、諸の徳本を具せり。……故に大行と名づく」とあり、つづいて「この行は大悲（仏の大いなる慈悲）の願よりいでたり」とある。人が名号をとなえることができるのも、自己の力によるものではなく、阿弥陀仏の本願によるものである。↓行・名号

【大経《だいきょう》】 ↓無量寿経《むりょうじゅきょう》

【醍醐】 だいご

精製した乳製品で、このうえなくおいしいものとして珍重された。五味のうち最高のもので、醍醐味ともいう。また、最上の妙薬として、これを服用すれば、どんな難病でも治癒するという。そこから、阿弥陀仏の本願や涅槃《ねはん》（さとり）などにたとえる。

↓本願

【大乗】 だいじょう

紀元一世紀ごろから、自分の修行の完成より多くの人びとの救いを説く仏教が発達した。多くの人をのせることのできる乗り物ということで、その教えを大乗といい、それ以前の仏教を小乗といって区別した。親鸞は『教行信証』行巻で「一乗（あらゆるものを救う唯一の教え）は大乗なり。……二乗三乗（声聞《しょうもん》・縁覚《えんがく》・菩薩《ぼさつ》といった区分）は一乗にいたらしめんとなり。一乗はすなわち第一義乗なり。ただこれ誓願一仏乗なり」とのべ、究極的な教えは本願念仏を説く誓願一仏乗《せいがんいちぶつじょう》（阿弥陀仏の本願が唯一の救い）であることを明らかにしている。↓一乗

【提婆達多】 だいばだった

釈尊の従弟。釈尊成道ののち弟子となったが、仏の威勢をねたんで多数の弟子を率いて独立を企て、マガダ国の王子阿闍世《あじゃせ》をそそのかして父頻婆沙羅

（ビンビサーラ）王を殺害させて王位につかせ、自らは仏を亡ぼしてマダカ国の教権を握ろうとしたが成功しなかった。仏に逆害を加えようとした罪により、生きながら地獄におちたと伝える。しかし、そのような悪人でも仏の慈悲によって救われると説かれることから、親鸞は、提婆達多を浄土教興起の恩人として、仏菩薩が仮りに人の姿をとった人と仰ぎ、「提婆尊者」とよんだ。→罪《ざい》

【大無量寿経《だいむりょうじゅきょう》】→無量寿経

【高楠順次郎】 たかくす じゅんじろう 一八六六～一九四五

広島県に生まれ、神戸市高楠家の養子となる。旧姓沢井。西本願寺の普通教校（のちの龍谷大学）を経て、明治二十三年（一八九〇）から同三十年までオックスフォード大学でマックス・ミュラーに師事、梵文学を修める。その後独仏の諸大学を経て帰国、明治三十二年、東京帝国大学教授となり、梵語学講座を担任。大正十二年（一九二三）から、渡辺海旭らとともに『大正新脩大蔵経』を出版、昭和十年から『南伝大蔵経』の和訳を行う。文化勲章受章。著書には『釈尊伝』『初期仏教年代学』『仏教の根本思想』などがある。

【高倉学寮】 たかくらがくりょう

大谷大学の前身。もと観世音寺（九州太宰府）にあった学寮を寛文五年（一六六五）に琢如が京都に移し、宗門の末寺子弟の教育機関としたことにはじまる。宝暦四年（一七五四）には規模が拡大されて京都高倉通魚棚に移され、以後、高倉学寮と呼ばれる。明治時代以降、学制・内容の刷新が行われ、明治四十年（一九〇七）に高倉大学寮と改称。ついで学寮は高倉大学寮と真宗大学（東京）に分離されたが、明治四十四年にはふたたび統合され、真宗大谷大学と称した。→大谷大学

【高田門徒】 たかだもんと

親鸞の門弟の真仏《しんぶつ》（一二〇九～五八）を中心に下野高田（栃木県芳賀郡二宮町高田）の如来堂（高田専修寺《せんじゅじ》）によった信徒集団をいう。如来堂は嘉禄元

年（一二二五）親鸞が善光寺如来（長野善光寺の阿弥陀仏）を感得し、翌年これを本尊として開創したのを帰洛にあたって真仏に継承させたと伝える。高田門徒は初期真宗教団の主流となり、高田派・仏光寺派へと発展した。↓真宗高田派・真宗仏光寺派・真仏

【たすけたまえ】

主として本願寺八世蓮如（一四一五〜九九）が民衆教化に用いた語。「後生《ごしょう》たすけたまえとふたごころなく信じまいらするこころ（心）をすなわち南無とはもうすなり」（『御文〈御文章〉』）とあるように、「南無」（帰命《きみょう》）という他力信心の要諦を平易に表現したもの。↓帰命・たのむ

【たのむ】

たんに祈願し依頼することではなく、阿弥陀仏の本願をふかく信じて疑わないことをいう。「一念に弥陀をたのみたてまつる行者には、無上大利の功徳をあたえたまう」（『御文〈御文章〉』）など、蓮如（一四一五〜九九）はしばしば、この言葉を用いている。↓信・たすけたまえ

【玉日】 たまひ

親鸞の妻といわれる伝説上の人物。『親鸞聖人御因縁』『親鸞聖人御因縁秘伝抄』など、室町時代に成立した談義本系の本にあらわれる。夫婦して吉水《よしみず》の法然の住房におもむいたところ、法然は玉日をみて、「子細なき坊守《ぼうもり》たり」といったことから、真宗道場の主婦を坊守とよぶようになったといわれる。↓吉水

【他力】 たりき

親鸞の『教行信証』行巻に「他力というは如来の本願力なり」とあるように、阿弥陀如来の本願（すべてを救おうとする願い・誓い）のはたらきをいう。迷いや欲望（煩悩《ぼんのう》）にそまった人間は自分自身の力（自力）によってはさとりに達せられず、仏の廻向《えこう》すなわち他力のはたらきによって信心をえ、また、他力によって浄土に導かれるとされる。↓廻向・大

願業力・本願力

【歎異抄】　たんにしょう〈たんいしょう〉

親鸞の直弟・唯円《ゆいえん》（一二二二?〜八八または八九）著。親鸞の滅後、その教えに異なる解釈が生まれてきたことを歎いた著者が、自身が聞いた親鸞の言葉にもとづいて、その教えを明記し、異義（あやまった解釈）を批判したもの。十八章よりなり、前半の十章は親鸞の法語を記し、後半の八章は当時おこなわれていた諸異義をとりあげて批判している。↓異《い》安心《あんじん》・唯円

ち

【智慧】　ちえ

物事のなりたちを正しくとらえ、真実をみきわめる認識のはたらき。さとりはこの智慧の完成をさす。人間は欲望や迷い（煩悩《ぼんのう》）にとらわれて真理を見ることができないというのが仏教の基本的な人間観である。しかし真宗では、そうした人間でも念仏によって、仏の智慧（仏智《ぶっち》）にあずかり、おのずから真理の世界（浄土）におもむくことができるとする。そして、人が信心の智慧をうることができるのは、広大無辺な仏智のしからしめるところとする。親鸞の『正像末和讃』に「智慧の念仏うることは　法蔵願力（阿弥陀仏の本願の力）のなせるなり」とあるのは、その例である。また、阿弥陀仏は無量光仏《むりょうこうぶつ》、智慧光仏《ちえこうぶつ》とも呼ばれるが、そのわけは、『一念多念文意』に「光明は智慧なり。智慧はひかりのかたちなり。智慧またかたちなければ、不可思議光仏ともうすなり」と述べられている。↓廻向《えこう》・般若《はんにゃ》・煩悩・六波羅蜜《ろくはらみつ》

【近角常観】　ちかずみじょうかん　一八七〇〜一九四一

大谷派。滋賀県湖北町西源寺の僧。東京帝国大学を卒業後、明治三十三年（一九〇〇）ヨーロッパの宗教状況を視察した。同三十五年、東京に求道学舎を設立して『求道』を発刊し、もっぱら青年を対象として親鸞の教えを説いた。著書には『信仰問題』『人生と信仰』などがある。

【智洞】ちどう　一七三六～一八〇五

本願寺派。京都の勝満寺に生まれ、浄教寺を継ぐ。明和年間（一七六四～七二）に本願寺派でおこった教義解釈をめぐる論争（明和法論）で、功存・天倪らとともに智暹と対論して名をあげる。功存の歿後、寛政九年（一七九七）第七代能化《のうけ》となる。功存の三《さん》業帰命説《ごうきみょうせつ》（口称《くしょう》念仏だけでなく身口意《しんくい》〈身心の全体〉にわたって仏に帰依しなければならないとする説）を継承したが、これにたいして安芸の大瀛や河内の道隠が反論を加え、いわゆる三業惑乱《さんごうわくらん》がおこる。結果は、三業帰命説は幕府の介入により異義とされた。天明三年（一七八三）学林の蔵書を整理して『龍谷学黌現存書籍目録』を作ったほか、著書三十余部がある。→三業惑乱

【中道】ちゅうどう

中道とはかたよらないことをいい、釈尊は苦行と快楽の両極端を離れることを説き、八正道《はっしょうどう》（さとりにいたる正しい道）として示したとされる。その後、大乗仏教において、とくに竜樹（二～三世紀のインドの哲学者）にいたって中道の思想がふかめられ、仏教思想の根幹として種々に論じられてきたが、いずれにしても、とらわれることなく現実をみきわめ、真理にいたることをいう。そこから、中道とは絶対不二（相対的な思惟や判断を超えたもの）という思想が生まれたことは、とくに重要である。親鸞は「本願一乗は……絶対不二の教《きょう》……としるべし」（『愚禿鈔』）、「金剛の信心は絶対不二の機なり」（『教行信証』）と述べ、人間の思惟・判断を超える仏の不可思議なる力を信じ、仏に絶対的に帰依《きえ》すべきであると説いている。→八正道・不可思議・竜樹

つ

【追善】ついぜん

追善供養ともいい、一般には死者の罪障をのぞいて冥福を祈るために仏事を行い、その功徳《くどく》をもってたすけとすることをいう。真宗では念仏を追善の法としないことは、たとえば『歎異抄』に「親鸞は父母の孝養（追善）のためとて一返にても念仏もうし

たることいまだそうろわず」とあることによっても明らかで、存覚（一二九〇～一三七三）が『報恩記』に「死せん後には追善を本として報恩のつとめをいたすべし」というように、これを営むのは亡き人の忌日を縁として仏恩報謝《ぶっとんほうしゃ》のつとめをなすこととする。これは念仏を自力の善根《ぜんごん》とすることを否定し、救いは本願他力によるとしているからである。↓供養・葬式・法事

【通夜】つや・つうや

葬儀の前に親族や知人が集まる一般の通夜にたいし、真宗では報恩講《ほうおんこう》で『御伝鈔《ごでんしょう》』（親鸞の伝記）拝読の夜などに信徒があつまり、夜を通して宗祖の徳を讃嘆することをもいう。なお通夜は、釈尊入滅のとき、人びとが悲嘆にくれて夜を明かしたと涅槃経に説かれることが起源とされる。↓報恩講・葬式

て

【天文日記】てんもんにっき

天文五年（一五三六）正月から同二十三年八月にわたる本願寺十世証如（一五一六～五四）の日記。『本願寺日記』『証如上人日記』とも呼ばれる。大坂石山にあった本願寺の行事、法主の所務、末寺・門徒の音信、諸寺諸家・大名との交際、聖教《しょうぎょう》（祖師の教え）の伝授・下附などについて詳しく記す。西本願寺に自筆本が伝わり、天保十四年（一八四三）広如により整理されたが、天文十四年と十九年の分は現存しない。昭和五年（一九三〇）上松寅三によって編纂された『石山本願寺日記』は、この天文日記のほか、書簡などの貴重な史料を収めている。

↓石山本願寺・証如

と

【道円】どうえん　一一八六～一二四五

親鸞の関東時代の高弟二十四人（二十四輩）の一人。近江日野（滋賀県）から常陸（茨城県）に移住し、俗名を日野左衛門尉頼秋といった。親鸞の宿泊の求めを拒んだが、石を枕にして念仏する姿にうたれ弟子となったと伝える。親鸞から入西房道円の法名を授けられ、居宅を寺に改めて枕石寺《ちんせきじ》（茨城県常

陸太田市）と称したといわれる。↓二十四輩

【等覚《とうがく》】

等正覚《とうしょうがく》ともいい、さとり・仏と同じ意味に用いる。また、五十二段階ある菩薩《ぼさつ》（大乗仏教の修行者）の修行が完成の域に達した五十一位を等覚という。この地位の菩薩は、次には仏（妙覚《みょうがく》）となるので、仏のさとりにほとんど等しいという意味である。親鸞の『教行信証』信巻には「弥勒大士《みろくだいし》（弥勒菩薩）は等覚の金剛心を窮《きわ》める」とあり、弥勒菩薩を等覚と位置づけるが、真実信心を獲得した人は正定聚《しょうじょうじゅ》（往生が定まった人びと）の位に住し、次生《じしょう》（つぎの世）にはかならず仏となることができるから、弥勒と同じ等覚の位にあるとする（便同弥勒《べんどうみろく》）。『末燈鈔』には「信心をえたるひとはかならず正定聚のくらいに住するがゆえに等正覚と申すなり」とある。
↓正定聚・弥勒菩薩

【道西《どうさい》】 一三九九～一四八八

本願寺八世蓮如（一四一五～九九）の本願寺再興を支えた高弟。近江金森《かながもり》（滋賀県守山市）に住したので金森道西という。存如・蓮如と早くから親交があり、蓮如が本願寺再興にあたって山科《やましな》の地を選んだのは道西の願いによるといわれる。長禄四年（一四六〇）蓮如が著した『正信偈大意』も、道西の希望によるものという。↓本願寺・蓮如

【道綽《どうしゃく》】 五六二～六四五

親鸞が真宗相承の祖師と定めた七人の高僧（七高僧）の第四祖。中国隋唐時代の山西省の人。十四歳で出家し涅槃経《ねはんぎょう》をきわめた。隋の大業五年（六〇九）石壁玄中寺（山西省）で曇鸞の碑文を読んで浄土教に帰依。以来、その実践的信仰と民衆教化によって多くの帰依者を得る。玄中寺の碑文には、その徳望が唐の太宗皇帝に聞こえ、特別な待遇をうけたとある。著作には、曇鸞教学を継承しつつ末法到来という時代認識のうえに展開された『安楽集《あんらくしゅう》』がある。↓安楽集

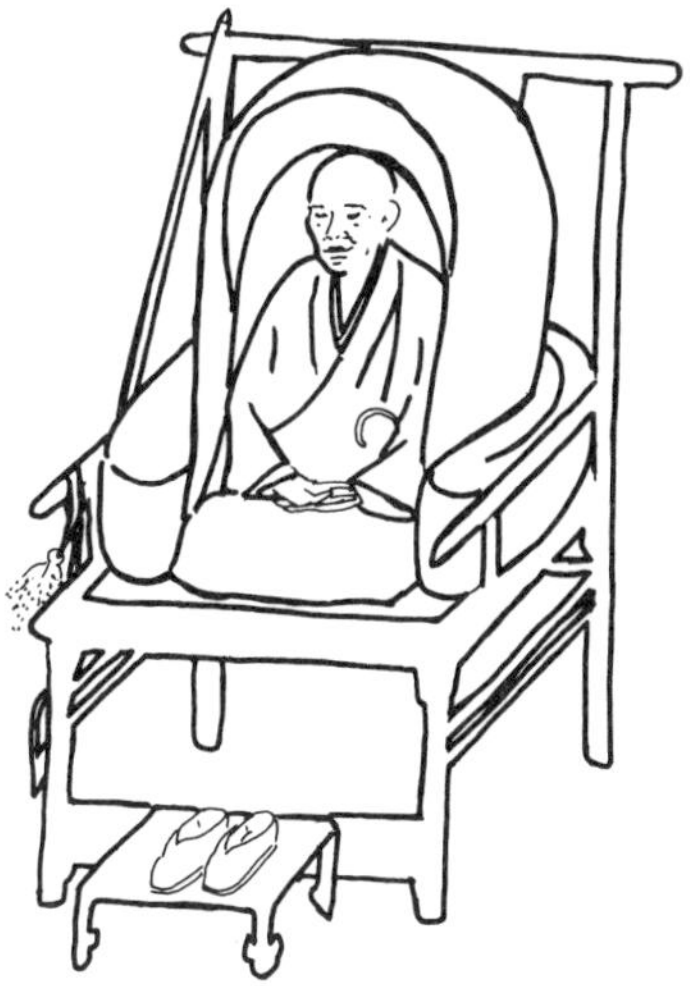
道綽

【道宗】
道宗《どうしゅう》 ?〜一五一六

本願寺八世蓮如（一四一五〜九九）の門弟。越中（富山県）五箇山赤尾の人で、赤尾の道宗の名で知られる。蓮如の『御文』（御文章）に「越中国赤尾の浄徳といいしもののおい（甥）に、弥七（道宗の俗名）といいしおとこ（男）ありけるが、年はいまだ二十たらざりしものなりけるが、後生《ごしょう》を大事と思うて仏法に心をかけたるものなり。然《しか》れば此六年のさきより当年まで、毎年上洛せしめて、其内に年をとること六年なり」と、その篤信ぶりを伝えている。

自誡の信条をつづった「道宗二十一箇条」を残すとともに、遺跡として西赤尾の行徳寺と東赤尾の新屋道善寺がある。↓蓮如

【道性】
道性《どうしょう》 生歿年不詳

越前（福井県）に真宗をひろめた如道（如導 一二五三〜一三四〇）の弟子。『存覚袖日記』にある貞和五年（一三四九）の「釈道性大徳絵像」の記事などに、その活動が知られる。至徳（元中）二年（一三八五）横越（福井県鯖江市）に証誠寺（山元派《やまもとは》本山）を創建した。↓真宗山元派

【道場】
道場《どうじょう》

仏道修行の場。日本ではのち寺院と区別し、一般民家のままで仏像を安置し、仏事をおこなう場所を道場といった。とくに真宗では、民家の一室に本尊をかけ、同信の人びとがあつまって念仏を行じる場を道場と名づけた。↓行《ぎょう》

【堂僧】どうそう

比叡山の諸堂で雑役に従事した役僧をいう。親鸞は一時期、堂僧の地位にあった。『恵信尼文書』のなかに「殿（親鸞）のひえ（比叡）のやまにどうそう（堂僧）つとめておわしける」とある。しかし親鸞は、もっぱら雑役に従事した前記の堂僧ではなく、常行三昧堂《じょうぎょうざんまいどう》の不断念仏の堂僧であったと考えられる。なお、真宗では本山の御堂で法要をつとめる役僧を堂僧（御堂衆《みどうしゅう》）といった。↓恵信尼・比叡山

【同朋】どうぼう

同じ教えに生きる友という意味で、真宗ではとくに強調される。同行《どうぎょう》・同侶《どうりょ》・御同朋《おんどうぼう》・御同行なども同じ。蓮如の『御文』（御文章）に「親鸞は弟子一人ももたずとこそ仰せ候いつれ、……さればとも同行なるべきものなり、これによりて聖人は御同朋御同行とこそかしづきて仰せられけり」などとあり、親鸞は師と弟子という関係を否定して、等しく同信の友としたことが知られる。↓講・門徒

【常盤大定】ときわ だいじょう 一八七〇～一九四五

大谷派。宮城県の順忍寺に生まれ、仙台市の道仁寺を継ぐ。東京帝国大学哲学科卒業。各宗の大学で中国仏教を講じてのち、東京帝国大学教授となる。昭和十四年、大谷派浅草本願寺輪番兼東京宗務出張所長。同十七年、日本仏学院を創設。著書には『支那仏教の研究』『釈迦牟尼伝』などがある。

【得度】とくど

剃髪して僧になること。もともとは迷いの世界（此岸《しがん》）から悟りの世界（彼岸《ひがん》）に「わたることができた」という意味。得度は、一定の儀式をもって師僧から受けるものであり、真宗では宗主（法主）から授けられる。↓帰敬式《ききょうしき》・僧

【徳竜】とくりゅう 一七七二～一八五八

大谷派。学寮で深励《じんれい》に師事し、弘化四年（一八四七）学寮の講師となる。本山の炎上を契機として布教活動を活発にすすめ、復興に尽力。宗学の研究の

みならず、真宗教義にのっとった一般社会の倫理を重んじ、『真宗僧家之庭訓』などを著した。↓深励

【頓教】とんぎょう

頓とは「すばやい」という意味で、すみやかにさとりに達することができる教えを頓教、それにたいして長期間の修行により段階をへてしだいにさとりに近づく教えを漸教《ぜんきょう》といい、仏教全体を頓と漸の二つに分ける。親鸞は『愚禿鈔』において、自力の教えにも頓教があるとしながらも、「本願一乗（阿弥陀仏の本願によりすべてが救われる教え）は、頓極・頓速・円融・円満の教なれば、絶対不二の教、一実真如の道なりと知るべし。専が中の専なり、頓が中の頓なり」と述べ、本願他力の教えをもっともすぐれた頓教としている。↓横超《おうちょう》・二《に》双四重《そうしじゅう》

【曇鸞】どんらん　四七六～五四二

親鸞が真宗相承の祖師と定めた七人の高僧（七高僧）の第三。北魏時代中国の山西省の人。十五歳のとき五台山で出家。洛陽で菩提流支に会って観無量寿経を示され浄土教に帰依した。山西省の大巌寺に住し、のち石壁の玄中寺に移り、さらに遙山寺に移ってここで歿した。世親（天親）の『浄土論』の註訳である『浄土論註』を著し、礼拝・讃嘆・作願・観察・廻向の五念門を説き、浄土教の教学と実践を確立した。著書にはこのほか、『讃阿弥陀仏偈』『略論安楽浄土義』などがある。↓五念門・七高僧・浄土論註

曇鸞

【南無阿弥陀仏】 なむあみだぶつ

阿弥陀仏に帰依するという意味。六字の名号《みょうごう》あるいは弥陀の名号ともいう。この六字は浄土信仰の根幹であるだけに、さまざまに意味づけられている。善導（六一三〜八一）は『観経四帖疏』玄義分において「南無というはすなわち帰命《きみょう》（帰依すること）なり。またこれ発願廻向《ほつがんえこう》（仏が人びとの救済を願ってはたらきかけること）の義なり。阿弥陀仏というはすなわちこれその行（即是其行《そくぜごぎょう》）なり。この義をもってのゆえに、かならず往生を得《う》」という解釈（六字釈）を立て、衆生《しゅじょう》（生きとし生けるもの）を救う仏の行いと、それにすがって救われたい衆生の願いが、この六字において一体となっているので称名念仏すればかならず救われるとした。

親鸞は『教行信証』のなかで、善導の六字釈をうけて詳細な解釈をほどこしている。親鸞は、「南無」つまり帰命とは本願招喚《ほんがんしょうかん》の勅命《ちょくめい》（仏が人びとに浄土にまいれと呼びたもうこと）であるとし、また、発願廻向とは仏が衆生済度《しゅじょうさいど》の誓いを立てて人びとに浄土に生まれる行《ぎょう》（実践方法）を与える心、即是其行とは選択本願《せんじゃくほんがん》（仏がすべてを救うために最良のものとして選び取った本願の行）であると解釈した。この親鸞の解釈によって六字の名号（南無阿弥陀仏）は、衆生が救われるために仏から衆生に与えられた行であることが明らかにされ、したがって衆生のがわからいえば、ただ仏の本願の力を信じることによって浄土に往生する身と定まる（正定聚《しょうじょうじゅ》となる）のである。

また本願寺八世蓮如（一四一五〜九九）は、「南無」は「たのむ」という衆生の機（人びとの心のありかた）をあらわし、「阿弥陀仏」は「たすける」という仏の法をあらわすという解釈で、機法一体という意味を強調する。南無阿弥陀仏とは、仏からいえば「たのむものをたすける」という本願を示し、衆生（人びと）からいえば「たすけたまえ」とたのむ信心をあらわし、それが口にとなえられたとき、信心を喜ぶ称名（お念仏）となるのである。↓阿弥陀仏・機法一体・口称《くしょう》・正行《しょうぎょう》・称名・信・選択・

念仏・本願・名号

【南条文雄《なんじょうぶんゆう》】 一八四九～一九二七

大谷派。美濃（岐阜県）の誓運寺に生まれる。二十歳で高倉学寮に学び、二十二歳で南条神興の養子となり、福井県南条郡の憶念寺に入る。明治九年（一八七六）本山留学生として英国留学。オックスフォード大学でマックス・ミュラーに師事して『大明三蔵聖教目録』を完成。明治十七年、帰国。東京帝国大学教授を経て、明治三十六年、真宗大学（のちの大谷大学）学監（学長）となる。著書としては上記のほか、『仏教聖典』『仏説無量寿経梵文和訳支那五訳対照』など多数がある。

に

【二河白道《にがびゃくどう》】

唐の善導（六一三～六八一）の『散善義』にあるたとえ。はるかな西方にむかう旅人の目の前に、燃えさかる火の河、荒れ狂う水の河があらわれ、その二つの河の中間に一筋の白い道があった。そこへ盗賊や猛獣があらわれ、旅人を襲おうとせまってきた。そのとき、旅人のいる東岸からは「この道を行け」、西岸からは「迷わず、すぐに渡ってきなさい」という声が聞こえてきた。盗賊たちは「そんな危ない道を行くな」と叫んだが、旅人は迷わず、東岸・西岸の声を一心に信じて白道を進み、無事に河を渡っていった。この世（東岸）の人が釈尊の教えに励まされ、阿弥陀仏に招かれて浄土（西岸）におもむくさまを表す譬喩《ひゆ》で、親鸞は「信心守護の喩」ものべている。→招喚《しょうかん》

【西本願寺《にしほんがんじ》】 →浄土真宗本願寺派

【二十四輩《にじゅうよはい》】

親鸞の関東時代の高弟二十四人のこと。性信・真仏・順信・乗然・信楽・成然・西念・性証・善性・是信・無為信・善念・信願・定信・道円・穴沢の入信・念信・八田の入信・明法・慈善・唯仏・戸森の唯信・畠谷の唯信・鳥喰の唯円の二十四名である。二十四輩といわれるようになったのは親鸞滅後であ

り、人名にも二、三の出入りがある。また、二十四輩以外にも六人を選んで六老僧《ろくろうそう》とした。現在おこなわれている二十四輩遺跡寺院巡拝は上記の二十四名を開基とする。二十四輩遺跡寺院巡拝は江戸時代に盛んとなり、多くの巡拝記が刊行された。また、関東以外にも遺跡と称する寺院が続出し、全国で百数十か寺におよぶ。↓順信・性信・真仏・善性・道円・明法・無為信・唯円・唯信・六老僧・便覧編（親鸞の足跡）

【二双四重】にそうしじゅう

親鸞が立てた浄土真宗の教判《きょうはん》（教相判釈《きょうそうはんじゃく》）を表す言葉。教判とは各種の経典を比較検討して教義の依《よ》るべきところを明らかにすることであるが、親鸞の教判は横《おう》（浄土門《じょうどもん》＝容易にさとりにいたれる他力の教え。浄土易行《じょうどいぎょう》の教え）と竪《じゅ》（聖道門《しょうどうもん》＝難しい自力の修行によってさとりにいたる教え。聖道難行《しょうどうなんぎょう》の教え）超《ちょう》（頓教《とんぎょう》＝すばやくさとりにいたる教え）と出《しゅっ》（漸教《ぜんぎょう》＝段階をへてすこしずつさとりにいたる教え）という概念をもうけ、横・竪・超・出の四語を組み合わせてすべての仏教の教えを「竪出《じゅしゅっ》」「竪《じゅ》超《ちょう》」「横出《おうしゅつ》」「横超《おうちょう》」の四つの範疇に分類して、それぞれの特色を論じるところから二双（雙）四重といわれる。親鸞は『一念多念文意』に「竪ともうすは、たてさまということば（言葉）なり、これは聖道自力の難行道の人なり。横はよこさまというなり。超はこえてというなり。これは仏の大願業力（阿弥陀仏の本願の力）のふね（船）に乗じぬれば、生死の大海をよこさまにこえて、真実報土（浄土）の岸につくなり」とのべている。

以下に二双四重の内容を概説する。①竪出＝聖道難行の教えで、法相・三論など、さとりをえるまでに永劫ともいえる修行を要する権教《ごんきょう》（仮りの教え）。②竪超＝同じく聖道難行の教えであるが、即身成仏や本覚（人はもともとさとりの心をもっていること）を説き、すばやくさとりにいたる真言・天台・禅・華厳などの実教《じっきょう》（真実の教え）。③横出＝浄土易行に含まれるが、真実の専修念仏《せんじゅねんぶつ》によらず、人それぞれの気質や能力（機根《きこん》）に応じて方便化土《ほうべんけど》（真実の浄土である報土《ほうど》の周辺）への往生を願うもので、観無量寿経顕説の要門および阿弥陀経顕説の真門に示される方便の教え。④横超＝阿弥陀仏の本願により段階をへずに等しく真実報土に導かれる浄土易行の教え。無量寿経および観無量寿経・阿弥陀経の隠説の弘願門《ぐがんもん》の真実教である。以上、四つの範疇に分けられる仏教のうち、天台・真言などの竪超、ひたすら阿弥陀仏の本願を信じる横超が真実の教えとされるが、それは全仏教を相対的に比較した場合であって、横超の他力念仏こそ、唯一絶対の真実の教えとされる。↓横超・教相判釈・聖道門・浄土門

【如円尼】 にょえんに ?～一四六〇

本願寺七世存如の妻。八世蓮如の継母。応永二十八年（一四二一）ごろ海老名氏より嫁ぎ、応玄・蓮康と二人の女子を生む。蓮如は如円尼の歿にあたって、養育の恩を謝して輿を担ぎ、十三回忌には御文（御文章）を作り、和歌を詠じている。↓蓮如

【如覚】 にょかく 一二五〇～一三一一

誠照寺《じょうしょうじ》三世。寺伝では父を親鸞の子道性《どうしょう》（益《ます》方入道《かたにゅうどう》）とし、九歳で得度、十三歳で上洛して親鸞より法名を授けられたと伝えるが、道性は横越の道性と思われる。↓道性・真宗誠照寺派

【如光】 にょこう ?～一四六七

三河（愛知県）の佐々木上宮寺の僧。寛政六年（一四六五）比叡山衆徒によって大谷本願寺が破却されたとき（寛正の法難）、蓮如を助けて功があった。また、高田派であった上宮寺を本願寺に転派し、寛政二年（一四六一）には、蓮如から「帰命尽十方無碍光如来」の十字名号《じゅうじみょうごう》を下附されている。↓三河三箇寺

【如実修行】 にょじつしゅぎょう

真実にかなった修行をすること。親鸞は「如実修行相応は　信心ひとつにさだめたり」（『高僧和讃』）「一心これを如実修行相応と名づく」（『教行信証』信巻）などと、名号《みょうごう》（南無阿弥陀仏）の威徳をふかく信じて、一心に称名《しょうみょう》念仏することこそ、如実修行であると強調している。↓行《ぎょう》・名号

【如信《にょしん》】　一二三五〜一三〇〇

本願寺二世。親鸞の孫。善鸞の子。親鸞のもとで育てられたと伝える。『慕帰絵』の詞（ことば書き）によれば、弘安十年（一二八七）上京して覚如（親鸞の曽孫一二七〇〜一三五一）に会ったとされ、のち、覚如は法然・親鸞・如信と受け継がれた他力念仏の法灯と留守職《るすしき》（親鸞の廟所の管理責任者）のあとを継いで本願寺三世となる。↓覚如・留守職

【如道《にょどう》（如導）】　一二五三〜一三四〇

専照寺二世。越前（福井県）に真宗をひろめた初祖。八歳で親鸞のもとで剃髪し空如と称したが、顕智・専海・円善の教化をうけて如道と改め、弘安八年（一二八五）越前に入り、足羽郡大町に専修寺《せんじゅじ》を開いた。如道から門下の道性・如覚に連なる念仏集団は三門徒（大町門徒）とよばれる。本願寺八世蓮如（一四一五〜九九）は北陸進出のさい、これらの教団を「三門徒おがまず衆」「秘事法門《ひじぼうもん》」としてしりぞけた。↓三門徒・秘事法門

【女人成仏《にょにんじょうぶつ》】

女性は罪ぶかく、仏になれないとされていたが、阿弥陀仏の四十八願のうち第三十五願には、五障《ごしょう》三従《さんしょう》の女が仏を信じて願えば命終ののち、ふたたび女性とはしないとある。とくに女性の救済のための願なので、これを「女人往生の願」という。親鸞は、この願を「変成男子《へんじょうなんし》の願」ともいい、「弥陀の大悲（阿弥陀仏の大きな慈悲）ふかければ　仏智《ぶっち》の不思議をあらわして　変成男子の願をたて　女人成仏ちかいたり」（『浄土和讃』）とうたい、阿弥陀仏の救済が性別をこえて普遍的であることを示している。↓五障三従

【如来《にょらい》】

真如《しんにょ》つまり真実の世界より来れる者という意味で、仏のこと。原語のサンスクリット「タターガタ」は「真如に行った者」という意味にもなるので「如去《にょこ》」と訳すこともあるが、大乗仏教では仏は真如の世界だけにとどまらず衆生《しゅじょう》を救済するという側面が強調

されるので、通常、如来と呼ばれる。真宗で如来といえば、普通は阿弥陀仏のこと。↓仏《ぶつ》

【如来蔵】 にょらいぞう

だれもがもっている如来（仏）になる可能性。煩《ぼん》悩《のう》におおいかくされていても清浄な仏性が蔵されていること。存覚（一二九〇～一三七三）の『歩船鈔』には「真如《しんにょ》（真実そのもの）というは仏性《ぶっしょう》なり。または法性《ほっしょう》とも法身《ほっしん》とも第一義諦《だいいちぎたい》（第一の真実）とも如来蔵ともいえり、みなこれ一法の異名なり」とあり、絶対の真理である法性・法身などと同じとしている。↓如来・仏性・本覚

ね

【涅槃】 ねはん

サンスクリット「ニルバーナ」の訳。「吹き消す」という意味で、煩悩の炎が消えた状態つまりさとりの境地のこと。釈尊入滅の日（二月十五日）の法要を涅槃会《ねはんえ》というが、釈尊は入滅以前にさとりの境地に達していたので、入滅と涅槃は同じ意味ではない。煩悩を断じつくして肉体が残存している状態を有余《うよ》涅槃といい、肉体の束縛からも放たれた涅槃を無余涅槃という。また、大乗仏教では涅槃を積極的に解釈し、無住処涅槃《むじゅうしょねはん》（さとりの世界にとどまらず救済のはたらきをすること）を説いている。親鸞は「如来すなわち涅槃なり、涅槃を仏性となづけたり、凡地にしてはさとられず、安養《あんにょう》（浄土）にいたりて証すべし」と述べて、人はこの世において完全なさとりをうることはできないとする。信心が決定するなら現世においては正定聚《しょうじょうじゅ》の位、不退の位（いずれも信心が定まってゆるぎないこと）であって、浄土にいたって完全な涅槃がえられるという。↓解脱《げだつ》・正《しょう》覚《がく》・正定

【念声是一】 ねんしょうぜいち

心に念ずることと声にだしてとなえることが同じということ。阿弥陀仏の四十八願の第十八願に「十念」とあるのは十声の称名《しょうみょう》のことであるという善導や法然の教義を受けて、親鸞は次のようにいう。「念と声とはひとつこころなりとしるべしとなり。

念をはなれたる声なし。声をはなれたる念なし」（『唯信鈔文意』）。→十念・称名

【念仏】ねんぶつ

仏を念ずること。憶念《おくねん》念仏（くりかえし仏を思い浮かべること）、観念念仏（仏像などを見て仏の姿を感得すること）、称名《しょうみょう》念仏（仏名をとなえること）の三種に大別されるが、ふつうは称名念仏のことをいう。真宗でいう念仏は、つぎの三つの意味が一体となったものである。①南無阿弥陀仏という名号《みょうごう》そのもの。②阿弥陀仏にたいする信心。③口にとなえる念仏。南無阿弥陀仏という名号①が、人の心に受け止められて信心②となり、その信心が口にあらわれて念仏③となる。この三つは同一ではないけれども異なったものではないという意味で、「非一非異」の関係にある。なお、「かくれ念仏」とは、念仏が禁制された時代に表むきは他宗を信奉するように見せかけて、ひそかに真宗の教えを伝えたものであり、その代表的な例は薩摩藩（鹿児島県）において、寛永年間（一六二四～四四）からの約二百五十年間に見られた。→称名・専修《せんじゅ》・南無阿弥陀仏・念仏宗・百遍念仏・別時《べつじ》念仏・名号・融通念仏

【念仏講】ねんぶつこう

念仏を修する信徒の会合。同朋《どうぼう》・同行《どうぎょう》としての連帯意識を深め、また、伝道の有効な場として中世・近世にかけて盛んになった。また、念仏講のうちでも十三夜念仏、二十八夜念仏などは宗派を超えた習俗として行われ、その講中（講員）によって各地に念仏塔が立てられている。→講・同朋

【念仏宗】ねんぶつしゅう

阿弥陀仏の名号《みょうごう》をとなえて、浄土に往生すべきことを説く宗派の総称。浄土門の諸宗（真宗・浄土宗・時宗・融通念仏宗など）をいう。『歎異抄』蓮如本の巻尾に「法然聖人他力本願念仏宗を興行す」とあるように、多くは法然（源空一一三三～一二一二）の流れをくむ諸宗である。→時宗・浄土宗・浄土真宗・浄土門・融通念仏

の

【能海寛】 のうみゆたか 一八六八～一九〇一

大谷派。石見国（島根県）那賀郡の浄蓮寺に生まれる。明治二十六年（一八九三）哲学館（のちの東洋大学）卒業。南条文雄に梵語を、宮崎大八に中国語を学ぶ。明治三十二年と翌年の二度にわたり仏教経典を求めてチベット入りを企てたが果たせず、さらに明治三十四年、収集した仏典等を南条文雄に送ってのち消息を断つ。大正六年（一九一七）十七回忌にあたり追悼会から刊行された『能海寛遺稿』には、『般若心経西蔵直訳（梵蔵日漢四体合璧心経）』『来信集』などを収めている。↓南条文雄

は

【廃仏毀釈】 はいぶつきしゃく

仏教を廃し、釈尊の教えを毀却すること。主として明治維新のころの仏教排斥運動をさす。慶応四年（明治元年一八六八）の神仏分離令によって寺院や経巻・仏具の破壊などが行われたことをいう。真宗寺院も例外ではなく、信濃・佐渡・越中・三河などではとくに激しかった。この運動は当時の仏教界に深刻な危機意識をもたらし、仏教の近代化を推進する一因ともなった。↓本地垂迹説

【廃立】 はいりゅう

比較検討して一方を廃し、一方を立てること。親鸞の師であった法然は『選択本願念仏集』で、念仏以外のさまざまな修行は捨て、ひたすら念仏に生きよと説いているが、真宗の廃立には、主に四つの意味がある。①聖浄《しょうじょう》廃立＝聖道門《しょうどうもん》（自分自身でさとりをえようとする高邁な道）を廃して浄土門（阿弥陀仏の力によってだれもが救われる道）を立てること、②正雑《しょうぞう》廃立＝雑行《ぞうぎょう》（称名念仏以外のさまざまな修行）を廃して正行《しょうぎょう》（ただ一つの正しい修行、称名念仏）を立てること、③助正《じょしょう》廃立＝助業《ごう》（念仏の助けとなる行）を廃して正業（ただ念仏だけ）を立てること。④二力廃立＝自力を捨てて他力に帰することで、つまり、真宗の廃立とは、ひたすら他力念仏の教えに帰順することである。↓教相判釈・聖道

門・浄土門

【八難】はちなん

たんに困難な状態というのではなく、仏を見ることができず仏法を聞くことができない八種の境遇。①地獄《じごく》 ②餓鬼《がき》 ③畜生《ちくしょう》 ④長寿天《ちょうじゅてん》 ⑤辺地《へんじ》 ⑥盲《もう》聾瘖瘂《ろうおんあ》 ⑦世智弁聡《せちべんそう》 ⑧仏前仏後《ぶつぜんぶつご》をいう。①〜③は三塗《さんず》とも三悪道ともいわれ、苦痛がとてもはげしいため、④⑤は逆に楽しみが多すぎるため、⑥は見聞できないため、⑦は世間の知識にたけて、それにとらわれているため、⑧は仏がこの世にましまさぬためである。真宗の絶対他力の信仰は、現世を八難の境遇にひとしい救われがたい状態だと認識するところになりたつ。『教行信証』信巻には「金剛の真心（ゆるぎない信心）を獲得すれば、横《おう》に五趣八難の道をこえ……」とある。↓苦・餓鬼・地獄・六道

【八番問答】はちばんもんどう

八つの問答の形式をもって、ケース別に浄土に往生できるかどうかを論じたもの。曇鸞《どんらん》（四七六〜五四二）の『浄土論註』上巻にでる。世親（天親）が『浄土論』で浄土往生の機《き》（性質・機根）を示しているが、その機とはどういった人びとであるかを明確にしたものである。↓浄土論註

【八功徳水】はっくどくすい

極楽浄土の池にみたされているという八種の功徳をそなえた水。阿弥陀経には「七宝の池あり。八功徳水その中に充満せり」と美しく描かれている。八つの功徳は不同であるが、称讃浄土経は澄浄・清冷・甘美・軽軟・潤沢・安和・除患・養根の八をあげる。↓功徳・浄土

【八正道】はっしょうどう

理想の境地（さとり）に達するための正しい実践修行を八項目にまとめたもの。八聖道・八聖道分・八聖道支ともいい、①正見（正しく見ること）、②正思惟《しょうしゆい》（正しく考えること）、③正語（正しい言葉をかたること）、④正業《しょうごう》（正しい行為をなすこと）、⑤正命《しょうみょう》（正しく生活すること）、⑥正精進（正しく

努力すること）、⑦正念（正しく念じること）、⑧正《しょう》定《じょう》（正しく精神を統一すること）のこと。八正道は根本仏教（原始仏教）で重視されたが、阿弥陀経に「七菩提分八聖道分」という語もあり、また、竜樹の『十住毘婆沙論』易行品に「かの八道（八正道）のふねに乗じて、よく難度海を度す」とあるように、浄土門においても、その意味は認められていた。しかし、法然・親鸞によってふかめられた専修念仏《せんじゅねんぶつ》（ひたすら念仏すること）の信仰においては、現世の人間はよく八正道をなしえず、また適した行でもないとされた。↓行・中道・仏道・六波羅蜜《ろくはらみつ》

【般舟讃】 はんじゅさん

中国で浄土教を大成した善導（六一三〜六八一）の著。一巻。詳しくは「依観経等明般舟三昧行道往生讃」という。浄土往生を願う心境を表した讃偈（詩文）、七字を一句として千九十句からなる。↓善導

【坂東節】 ばんどうぶし

からだを前後左右に揺り動かして歌うように和讃を唱和する念仏和讃。親鸞の関東巡教のさい、船中で暴風雨にあい、人びととともに揺られながら称名念仏したという故事によるとする説のほか、その由来についてはいろいろな説がある。かつては各派で行われたが、大谷派だけに残り、同派本願寺のみにかぎって毎年報恩講結願の日中に行われる。↓報恩講・和讃

【般若】 はんにゃ

さとりをえる真実の智慧。事物の真実の姿をすべて見抜き、全体的に把握する深い智慧のこと。六波《ろくは》羅蜜《らみつ》（さとりにいたる六つの実践項目）の一つで、いわゆる般若《はんにゃ》波羅蜜は他の五つの波羅蜜を成立させる根源的な智慧として、もっとも重要な位置をしめている。曇鸞（四七六〜五四二）の『浄土論註』には「般若とは如《にょ》（真実そのもの）に達するの慧《え》（智慧）の名なり」とある。↓智慧・六波羅蜜

ひ

【比叡山】ひえいざん

京都府と滋賀県の県境に位置する山。日本天台宗の総本山である比叡山延暦寺《えんりゃくじ》は、最澄（七六七〜八二二）が延暦四年（七八五）にこの山にむすんだ草庵にはじまり、法華経の根本道場であるとともに、密教や浄土教をとりいれて発展した。親鸞は治承五年（養和元年一一八一）九歳の春、比叡山の慈円によって青蓮院《しょうれんいん》で出家得度《しゅっけとくど》した。以後、親鸞は堂僧として二十九歳にいたるまで、延暦寺で修行をつんだと伝えられる。比叡山は当時、仏教学の最高学府というべき位置にあり、親鸞の師である法然も比叡山で修行したほか、栄西（臨済宗の祖）・道元（曹洞宗の祖）・日蓮（日蓮宗の祖）など、鎌倉新仏教は比叡山に学んだ祖師たちによって生み出された。↓青蓮院

【東本願寺《ひがしほんがんじ》】↓真宗大谷派

【彼岸】ひがん

この現実の迷いの世界（此岸《しがん》）にたいする向こう岸。さとりの世界、涅槃《ねはん》のこと。また、到彼岸《とうひがん》の略で彼岸にいたること自体を意味し、波羅蜜《はらみつ》ともいわれる。春秋のお彼岸（彼岸会《ひがんえ》）は、わが国特有のもっとも民衆化した仏教行事であるが、元来は春分・秋分の日を中心におこなわれた七日間の法要のこと。起源は古く、聖徳太子のころといわれる。↓此岸・二河白道《にがびゃくどう》・涅槃・六波羅蜜

【比丘】びく

成人男子の出家修行者で、厳密には具足戒《ぐそくかい》（修行者として守るべき戒）を受けた者のこと。女性の出家者は比丘尼《びくに》という。阿弥陀仏の前身である法蔵菩薩《ほうぞうぼさつ》も、出家した当初は法蔵比丘と称した。↓沙門・僧

【秘事法門】ひじぼうもん

異安心《いあんじん》（あやまった信仰）の一種。教義を秘密に

して伝授するところから秘事法門と呼ばれる。その源流は、父・親鸞から破門された善鸞が、父より夜中に秘密の法門を伝えられたといつわったことにまでさかのぼる。その後、南北朝のころ、越前（福井県）の如道（如導一二五三〜一三四〇）が不拝秘事《おがまずひじ》を主張したといわれる。蓮如は、この系統の三門徒を、「あさましき外道の法なり。これを信ずるものはながく無間地獄《むけんじごく》にしずむべき……」（『御文〈御文章〉』）ときびしく批判している。しかし秘事法門は、その後各地におこった。内容は一様ではないが、特殊な儀式によって人為的に人を興奮状態にみちびく例などが多い。代表的なものには、十劫《じっこう》秘事・土《ど》蔵《ぞう》秘事・一益《いちやく》法門などがある。→異安心・一益法門・三門徒・十劫秘事

【非僧非俗】 ひそうひぞく

僧侶でもなく、俗人でもないということ。親鸞は「真宗興隆の太祖源空法師（法然）ならびに門徒数輩……あるいは僧儀をあらため、姓名をたもうて（僧の身分を剥奪し、俗名をあたえて）遠流に処す。予はそのひとつなり。しかればすでに僧にあらず、俗にあらず。このゆえに禿の字をもって姓となす」（『教行信証』後序）と、越後（新潟県）流罪を契機にして僧俗の区別を超える立場に立ち、みずから愚禿《ぐとく》と名乗った。この非僧非俗の立場こそ、真宗の面目であるといえる。なお、親鸞の念仏生活は、僧の身分を捨てて雑役に従事しながら念仏生活をおくった教信（生歿年不詳）を手本にしたと伝えられる。→愚禿

【日野有範】 ひのありのり 生歿年不詳

親鸞の父。日野経尹《つねまさ》の子。のち出家して三室戸大進入道と称したという。本願寺三世覚如（一二七〇〜一三五一）の『親鸞伝絵』によれば、「聖人の俗姓は藤原氏……内麿公……六代の後胤宰相有国卿五代の孫皇太后宮大進有範の子なり」とある。→親鸞伝絵

【日野一流系図】 ひのいちりゅうけいず

本願寺歴代の系譜を記したもの。蓮如の子・実悟

（一四九二〜一五八四）が天正十年（一五四一）に著した。藤原鎌足からはじまって、親鸞が藤原氏の支族・日野家の出身であることを明記し、親鸞の子孫の系図を記している。その影響力は大きく、以後の本願寺系図は、大なり小なり、この系図を基礎としている。なお、大阪府門真市の願得寺に実悟自筆の草稿本が伝えられている。↓血脈・日野有範

【百遍念仏】 ひゃっぺんねんぶつ

本願寺が急発展した蓮如（一四一五〜九九）のころの本願寺の行事・作法などを記した『実悟記』（本願寺作法之次第）に「まいあさ勤の上の百遍は代々の報謝（報恩感謝）の心と候、百遍よりたらぬもわろし、あまるもわろしと仰事なり」とあり、日常の勧行としてとなえられた念仏をいう。↓実悟・念仏

【廟堂】 びょうどう

祖先をまつる建物。祖廟・霊廟のこと。真宗では、大谷にあった親鸞の墳墓を文永九年（一二七二）に改めて吉水の北の地に移し、仏閣を建てて御影像（親鸞の像）を安置し、その堂を廟堂と称した。これが大谷本廟のはじまりである。↓大谷本廟・御影堂

ふ

【不可思議】 ふかしぎ

人間の思慮を超えた仏の智慧や功徳を讃嘆する表現。難思議とも、たんに不思議ともいう。無量寿経には「無量寿仏（阿弥の威神功徳不可思議」、阿弥陀経には「阿弥陀仏の不可思議功徳」などとあり、親鸞は阿弥陀仏を「不可思議光」あるいは「不可思議光如来」と呼んでいる。↓阿弥陀仏

【普賢菩薩】 ふげんぼさつ

文殊菩薩《もんじゅぼさつ》とならんで釈尊の脇士《きょうじ》であり、白象にのって釈尊の右に侍して仏の慈悲のはたらきを助ける菩薩。親鸞は『高僧和讃』の「普賢の徳」の左訓《さくん》（お左がな）に「普賢というは、仏の慈悲のきわまりなり」とあるように、普賢とは仏の慈悲のきわみ、仏の至極の慈悲を意味し、真宗では、浄土に往生し

た者の還相迴向《げんそうえこう》（人びとを救うために浄土からふたたび戻ってくること）の徳が、普賢の徳であるとする。↓脇士・往相〈還相〉

【藤井宣正】《ふじいせんしょう》 一八五九〜一九〇二

本願寺派。藤井宣界の子。島地黙雷の門に入り仏典を学んだあと、慶応義塾、東京帝国大学を経て、本願寺文学寮（のちの龍谷大学）教授・教頭として仏教学の研究と本願寺派学事の確立に専心した。明治三十五年（一九〇二）大谷光瑞に従いインド仏蹟探検に参加、インド全土の古址を調査した。著書には、『仏教小史』『大蔵冠字目録』などがある。↓大谷光瑞

【節談説教】《ふしだんせっきょう》

人びとの興味をひきやすい譬喩《ひゆ》や人情話をもとに、抑揚をつけた節まわしで情感に訴える説教。近世、真宗を中心に発達・隆盛し、教化と芸能・娯楽が一体となったものとして民衆に浸透した。その題材は親鸞・蓮如の一代記、善導和讃、二河白道といったものから石山軍記、三十三間堂、忠臣蔵など多種多様である。↓教化

【布施】《ふせ》

慈悲の心をもってひろく他人に施しをなすこと。六波羅蜜《ろくはらみつ》（悟りにいたる六つの徳目）の一つ。金品を施す財施、教えを説きあたえる法施、恐怖から救いだす無畏施《むいせ》を三種施という。また、物質的には与えるものがなくても慈悲の心で接する「無財の七施」といった布施も説かれる。布施という言葉は、サンスクリット「ダーナ」を訳したもので、檀那と音訳される。信徒の所属寺院を檀那寺、寺に所属する信徒を檀徒・檀家というのは、僧が信徒に法を与え（法施）、信徒は僧に財物・食物を与える（財施）という布施の意味からきている。転じて信徒より僧侶にたいする謝礼の意味の金銭を布施というようにもなった。↓利他・六波羅蜜

【歩船鈔】《ぶせんしょう》

本願寺三世覚如の長男存覚《ぞんかく》（一二九〇〜一三七

三）の著。二巻。暦応元年（一三三八）存覚四十九歳のときの著とされる。浄土教のほか、華厳・天台・真言など、当時の日本で流布していた十宗の大要をのべて浄土教のすぐれていることを立証したもの。浄土にいたるのに、浄土教は船に乗っていくような易行道《いぎょうどう》（やさしい方法）であるのにたいし、他の諸宗は陸地を歩いていくような難行道であるという。↓易行・存覚

【不退】 ふたい

仏道修行においてすでにえた境地や信心を失わないこと。不退転、無退ともいう。真宗では無量寿経の本願成就文の「即得往生住不退転（すなわち往生をえ、不退転に住せん）」にもとづき、真実信心を獲得した人は即時に現生《げんしょう》（この世）において正定《しょうじょう》聚《じゅ》（往生することが決定した人びと）の位に入り不退転に住すると説かれ、これを現生不退《げんしょうふたい》とも現生正定聚ともいう。親鸞は『尊号真像銘文』で「不退というは仏にかならずなるべき身とさだまるくらいなり。これすなわち、正定聚のくらい（位）にいたるをむねとすと」述べ、『浄土和讃』では「不退のくらいに入りぬれば、かならず滅度《めつど》（さとり）にいたらしむ」とうたっている。↓正定

【仏】 ぶつ〈ほとけ〉

さとれる人、真理に目覚めた人という意味で、仏陀・覚者《かくしゃ》・知者ともいう。人間の到達するべき理想の境涯に達した人を示したものであり、仏教はこの仏になること（成仏）を根本目標とする。初期の仏教では、仏は釈尊をさしたが、やがて釈尊以前の過去仏（古仏）や未来仏（後仏）が説かれるようになり、大乗仏教では西方の阿弥陀仏をはじめ、無数の仏が存在するとされるようになった。仏を「ほとけ」と訓読みする理由については、いろいろな説がある。親鸞は『善光寺如来和讃』で「守屋《もりや》がたぐいはみなともに、ほとをりけ（「あたたかみ」の意）とぞもうしける」「ほとけと守屋がもうすゆえ、ときの外道みなともに、如来をほとけとさだめたり」と述べ、仏教伝来のころに排仏派の物部守屋がなづけた蔑称としている。↓阿弥陀仏・三十二相・三宝・

釈迦牟尼仏・成仏・如来・仏性・仏身

【仏光寺《ぶっこうじ》】→真宗仏光寺派

【仏性】ぶっしょう

仏の本性また万物がもっている仏と同等の性質、仏となる可能性を意味し、如来性《にょらいしょう》・覚性《かくしょう》・如来蔵《にょらいぞう》ともいう。また、さとりそのもののこともいう。親鸞は『唯信鈔文意』で「仏性すなわち如来なり。この如来、微塵《みじん》世界にみちみちたまえり、すなわち一切《いっさい》群生海《ぐんじょうかい》（すべての生きものの世界）の心なり。この心に誓願を信楽《しんぎょう》するがゆえに、この信心すなわち仏性なり」とのべ、阿弥陀如来の本願が人びとにはたらきかけておこる信心を仏性としている。→信・如来蔵・仏心

【仏照寺】ぶっしょうじ

大阪府茨木市目垣にある本願寺派の寺院。寺伝では常陸（茨城県）鹿島地方におこった鹿島門徒の勝光を開基として摂津国溝杭（現在地）に建立され、親鸞から仏照寺の号を授かったという。戦国時代には真宗教団において枢要な地位にあったことが『天文日記』（本願寺日記）の記述によって知られる。明応年間（一四九二〜一五〇一）には近江（滋賀県）から九州の豊前・豊後にまで教線をのばし、小倉永照寺や中津明蓮寺は近世中期まで仏照寺の有力な門末寺院であった。また、天文十九年（一五九一）本願寺の京都移転にともない六条仏照寺を建立。溝杭の仏照寺には留守番をおいた。→天文日記

【仏心】ぶっしん

仏の心。最高の智慧と慈悲を完成した心であるが、とくに苦悩の衆生《しゅじょう》を救済せんとする大慈悲の心をいう。観無量寿経に「仏心というは大慈悲これなり」と説かれている。また仏心宗の略で、禅宗のことをいう。親鸞の『愚禿鈔』『尊号真像銘文』に「仏心、真言、法華、華厳等」とあるのは、禅宗の意味である。→慈悲・仏《ぶつ》

【仏身】 ぶっしん

仏の身体のことであるが、仏身論という分野があるほど種々に考察されている。釈尊の滅後、この世に実在した釈尊の現実の身を生身《しょうじん》とし、法（真理）を釈尊の不滅の身（法身《ほっしん》）とする二身説が主張された。さらに大乗仏教の時代になると、仏身論は急速に発展した。代表的なものは法・報・応の三身説である。法身は真如《しんにょ》（真理）そのものであり、報身《ほうじん》は修行によって真如（さとり）に達した人格的な仏身、応身《おうじん》は人びとを救うためにこの世に出現した仏をいう。また、三身のほかに人の性格に応じて種々な姿をとって現れる仏を化身《けしん》という。親鸞は阿弥陀仏について「如（真理）より来生《らいしょう》して、報《ほう》・応《おう》・化《け》、種々の身を示現《じげん》したまう」（『教行信証』信巻）と説いている。↓三身・仏《ぶつ》

【仏壇】 ぶつだん

仏を安置する壇。一般に先祖をまつるもののように解されているが、真宗では浄土のありさまを表すものとして、位牌を置かない。仏壇は死者のためのものではなく、阿弥陀仏の慈悲に一人ひとりが出会い、家庭生活の中心となるべきものとされる。仏壇に安置する本尊や仏具、勤行のしかたについては巻末「便覧編」参照。↓本尊

【仏道】 ぶつどう

仏が人に示した道すなわち仏教、また仏になる道を意味するほか、仏のさとりそのものをいうこともある。無量寿経に「我仏道を成るに至らん」、曇鸞の『浄土論註』に「菩提《ぼだい》（さとり）はこれ仏道の名なり」とあるのは、その意味。↓菩提・仏法

【仏恩】 ぶっとん

仏より受けた恩のこと。「信心すでにえんひとは、つねに仏恩報ずべし」（『浄土和讃』）と、真宗ではとくに仏恩報謝が強調される。人が成仏する原因も結果も、ともに阿弥陀仏の力によるものだからである。『蓮如上人御一代記聞書』に「何はともあれ、念仏申すは報謝の義と存ずべし」とあるように、念

仏も仏恩報謝の行《ぎょう》とされる。↓廻《え》向《こう》・報恩

【仏法】ぶっぽう

仏の教えのこと。八万四千の法門があるといわれるが、真宗では『教行信証』教巻に「それ真実の教をあらわさばすなわち大無量寿経これなり」とあるように、無量寿経に説かれる本願念仏の教えを真実の仏法とする。いっぽう、仏法にたいし、世間の決まりや統治者が定めた法を王法という。信仰生活と社会生活のかねあいは真俗《しんぞく》二諦《たい》として考察されている。↓真俗二諦・法

【仏凡一体】ぶつぼんいったい

存覚（一二九〇～一三七三）の『浄土真要鈔』に「一念解了《げりょう》の心おこれば、仏心と凡心とまたくひとつになる也」とあるように、信心において、清浄な仏心《ぶっしん》と凡夫《ぼんぶ》の心（凡心）が一体になることをいう。似た言葉に「機法一体《きほういったい》」があるが、同じ意味ではない。機法一体は、仏と衆生《しゅじょう》がもともと一体であることをいい、仏凡一体は信心を獲得したときに仏心と凡心が一体不離になることをいう。蓮如の『御文』（御文章）では前者は「一体なる」といい、後者は「一体になる」と表現して、両者のちがいを明示している。↓機法一体・信・仏心

へ

【平生業成】へいぜいごうじょう

信心をえれば、いつでも浄土に生まれる身と定まること。これにたいして、臨終を待ってはじめて往生がかなうとすることを臨終業成という。存覚（一二九〇～一三七三）の『浄土真要鈔』には「親鸞聖人の一流（法流）においては、平生業成の義にして臨終業成ののぞみを本とせず」とあり、真宗では平生業成を説く。他力信心が定まれば、いつでも正《しょう》定聚《じょうじゅ》（浄土往生が決定した人びと）に入ると説かれる。蓮如の『御文』（御文章）には「平生に弥陀如来の本願のわれらをたすけたまう……仏智他力のさずけによりて、本願の由来を存知するものなりとこころうるが、すなわち平生業成の義なり。されば平生業成というは、いまのことわりをききひらきて、

往生治定とおもいさだむるくらいを、一念発起《いちねんほっき》入《にゅう》正定聚《しょうじょうじゅ》とも、平生業成とも、即得往生住不退転《そくとくおうじょうじゅうふたいてん》ともいうなり」と説かれる。↓正定・不退・来迎

【別院】　べついん

本山以外の地に、本山に準ずるものとして建てられた寺院。法主（門主）の兼務として別に住職をおかず、輪番と称する職員が主管者として派遣され、寺務を管理している。なお、明治以前は坊舎《ぼうしゃ》（御《ご》坊《ぼう》）、掛所《かけしょ》などと呼ばれた。↓本山

【別時念仏】　べつじねんぶつ

日常の念仏にたいする言葉で、特別に時期・場所を定めて修する念仏のこと。平安時代に浄土教を大成した源信の『往生要集』には尋常別行《じんじょうべつぎょう》と臨終《りんじゅう》行儀《ぎょうぎ》の二種が説かれている。尋常別行は平生から一日、七日、十日あるいは九十日と期間をかぎって道場に入り、念仏に専念すること。臨終行儀は、死に臨んで仏の来迎《らいこう》（お迎え）を期して念仏する行法である。↓念仏・来迎

【辺地】　へんじ

一般には中心地から離れた辺鄙な土地のことをいい、真宗ではとくに真実の浄土（真実報土《ほうど》・真仏土《しんぶつど》）の周辺にある化身土《けしんど》のことをいう。念仏によって阿弥陀仏の慈悲に救い取られて往生する真仏土にたいし、方便の教えによって往生するところであるから方便化土《ほうべんけど》ともいう。仏の慈悲を信じず、疑い、浄土に往生することを願っても、自力をたのむ心で念仏を修すれば、往生することができるのは方便化土であるといい、それを辺地に生まれるという。親鸞の『正像末和讃』の疑惑讃に「仏智の不思議をうたがいて、自力の称念《しょうねん》（称名念仏）このむゆえ、辺地懈《け》慢《まん》にとどまりて、仏恩報ずるこころなし」と、自力をたのむことが戒められている。↓疑城胎宮《ぎじょうたいぐう》・報土

ほ

【法】　ほう

広く仏法および仏教に関係あるものを意味する言葉であるが、おもに次の四つの意味でもちいる。

①真理・法則・理法の意。この世の実相、真実そのものを法といい、釈尊は三十五歳にして真理をさとり、仏陀《ぶつだ》（覚者）となったとされる。また、真理と一体である仏の真実の姿を法身《ほっしん》、この世のあらゆる現象は真理を根源として生起するという意味で、この宇宙そのものを法界《ほっかい》という。②仏の教えをいう。仏法《ぶっぽう》・教法《きょうほう》・正法《しょうぼう》という場合の法で、仏教の教説全体をいう。仏・法・僧の三宝の一。③存在・事物の意。一切諸法・万法といった場合の法は、すべての存在、あらゆる現象を意味する。④仏教に関する事物を広く表す。この意味での法という語を頭にした熟語は多い。仏法を聞いて得た喜びを法喜、仏法の味わいを法味、法味を楽しむことを法楽、仏法を闇夜のともしびにたとえて法灯、万物をうるおす雨にたとえて法雨、その教えは海のように広いので法海、おびただしい経典全体を法蔵と呼ぶ。その他、法輪・法門・法会・法衣・法事・法印など、仏教の長い歴史と伝統のなかで、法のつく熟語はおびただしく生まれた。↓三宝・仏法・法楽・法界・法性

【報恩】 ほうおん

他より受けた恩に報いること。善導（六一三〜八一）の『往生礼讃』に「大悲伝えて普《あま》ねく化する（教化する）は真に仏恩《ぶっとん》を報ずることに成る」とあるのは、仏の大慈悲心を伝えて人を教化することを報恩の行為としたものである。真宗では、信心の生活は報恩感謝の生活であり、称名念仏を報恩行のかなめとしている。親鸞の御消息には「我が身の往生を一定《いちじょう》とおぼしめさん人は、仏の御恩をおぼしめさんに、御報恩のために御念仏こころにいれてもうして、世のなか安穏なれ仏法ひろまれとおぼしめすべしとぞ、おぼえそうろう」とある。↓恩・信後相続・報恩講

【報恩講】 ほうおんこう

宗祖親鸞への報恩のために、毎年、その忌日の六日前から忌日当日までの七昼夜にわたって営まれる仏事で、御正忌《ごしょうき》ともいい、俗に七昼夜《しちちゅうや》ともいう。現在、西本願寺・高田派専修寺などでは新暦により一

月九日から十六日まで、東本願寺・仏光寺・興正寺などでは十一月二十一日から二十八日まで営まれる。本願寺三世覚如（一二七〇～一三五一）が宗祖の三十三回忌法要を執行し、また『報恩講式』を著してから形式もととのい、宗祖の御正忌法要を報恩講と称するようになったもの。蓮如の『御文』（御文章）にしばしば報恩講がとりあげられたことによって、広くその名称が世間に伝わった。なお、末寺および在家では多く本山の御正忌より前におこない、これを御取越《おとりこし》・引上会《いんじょうえ》・御引上《おひきあげ》などともいう。↓報恩

【報恩寺】 ほうおんじ

東京都台東区東上野にある大谷派の寺院。坂東報恩寺ともいわれる。もとは二十四輩（親鸞の関東時代の高弟二十四人）の第一、性信《しょうしん》（一一八七～一二七五）が下総豊田荘（茨城県水海道市豊岡町付近）に開いたもので、初期真宗教団の主要な信徒集団、横曽根《よこそね》門徒《もんと》の拠点であった。その後、移転をかさねて文化三年（一八〇六）現在地に寺基をさだめた。また、茨城県水海道市豊岡町にある報恩寺（大谷派）は性信の旧跡で、木造性信坐像を所蔵し、付近に性信の墓と荼毘塔がある。↓性信・横曽根門徒

【法事】 ほうじ

本来は仏法を宣揚することや仏道修行の意であったが、後世、読経仏事を行うことを法事といい、一般に先祖の年忌などにあたって追善供養の法要を営むことを法事というようになった。しかし、自力の追善を旨としない真宗では、法事は死者の供養のためでなく、仏徳をあがめ、仏恩《ぶっとん》に感謝することに、その主眼がある。↓供養・追善

【法事讃】 ほうじさん

唐の善導（六一三～八一）の著。二巻。阿弥陀経を読誦《どくじゅ》する作法を説いたもの。浄土教の法会で用いられ、本願寺でも三世覚如（一二七〇～一三五一）の時代に行われたが、八世蓮如（一四一五～九九）以後はほとんど用いられなくなった。↓善導

【法蔵菩薩】ほうぞうぼさつ

法蔵比丘《びく》ともいう。比丘とは出家の仏道修行者のことである。阿弥陀如来が仏となる前に衆生済度《しゅじょうさいど》（生きとし生けるものを救うこと）を願って修行していたとき（因位《いんに》）の名。無量寿経によれば、ある国王が道心をおこし、国と王位を捨てて沙門《しゃもん》（出家修行者）となって法蔵比丘と号し、世自在王仏《せじざいおうぶつ》のもとで、もろもろの仏の浄土を見、そこに住む者の性質や浄土のありさまをつぶさに観察したという。そして五劫《ごこう》という無限ともいえる長いあいだ、どんな人でも救うための方途を考えつづけた（それを五劫《ごこう》思惟《しゆい》という）。その結果、法蔵菩薩はひとつの浄土を建設することを発願し、四十八の誓願（本願）をおこして、さらに修行を積んだ。そして今より十劫《じっこう》の昔に仏となって阿弥陀如来となり、現在も西方極楽浄土にましします、と無量寿経は説く。親鸞は『正信偈』に「法蔵菩薩の因位のとき、世自在王仏のみもとにありて、諸仏の浄土の因、国土人天の善悪を都見して、無上殊勝の願を建立し、希有の大弘誓を

超発せり。五劫にこれを思惟して摂受《しょうじゅ》す。かさねてちかうらくは、名声（名号）十方にきこえん」と述べている。↓阿弥陀仏・因位・五劫思惟・世自在王仏・本願

【報土】ほうど

衆生済度《しゅじょうさいど》（あらゆるものを救うこと）を願って立てた誓願と、それにともなう修行が成就して実現する所で、浄土教では阿弥陀仏の浄土つまり極楽を報土とする。親鸞は「それ報を按《あん》ずれば、如来の願海によりて果上の土を酬報せり。故に報という。しかるに願海について真あり仮《け》あり」（『教行信証』真仏土巻）と、報土のなかでも真実の報土と仮りの報土の別を説き、これが真宗の特色となっている。同じ浄土に往生するといっても、絶対他力の信によらず、さまざまな行とともに念仏して往生する者がおもむくのが仮りの報土である。仏の大いなる慈悲を信じきれずに方便の教えによるゆえに、その報土を方便《ほうべん》化土《けど》あるいは方便化身土といい、また、真の報土の周辺にあるゆえに辺地《へんじ》ともいう。そして、「まこと

に仮の仏土は業因千差なれば土また千差なるべし」（同上）と、人の気質や能力（機根）に応じて、化土はさまざまな様相の仏土であるとされる。いっぽう、真実報土については『高僧和讃』で「信は願より生ずれば　念仏成仏自然《じねん》なり」と、阿弥陀仏の大願がめぐらされておこる信心によって念仏をとなえれば、おのずから真実報土に往生できると説く。

↓往生・浄土・辺地

【法然】ほうねん　一一三三～一二一二

浄土宗の開祖。法然は房号で、名は源空《げんくう》という。親鸞の師。美作（岡山県）久米《くめ》の押領使《おうりょうし》（地方官人）漆間《うるま》時国《ときくに》の子として生まれた。幼名は勢至丸《せいしまる》。久安三年（一一四七）十五歳のときに比叡山にのぼり、同六年、黒谷の慈眼房叡空について法然房源空と号した。承安五年（一一七五）四十三歳のとき、専修念仏《せんじゅねんぶつ》（他の修行によらず、ひたすら念仏をとなえること）を主張して比叡山をおり、洛東の吉水《よしみず》で念仏の教えを説いた。浄土宗では、この年を立教開宗の年とする。親鸞がやはり比叡山を出て法然の門にはいったのは建仁元年（一二〇一）法然六十九歳、親鸞二十九歳のときのことであった。称名《しょうみょう》念仏のみによってだれでも等しく救われると説く法然の浄土教団は、鎌倉新仏教の幕開けを告げるものであり、大いに発展した。しかし、それは同時に比叡山や奈良の旧仏教勢力の反発を招き、元久元年（一二〇四）、翌二年に専修念仏停止の訴えがなされ、ついに承元元年（一二〇七）法然は四国に流罪、門弟二名は死罪、親鸞は越後（新潟県）に流されるという事態にいたった（承元の弾圧）。その後、法然は建

法然

暦元年（一二一一）にゆるされて帰洛したが、翌二年一月二十五日に歿した。法然の主著は『選択本願《せんじゃくほんがん》念仏集《ねんぶつしゅう》』（選択集）。その法語や行状を伝えるものに、親鸞編と推定される『西方指南抄』（親鸞自筆本は専修寺蔵）のほか『法然上人行状絵図』（知恩院蔵）などがある。↓黒谷上人語灯録・西方指南抄・浄土宗・親鸞・選択本願念仏集・吉水

【方便】ほうべん

たくみな手立て。人をよい方向に導く手段・方法を意味する。仏教の教えは対機説法《たいきせっぽう》（相手の能力や状態にあわせて法を理解させること）とも応病与薬《おうびょうよやく》（相手の苦しみ・悩みにあわせて救いの手段を講じること）ともいわれる。その意味で、教えそのものが方便である。浄土教のなかで方便についてすぐれた解釈をほどこしたのは曇鸞（四七六～五四二）で「正直を方といい、己れを外にするを便という」（『浄土論註』）と述べる。この場合の方便は、さとりの智慧からでたすべてに平等な慈悲を意味する。親鸞は、方便を善巧《ぜんぎょう》方便と権仮《ごんけ》方便の二つの意味で用いる。善巧方便とは真実を伝える方法であって、本来は無色無形の仏（真如《しんにょ》）が姿を現すこと。その意味で阿弥陀仏を方便法身という。権仮方便とは未熟な者を真実に導くための手段として、仮りに説かれたもろもろの法門をいう。『教行信証』は前五巻に真実を、後一巻に方便を示す。また、その「化身土巻」によれば、阿弥陀仏の四十八願のうち第十九願、第二十願は方便の願であり、それによって人びとは真の浄土のそば（方便化土《ほうべんけど》）まで往生するとされる。また『蓮如上人御一代記聞書』には「方便わろしという事はあるまじきなり。方便を以て真実をあらわす」と、方便の重要さが説かれている。↓廻《え》向《こう》・仏身《ぶっしん》・本願

【法名】ほうみょう

仏法に帰依《きえ》した者につける名のこと。真宗では、得度式を受けて僧籍に入った者にたいして法名を授ける。また、在俗者は帰敬式《ききょうしき》（おかみそり＝真宗に帰依したことを証明する剃髪の儀式）を受けた者に授ける。また、生存中に帰敬式を受けなかった者に

たいしては死亡のさい、檀那寺《だんなじ》より法名を授ける。なお真宗では、法名のうえにすべて釈の字を冠するが、これは釈尊の教えに帰依して仏門に入ったことを表すものである。↓帰敬式・得度《とくど》

【法楽】ほうらく

法味の楽の意で、仏法を味わって楽しみ、喜びが生じること。教えを信じて受ける喜びのこと。とくに浄土の楽しみは「無為の法楽」（善導『往生礼讃』）といわれる。曇鸞の『浄土論註』では、人間のもつ楽しみが外楽《げらく》（肉体的楽しみ）・内楽《ないらく》（精神的楽しみ）・法楽楽《ほうがくらく》（仏法に帰依してえる宗教的楽しみ）に区別して論じられている。そして、最高の楽しみである法楽楽は真理を見とおす智慧より生じるとし、「この智慧所生の楽は、仏の功徳を愛するよりおこれり」と述べられている。なお日本では、法会のさい仏前で奏する伎楽《ぎがく》を法楽ともいう。↓信《しん》楽《ぎょう》・楽

【菩薩】ぼさつ

サンスクリット「ボーディサットヴァ」の音訳、菩《ぼ》提薩埵《だいさった》の略。観音菩薩・地蔵菩薩など、一般に仏とあまり区別なく用いられる称号であるが、もともとの意味は「さとりをめざす者」「さとりへの志をもつ者」ということで、成道以前の釈尊も菩薩（ボーディサットヴァ）と呼ばれ、また阿弥陀仏も仏になる以前の名を法蔵《ほうぞう》菩薩という。しかしのちに、自己の完成（さとり）をめざすより他者の救済を優先すべきだとして成立した大乗仏教では、それ以前の仏教を小乗（すこしの者しか彼岸《ひがん》に運べない乗り物）として批判し、菩薩という言葉をとくに大乗仏教の修行者という意味にもちいるようになった。仏道修行者を声聞《しょうもん》・縁覚《えんがく》・菩薩の三つの立場（三乗）に分ける場合の菩薩は、その意味である。声聞は釈尊の声を直接聞いて修行する者、縁覚は縁起の法（釈尊の説いた真理）によってさとりに到達しようとする者を意味し、ともに小乗の立場とされる。これにたいして菩薩は、なによりも利他の実践を先と

しつつ自己の完成をめざす者で、そのありかたは「上求《じょうぐ》菩提《ぼだい》下化《げけ》衆生《しゅじょう》」(さとりをめざして自己を向上させつつ、多くの人を導くこと)と呼び習わされる。

この菩薩の階位(初めに菩提心〈さとりを求める心〉をおこしてから修行を積みかさね、仏果《ぶっか》〈さとり〉にいたるまでの段階)については諸説があるが、古来、瓔珞本業経《ようらくほんごうきょう》の五十二位説が広くもちいられ、十信・十住・十行・十廻向・十地の五十段階を経て、仏にほぼ等しい段階である等覚《とうがく》、仏位の妙覚《みょうかく》の二段階に到達すると説いている。このうち、第四十一位にあたる初地《しょじ》(十地の第一段階)を歓喜地《かんぎじ》といい、親鸞は『教行信証』行巻に「真実の行信を獲《え》れば心に歓喜多きが故に是を歓喜地と名づく」とのべ、念仏の行者は現生《げんしょう》(この世)で往生がさだまるので、その位を歓喜地とする。また、あらゆる人びとをわが子のように愛する菩薩の境地を一子地《いっしじ》といい、真宗ではこれを歓喜地にあてて信心の現益《げんやく》(この世での利益)ともみるが、また当益《とうやく》(未来世の利益)ともする。『末燈鈔』に「浄土真宗は大乗のなかの至極なり」「浄土(真)宗は菩薩乗なり」とあることなどから、親鸞は本願念仏の教えである浄土真宗を大乗の菩薩乗としてみていたことが知られる。とはいえ、それは声聞・縁覚・菩薩の区別に立った見かたではなく、浄土教は、三乗の区別を超越し、あらゆる人を等しく救う教え(一乗)、また、長期間の修行を重ねなくてもすみやかに人を浄土に導く教え(頓教《とんぎょう》)という意味で、その教えを菩薩乗のなかの至極の菩薩乗とする。善導の『玄義分』に「我れ菩薩蔵、頓教と一乗海による」とあるのは、その意味である。

菩薩はまた、徳の高い僧の尊称としてもちいられ、七高僧のうち竜樹・天親(世親)などが菩薩とあがめられた。日本では、とくに民衆に慕われた僧が菩薩と呼ばれ、行基菩薩(六六八~七四九)などが、その例である。また、観音菩薩・地蔵菩薩などの諸菩薩は、修行が完成していながらあえて仏とならず、衆生済度のために菩薩の位にとどまっているものとして、一般に仏と同等に尊崇されている。なお、菩薩は覚有情・大士・仏子などと意訳される。↓観音

菩薩・地蔵菩薩・初地・大乗・普賢菩薩・仏《ぶつ》・法蔵菩薩・弥勒菩薩

【菩提】ぼだい

「さとり」を意味するサンスクリット「ボーディ」の音写。覚・道・知とも訳され、とくに仏のさとりを阿耨多羅三藐三菩提《あのくたらさんみゃくさんぼだい》・無上覚・無上菩提という。また、涅槃《ねはん》（さとり）にいたる仏道を意味する。道綽（五六二〜六四五）の『安楽集』には「菩提はすなわち無上仏道の名なり」とあり、親鸞の『尊号真像銘文』には「信心は菩提のたねなり、無上涅槃をさとるたねなり」とある。『正像末和讃』には「菩提に出到《しゅっとう》してのみぞ、火宅《かたく》（苦しみ多い現実の世界）の利益は自然《じねん》なる」などとある。なお、一般に死者を供養することを「菩提を弔う」というが、われわれ凡夫《ぼんぶ》は阿弥陀仏の慈悲によって菩提（さとり）に導かれるのであるから、真宗では自力をもって死者に功徳を廻向《えこう》することは旨としない。↓廻向・涅槃・菩提心

【菩提心】ぼだいしん

さとりを求める心。仏になろうとする心。無上道心・無上道意・道心ともいい、くわしくは阿耨多羅《あのくたら》三藐三菩提心《さんみゃくさんぼだいしん》という。この心をおこすことを発菩提《ほつぼだい》心《しん》（発心《ほっしん》）といい、一般に仏法に帰依《きえ》し、仏道修行にはいることを意味する。この菩提心を親鸞は竪《じゅ》と横《おう》の二種に分けて論じ、さらに竪の菩提心を竪出《じゅしゅつ》と竪超《じゅちょう》に、横の菩提心を横出《おうしゅつ》と横超《おうちょう》に分けて解釈している（二双四重《にそうしじゅう》の教判）。竪の菩提心は小乗・浄土教以外の大乗仏教の菩提心であり、長期間の修行を経てさとりに到達しようとする心をいう。横の菩提心は浄土教の菩提心であるが、横出はなお自力をたのむ心をのこし、さまざまな修行によってさとりに達しようとする菩提心であり、横超の菩提心は、自力をたのむ心を捨てて、絶対的に阿弥陀仏に帰依することをいう。その心は願作仏心《がんさぶっしん》（成仏を願う心）・度衆生心（あらゆる人を救おうとする心）であり、これを横の大菩提心、横超の金剛心という。『正像末和讃』には「浄土の大菩提心は　願作仏心をすすめ

しむ。すなわち願作仏心を度衆生心となづけたり」とある。↓願作仏心・二双四重・菩提・発心

【法界】 ほっかい

あらゆる存在の根源にある真実（真如《しんにょ》）の世界、仏の世界のことをいうが、親鸞が『浄土文類聚鈔』で「一如法界の真身顕わる」とのべているように、全宇宙のすべての現象・事物は真理の現れであり、仏と一体のものであるから、あらゆる現象・事物、ひいては、あるがままのこの世界をも法界という。曇鸞の『浄土論註』には「法身《ほっしん》（真実そのものである仏）あまねく法界に満てり」、善導の『定善義』には「大悲（仏の慈悲）、心に薫《くん》じて法界に遊ぶ」などとあり、現実世界に仏の慈悲がはたらいていることを示している。↓法・法性《ほっしょう》

【発願廻向】 ほつがんえこう

仏が衆生済度《しゅじょうさいど》の願いをたて、あらゆる人にその徳をめぐらすこと。親鸞の『教行信証』行巻に「発願廻向と云うは如来已《すで》に発願して衆生の行を廻施《えせ》したまうの心なり」と解釈している。阿弥陀仏は法蔵菩《ほうぞうぼ》薩《さつ》として無限ともいえる長いあいだ修行を積み、四十八の誓願をすべて実現してついに仏となった。そのすべての徳を「南無阿弥陀仏」の名号にこめ、その名号《みょうごう》をとなえることを、どんな人でも救われる因（成仏の因）として人びとに与えたことをいう。蓮如の『御文』（御文章）には、「一念に弥陀をたのむ衆生に無上大利の功徳をあたえたまうを発願廻向とはもうすなり」とあり、『蓮如上人御一代記聞書』には、「発願廻向というは、たのむ機（他力信心の人）にやがて大善大功徳をあたえたまうなり」などとある。↓廻向《えこう》・南無阿弥陀仏・本願

【法性】 ほっしょう

諸法の性、すなわちあらゆる存在の真実不変の本性をいう。無量寿経下巻に「諸法の性は一切空無我《いっさいくうむが》なり」とあり、善導の『玄義分』には「諸法の性、常に空なり」などとあって、あらゆる事物の本性は形質を超えた真理そのもの（真如《しんにょ》・空）であると説く。また、真理そのものとしての仏を法身《ほっしん》というが、

曇鸞の『浄土論註』には、法性法身と方便法身の二種法身を説く。真如そのものの無色無形の究極的な仏を法性法身といい、この法性法身から形をあらわして人びとを救済する仏を方便法身という。『唯信鈔文意』には、「法性すなわち法身なり。法身はいろもなし、かたちもましまさず、しかればこころもおよばれず、ことばもたえたり。この一如《いちにょ》よりかたちをあらわして方便法身ともうす御すがたをしめして、法蔵比丘《ほうぞうびく》となのりたまいて」と述べられている。また、法性は涅槃《ねはん》（さとり）と同じ意味でもある。親鸞の『教行信証』証巻には「無上涅槃（最高のさとり）はすなわちこれ無為《むい》法身なり。無為法身はすなわちこれ実相（あらゆるものの真実の姿）なり。実相《じっそう》はこれ法性なり。法性はすなわちこれ真如なり。真如はすなわちこれ一如なり」とのべ、『一念多念文意』にも「涅槃すなわち法性なり。法性すなわち如来なり」などとある。↓空・実相・無為

【発心】 ほっしん

発菩提心《ほつぼだいしん》の略。菩提心すなわち仏になろうとする願いをおこし、仏道に入ること。親鸞の『教行信証』信巻に「願海（阿弥陀仏の救済の対象が広大無辺であることを海にたとえる）平等なるが故に発心等し。発心等しきが故に道等し」とあり、阿弥陀仏の本願によってどんな人でも等しく菩提心をおこし、等しく救われると説く。そして、すでに仏道に入っていても自力にたのむ心を捨て、絶対他力念仏の教えに帰依し、真実の信心がおこることを、また、発心という。↓廻心《えしん》・願作仏心《がんさぶっしん》・菩提心

【本覚】 ほんがく

人間の心には、本来、さとりが備わっていること、人の本性は清浄なさとりであることをいう。わが国の天台教学で発展した思想で、修行を積んではじめてさとりに達することを始覚《しがく》というのにたいする。天台では、人が仏になろうと発心するのも、心に本来さとりが備わっているからだと解釈され、平安時代に浄土教を大成した源信（九四二〜一〇一七）の『往生要集』に「本覚の道を示して浄土に引接《いんじょう》（教え導くこと）せんこと」と述べ、菩提心（さとりを

求める心）の発端としている。しかし、真宗の教えでは、人がさとりに導かれる原因は、すべて阿弥陀仏の本願力つまり仏が人びとを救うはたらき（発願《ほうがん》廻向《えこう》）によるとする。↓如来蔵《にょらいぞう》・発願廻向

【本願】 ほんがん

仏となるために修行する者（菩薩《ぼさつ》）がかならず立てる誓いで、仏となる前の願という意味であるが、ひろく如来《にょらい》（仏）の衆生済度《しゅじょうさいど》の願いをさし、誓願《せいがん》・弘誓《ぐぜい》・弘願《ぐがん》・本誓《ほんぜい》・大願《たいがん》ともいう。本願にはすべての仏・菩薩が共通しておこす総願と、それぞれの仏・菩薩固有の別願がある。総願はいわゆる四弘誓願《しぐせいがん》をいい、別願には阿弥陀仏の四十八願、薬師仏の十二願、釈迦仏の五百願などがある。阿弥陀仏の四十八願（弥陀の本願）は阿弥陀仏が仏となる前にあらゆる人の救済を誓って立てたものであって、十劫《じっこう》の過去（永遠ともいえる昔）にそれは実現され、どんな悪人でも迎え入れる浄土として極楽が建設された。この四十八願のうち、阿弥陀仏の名（名号《みょうごう》）をとなえる者をすべて救うと誓った第十八願をとくに王本願・選択《せんじゃく》本願といい、絶対他力の信心の依りどころとなっている。

親鸞は四十八願を真（真実の願）と仮《け》（方便の願）に分ける。真実の願とはとくに真実の教・行・信・証・真仏土を示した第十八・十七・十一・十二・十三願で、これを真実五願という。また、第二十二願は還相廻向《げんそうえこう》（ひとたび成仏しても浄土に安住することなく、また衆生の側に戻って救済のはたらきをすること）を誓った願とされる。この真実五願と第二十二願により、衆生の往生の因と果のすべてが仏のはたらきであることが示されることになり、ここに絶対他力の信心に立脚した親鸞の四十八願観の特色がある。

また、本願のはたらきを本願力・願力といい、本願の広大無辺であることを海にたとえて本願海・本願一乗海・願海という。このほか本願はさまざまな言葉で表現される。たとえば、欲望や迷いの海におぼれる人々を救う船にたとえる願船、すぐれた薬にたとえてる本願醍醐《だいご》の妙薬などという。また、本願によって実現された報土《ほうど》すなわち極楽浄土を願土、

浄土に生まれたいと願うことを願生・願往生、その心を願往生心、仏になろうと願う心を願作仏心《がんさぶっしん》、阿弥陀仏が衆生を救おうと願う心、また衆生が往生を願う心を願心、衆生の往生の因も果もともに本願力廻向《えこう》（仏の力がはたらきかけること）によることを願因願果、四十八願のそれぞれの願いのことがらを願事、本願の本質を願体、本願の成就を説いた経文を願成就文などという。↓阿弥陀仏・往相〈還相〉・法蔵菩薩・発願廻向《ほつがんえこう》・本願力

【本願寺】 ほんがんじ

浄土真宗本願寺派の本山を西本願寺（京都市下京区堀川通花屋町下ル）、真宗大谷派の本山を東本願寺（京都市下京区烏丸通七条上ル）と通称するが、江戸時代以前は同一であった。本願寺は京都東山の大谷に親鸞の遺骨を改葬して廟堂を設けたのにはじまる。親鸞の娘覚信尼（一二二四～八三）が敷地を寄進し、廟堂を管理する職として世襲制の留守職《るすしき》を設けたのち、その孫の覚如（一二七〇～一三五一）が廟堂の寺院化をはかって本願寺と号した。いわゆる大谷本願寺である。しかし、寛正六年（一四六五）延暦寺衆徒によって破却され、八世蓮如（一四一五～九九）は近江（滋賀県）に退去し、文明十二年（一四八〇）京都山科《やましな》に御影堂・阿弥陀堂を再建した。山科本願寺である。以後、寺運はさかえたが、天文元年（一五三二）法華宗徒らに焼かれ、大阪石山（現在の大阪城の地）に寺基を移した。石山本願寺である。その後、十一世顕如（一五四三～九二）のときに織田信長と争い（石山合戦）、天正八年（一五八〇）和睦によって紀伊鷺森《さぎのもり》（和歌山市）に退去。その後、和泉貝塚（大阪府）、摂津天満（大阪市）に移り、天正十九年、豊臣秀吉に土地の寄進を受けて京都西六条（現在の西本願寺の地）に移る。顕如の歿後、子の教如（一五五八～一六一四）と准如（一五七七～一六三〇）が本願寺の継承をめぐって対立し、一時、教如が継承したものの豊臣秀吉の命によって文禄二年（一五九三）准如が本願寺十二世となった。いっぽう、教如は慶長七年（一六〇二）徳川家康から東六条に土地の寄進を受けて別立。以後、准如が継承した本願寺を西本願寺、教如が別

立した本願寺を東本願寺と通称し、本願寺門徒は東西にわかれて所属することとなった。

　西本願寺の移転当初の建物は元和三年（一六一七）に焼失、寛永十三年（一六三六）に御影堂が再建されて漸次現在の堂宇が整えられた。国宝・重文が多く、阿弥陀堂・御影堂・能舞台などの建造物のほか、親鸞自筆の観無量寿経註・同阿弥陀経註・親鸞聖人像（鏡御影）・恵信尼消息などが所蔵されている。東本願寺は創建以来、天明八年（一七八八）・文政六年（一八二三）・安政五年（一八五八）・元治元年（一八六四）と四度の火災にあい、現在の大師堂・阿弥陀堂は明治二十八年（一八九五）の再建。親鸞自筆の『教行信証』や覚如の本願寺聖人親鸞伝絵などの国宝・重文を所蔵する。↓石山本願寺・浄土真宗本願寺派・真宗大谷派・廟堂・山科別院・留《る》守職《すしき》

【本願寺派《ほんがんじは》】↓浄土真宗本願寺派

【本願ぼこり】 ほんがんぼこり

　どんな人でも救うという阿弥陀仏の本願を曲解し、本願を誇ること。異安心《いあんじん》（まちがった信仰）の一つである。地獄一定《じごくいちじょう》（地獄におちるにちがいない）の悪人こそ正機《しょうき》（救いの正しい対象）とする教えを誤解して、欲望のままに悪事をはたらいても救われると主張すること。親鸞は『御消息』で「往生にさわりなければとて、ひがごと（まがった事）をこのむべしとはもうしたることとそうらわず」と記し、また『末燈鈔』にも「くすりあり毒をこのめとそうろうらんことは、あるべくもそうらわず」とのべて、本願ぼこりをきびしく戒めている。↓本願・慢《まん》

【本願力】 ほんがんりき

　阿弥陀仏の本願の力、また本願そのものとその不可思議な力を総称して本願力という。曇鸞（四七六～五四二）の『浄土論註』に「本の法蔵菩薩《ほうぞうぼさつ》（阿弥陀仏が衆生済度《しゅじょうさいど》を願って修行していたときの名）の四十八願と今日の阿弥陀如来の自在神力」とあるの

は後の意味。いずれにしても阿弥陀仏の衆生を救済しようとする力のことであり、他力とはこの本願力にほかならない。親鸞の『教行信証』行巻には「他力というは如来の本願力なり」とある。また『高僧和讃』には「本願力に乗ずれば　報土《ほうど》（浄土）にいたるとのべたまう」とか「本願力に乗ずれば　すなわち穢身《えしん》（煩悩《ぼんのう》にけがれた身体）すてはてて　法性常楽証せしむ」などとうたわれている。↓他力・本願

【本山】 ほんざん

一般に個々の寺院（末寺）にたいして、それらを統括する寺院を本山また本寺という。江戸時代の宗教統制政策によって本末制度が確立したが、今日では末寺がなくても一宗一派にとって重要な寺院、歴史的に由緒のある寺院が本山と定められる例もあり、本山の内容は宗派によって一定ではない。また、本山に準ずる寺院を別院という。一般には総本山・大本山・中本山などに区別されるが、真宗ではそのような区別を立てない。↓別院

【本地垂迹説】 ほんじすいじゃくせつ

本地は仏《ぶつ》・菩薩《ぼさつ》の本来の姿をいい、垂迹は仏・菩薩が人びとを救済するために人の能力や気質に応じて現れた仮の姿（化身《けしん》）をいう。中国では儒教の聖人や道教の神が仏菩薩の化身とされ、日本では奈良・平安時代に神道の神々が仏菩薩の化身（権現《ごんげん》＝権《かり》に現れたもの）とされて神仏習合の理論となり、たとえば熊野権現は阿弥陀仏の化身とされた。このような考えかたは法華経の本門・迹門（真実の教えと方便の教え）、大日経の本地身・加持身《かじしん》（本体と分身）など、仏教経典に見られるものを応用したものであるが、広範な民間信仰をも仏教に取り入れる役割を果たした。↓化身・和光同塵《わこうどうじん》

【本尊】 ほんぞん

信仰対象の中心となる仏《ぶつ》・菩薩《ぼさつ》のこと。真言宗では大日如来、曹洞宗では釈迦如来といったように宗派によってそれぞれ本尊を定めるほか、長野善光寺の善光寺如来（善光寺独特の阿弥陀仏）のように各

寺院にゆかりの仏・菩薩が個別に本尊として尊崇されれる例も多い。真宗では阿弥陀仏を唯一の本尊とし、その本尊には名号《みょうごう》・絵像・木像の三つの形態がある。名号には六字（南無阿弥陀仏《なむあみだぶつ》）・九字（南無不可思議《なむふかしぎ》光如来《こうにょらい》）・十字（帰命尽十方無碍光如来《きみょうじんじっぽうむげこうにょらい》）などがあるが、不可思議光如来も無碍光如来もともに阿弥陀仏の別称であって、今日では六字名号が中心である。絵像・木像は阿弥陀仏の姿を表したもの。仏は本来無色無形であるが、阿弥陀仏のように形をとることを方便法身《ほうべんほっしん》といい、これは観無量寿経の第七観に説かれる住立空中尊《じゅうりゅうくうちゅうそん》に由来するものといわれる。仏が人びとをすみやかに救済しつつある姿を表現したものである。この本尊を寺院の本堂また仏壇の中央に安置するが、真宗では本尊は本山より宗主（法主）の名において下付される。↓阿弥陀仏・名号・便覧編（仏壇）

【煩悩】 ぼんのう

怒りや欲望など、迷いをひきおこし、悩み・苦しみの原因となる心のすべてを総称した言葉。なかでも貪欲《とんよく》（むさぼり・あくなき欲望）・瞋恚《しんに》（いかり）・愚痴《ぐち》（おろかさ・真理に暗いこと）を貪瞋痴の三毒といい、もっとも大きな煩悩とする。また三毒に慢《まん》（うぬぼれ）・疑《ぎ》（うたがい）・悪見《あっけん》（まちがった見解）をくわえたものを六種の根本煩悩といい、その他もろもろの煩悩を枝末煩悩・随煩悩などという。初期の仏教では、人の苦しみはみな煩悩にとらわれることより生じるとされ、この煩悩を消滅させることによって解脱《げだつ》（さとり）に達することができるとされた。しかし、大乗仏教の教えでは、仏の智慧（仏智）より見れば煩悩も菩提《ぼだい》（さとり）もともに実体があるわけではなく、両者を隔絶したものと見るのはまた一種のとらわれ・迷いであるとする立場が生まれた。すなわち、真実のさとりとは、煩悩もそのまま菩提であるという煩悩即菩提の境地に達することであると説かれたのである。また、浄土教の発展によって煩悩のとらえかたにも大きな転換がおこった。真宗では自分自身を煩悩具足《ぐそく》の凡夫《ぼんぶ》、煩悩成就《じょうじゅ》の凡夫（どうしようもなく煩悩にとらわれ、自分の力ではのがれるすべもないまま罪を犯しつづける人間）

と深く認識する。そして、自力を頼む心を捨てて真実に阿弥陀仏の救済を信じることができたとき、煩悩はそのまま菩提（さとり）に転じられていく。親鸞の『正信偈』には「能《よ》く一念喜愛の心をおこせば煩悩を断ぜずして涅槃《ねはん》（さとり）を得るなり」とある。また、『高僧和讃』には「無碍光《むげこう》（阿弥陀仏）の利益《りやく》より　威徳広大の信をえて　かならず煩悩のこおり（氷）とけ　すなわち菩提のみず（水）となる」「罪障功徳の体となる　こおりとみずのごとくにて　こおりおお（多）きにみずおおし　さわり（障り）おおきに徳おおし」などとある。↓悪人正機・有漏《うろ》・苦・罪《ざい》・仏凡一体《ぶつぼんいったい》・凡夫《ぼんぶ》・無明《むみょう》

【凡夫】ぼんぶ

聖者の逆で、凡庸な人、ふつうの人のこと。真理に暗く、さまざまな欲望や我執などの煩悩《ぼんのう》にとらわれ、苦しみ・悩みの世界をさまよう人びとをいう。親鸞は『一念多念文意』に「凡夫というは無明《むみょう》煩悩われらが身にみちみちて、欲も多く、いかり、はらだち、そねみ、ねたむこころ多くひまなくして、臨終の一念にいたるまでとどまらず、きえず、たえずと、水火二河のたとえ（二河白道《にがびゃくどう》の譬喩《ひゆ》）にあらわれたり」と記している。ここで「われらが身」とあるように、自分自身がのがれようもなく煩悩にとらわれた凡夫（煩悩成就の凡夫・煩悩具足の凡夫）と深く認識するところに、そのような者こそ救うという阿弥陀仏への絶対的な信仰がうまれる。↓悪人正機・二河白道・煩悩

ま

【魔】ま

悪魔・魔王など、悪鬼の類いのことだけでなく、源信（九四二〜一〇一七）の『往生要集』に「魔は煩悩《ぼんのう》によりて菩提《ぼだい》（さとり）をさまたぐ」とあるように、仏道修行の障害となる心の迷いなど、煩悩のことをいう。親鸞の『教行信証』証巻・真仏土巻には善導（六一三〜八一）の『観経四帖疏』定善義を引用して「帰去来《いざいなん》、魔郷にはとどまるべからず」とある。この魔郷とは輪廻転生《りんねてんしょう》する三界六道、煩悩におおわれたこの世界（娑婆《しゃば》）を意味する。しかし、

その煩悩（魔）もまた阿弥陀仏の力によって菩提に転じられるとするのが真宗の教えである。→煩悩

【前田慧雲《まえだえうん》】 一八五七～一九三〇

本願寺派。三重県桑名市の西福寺住職。明治二十二年（一八八九）尊王奉仏大同団の愛国護法運動に参画。西本願寺法嗣の学事主監、東京帝国大学文学部講師、高輪仏教大学（のちの龍谷大学）長などを歴任。明治三十六年、『大乗仏教史論』を著して文学博士となる。勧学、『大日本続蔵経』編集長、東洋大学長を歴任。著書に上記のほか、『本願寺派学事史』『印度浄土教史』などがある。

【益方入道《ますかたにゅうどう》】 生歿年不詳

親鸞の子。実悟編の『日野一流系図』には親鸞の第五子として、「有房、叙爵従五位下、出家法名道性、号益方大夫入道」とある。親鸞の妻恵信尼《えしんに》とともに越後に住み、上京して親鸞の臨終に立ちあった。→日野一流系図

【末燈鈔《まっとうしょう》】

親鸞の晩年の法話と各地に散在する親鸞の消息（書簡）を収録した書物。正慶二年（一三三三）、従覚（一二九五～一三六〇）がそれまでの伝本を対校し、年号や日付などの前後のくいちがいを訂正して編集したもの。二十二通より成る。『末燈鈔』という書名は「末の世を照らす燈火《ともしび》のような書物」という意味であるが、この書名は古くは蓮如の文安四年（一四四七）の写本にあり、伝来の過程でつけられたものと思われる。内題には「本願寺親鸞大師御己証並辺州所々御消息等類聚鈔」とあり、本書の内容構成をよく表している。本書の成立は、『親鸞聖人御消息集』『親鸞聖人血脈文集』など、他の消息集にくらべて年代的にはもっともおそいが、その流布はひろく、写本も多い。原本は焼失して現存せず、現存最古の写本は乗専書写本（一三四四年頃）である。ただし、この書写本は表紙が逸失しており、『末燈鈔』という書名はない。→従覚・親鸞聖人御消息集

【末法】まっぽう

正法《しょうぼう》・像法《ぞうほう》・末法という三時《さんじ》思想に出る言葉。三時思想とは、釈尊の入滅後、時代の変遷とともに仏教が衰退していくという危機意識を示した仏教の歴史観のことである。釈尊の入滅から五百年間（あるいは千年間）を正法といい、その間は釈尊の教えが正しく伝えられ、人びとはよく仏道修行に励んでさとりをえることができる時代。次の千年間（または五百年間）が像法で、教えは正しく伝えられ、また仏道修行もおこなわれるが、人びとの能力や性質（機根《きこん》）が衰えてさとりに達せられない時代。そして以後は一万年間の末法に入り、教えは残っていても人びとはそれにしたがって修行する能力を失ない、したがって自分の力ではさとりをえることが不可能になって人びとはもろもろの欲望（煩悩《ぼんのう》）に染まり、悪事がはびこる世の中になると考えられた。さらに末法一万年ののちは教えさえ滅んでしまう法滅《ほうめつ》にいたる。

この仏教的歴史観にしたがって、日本では永承七年（一〇五二）に末法に入ったとする説が普及し、おりから貴族体制の崩壊しはじめた平安時代末期の社会不安ともあいまって、末法末世《まっぽうまっせ》という凋落意識が一般化した。しかし一方では、末法意識は人間の罪ぶかさにたいする内省をうながし、仏教信仰に新たな飛躍を生み出す機縁ともなった。すなわち、欲望のつきない自分自身の心を見つめ、自身を末法という濁世《じょくせ》（汚れた世）に生きる極悪な人間と自覚することから、そんな人間をも救う時機相応《じきそうおう》の教え（時代と人の性質に即した教え）として、阿弥陀仏に絶対的に帰依する他力念仏がより深い意味をもって受けとめられた。親鸞は『教行信証』化身土巻に「信《まこと》に知んぬ、聖道の諸教は在世正法のため（自力の法門は正法の人のため）にして、全く像末法滅の時機にあらず。已《すで》に時を失し機に乖《そむ》けるなり。浄土真宗は、在世正法、像末法滅、濁悪《じょくあく》の群萌《ぐんもう》（みにくい心の人びと）斉《ひと》しく悲引（慈悲によって導くこと）したまうなり」とのべ、本願念仏の教えは時機にかなうのみならず、正像末の三世を超えて、すべての人びとに向けられた永遠不滅の仏道であることを強調している。なお、親鸞は正像末の時期について『教行信証』化身土巻では正像千五百年説を、『正像末和讃』では正像二千年説を述べ、両説を併用したようである。↓五濁・正像末

【慢】まん

自慢の慢で、自分が他人よりすぐれていると思いあがる心のこと。煩悩《ぼんのう》（苦しみ・悩みの原因となる心の迷い）の一つ。貪《とん》（むさぼり）・瞋《しん》（いかり）・痴《ち》（おろかさ）とともに四根本煩悩の一つとされる。慢にも七慢、八慢といった分類があるが、そのうち「我慢《がまん》」とは自己（我《が》）にとらわれ、自分の力を過信して心が高慢であることを意味する。また、念仏信心を誇り、他にたいして高慢な態度をとることは「本願ぼこり」として戒められている。↓本願ぼこり・煩悩

み

【御影】みえい〈ごえい〉

祖師をはじめとする高僧の肖像を「影像《えいぞう》」といい、それを敬まって御影という。『親鸞伝絵』には「仏閣を建て影像を安置し」とあり、真宗寺院では七高僧（親鸞が真宗の祖師と定めた七人の高僧）・聖徳太子・宗祖親鸞ならびに歴代法主の影像などを安置する。なお、親鸞生前の影像には鏡御影《かがみのみえい》・安城御影《あんじょうのみえい》（西本願寺蔵）の二点があり、ともに国宝である。

↓鏡御影・御影堂

【御影堂】みえいどう〈みえどう・ごえいどう〉

一宗の開祖の影像（肖像）を安置する堂。一般寺院ではとくに御影堂をつくらず本堂に安置する例も多いが、真宗各本山では阿弥陀堂と御影堂が分立している。阿弥陀堂にはその名のように本尊である阿弥陀仏を安置して寺院であることを示し、別に建てられた御影堂には宗祖親鸞の影像を安置して祖師の廟所であることを示している。また、本願寺で御影堂のほうが阿弥陀堂より広大であるのは、本願寺が宗祖の廟所からはじまって御影堂が建立されたのち、阿弥陀堂が別に建立されて寺院化するにいたった歴史を背景としている。↓阿弥陀堂・廟堂・本願寺・

【三河三箇寺】みかわさんかじ

三河（愛知県）の本願寺教団の中心であった三か寺。上宮寺（岡崎市上佐々木町）・本証寺（安城市野寺町）・勝鬘寺（岡崎市針崎町）をいう。いずれも大谷派。三河は本願寺七世存如（一三九六〜一四五七）までは専修寺《せんじゅじ》教団の地盤であったが、上宮寺の如光が本願寺八世蓮如（一四一五〜九九）に帰依《きえ》してから三か寺は本願寺の中本山的性格をもち、濃美平野一帯に教線をひろげた。永禄六年（一五六三）には松平（のち徳川）家康と対立して三河一向一揆をおこし、岡崎城を攻めたが破れ、天正十一年（一五八三）までは真宗が禁制となった。↓一向一揆

【冥加】みょうが

冥々《めいめい》のうちに、つまり知らないうちに仏《ぶっ》・菩薩《ぼさつ》の加護を受けること。冥護・冥応などともいう。善導（六一三〜六八一）の『観経四帖疏』玄義分に「冥に加して願《ねが》わくは摂受《しょうじゅ》（救い取ること）せよ」とあり、『蓮如上人御一代記聞書』には「冥加を存じただ仏法を心にかけよと仰られ候」などとあり、仏の加護が人の意識を超越したものであることを示している。なお、俗に寺院などへの献納金を冥加金・御冥加というが、これは冥加にたいして感謝する金銭の意味。↓護念・現生十種《げんしょうじっしゅ》の益《やく》

【名号】みょうごう

阿弥陀仏の名のことであるが、阿弥陀仏に帰依するという意味の「南無阿弥陀仏《なむあみだぶつ》」という言葉をさすことが多い。阿弥陀仏は生きとし生けるものの救済（衆生済度《しゅじょうさいど》）を願って積んだ無限ともいえる修行の功徳と仏としてのすべての徳（因行果徳《いんぎょうかとく》）を、この名号にこめて衆生に与え、この名号をもってすべての生けるものを救わんとする仏である。したがって、阿弥陀仏という仏と「南無阿弥陀仏」という言葉は一体不離であるから、名体不二《みょうたいふに》の名号という。また、仏の本願のはたらきが具体的に言葉となって現れたものが名号であり、南無阿弥陀仏という名のあるところ仏のすべての徳と救済のはたらきが施されてい

るので全徳施名《ぜんとくせみょう》という。親鸞は『教行信証』に「この嘉号《かごう》（名号）は万善円備せり」と説いている。

人が信心をえることができるのも、名号のはたらきによる。仏から与えられた名号が人にはたらきかけて信心となり、口にとなえられて称名念仏となって人を救う。無量寿経本願成就文には「諸有《しょう》の衆生（ありとあらゆる生き物）その名号を聞きて信心歓喜し」とあり、親鸞は『正信偈』に「本願の名号は正定《しょうじょう》の業《ごう》（必ずさとりにいたる行い）なり」と述べ、『浄土和讃』には「弥陀の名号となえつつ　信心まことにうるひとは　憶念《おくねん》の心つねにして　仏恩《ぶっとん》報ずる思いあり」とうたっている。

親鸞は本尊として名号を書いて門弟に与え、親鸞自筆の名号本尊が現在まで伝わっている。また、蓮如は本尊について「木像より絵像、絵像より名号」（『蓮如上人御一代記聞書』）と強調している。

なお、名号は名字《みょうじ》・尊号《そんごう》・嘉号・徳号《とくごう》・果号《かごう》などともいう。また、南無阿弥陀仏の六字名号のほかに南無不可思議光仏《なむふかしぎこうぶつ》（八字名号）、南無不可思議光如来《なむふかしぎこうにょらい》（九字名号）、帰命尽十方無碍光如来《きみょうじんじっぽうむげこうにょらい》（十字名号）もある。意味はいずれも同じ。↓阿弥陀仏・南無阿弥陀仏・本尊・名体不二

【妙好人】みょうこうにん

真宗で篤信の人をほめていう言葉。阿弥陀仏への信心が確かで、憂い・悩みにとらわれず真に自由に生きる人のことをいう。観無量寿経に念仏者は「人中の分陀利華《ふんだりけ》（白蓮《びゃくれん》）」とあるのを中国唐代の善導（六一三〜八一）が『観経四帖疏』散善義のなかで、念仏者を人中の好人《こうにん》・妙好人・上々人《じょうじょうにん》・希有人《けうにん》・最《さい》勝人《しょうにん》であると解釈したことから、念仏者を妙好人とよぶようになった。蓮は泥のなかに生えて美しい花を開く。念仏者は、ごみごみした人の世にあって、白蓮のように清らかに咲く花ということであり、それゆえ、最勝（もっとも勝れた）人なのである。親鸞も『末燈鈔』で念仏信心の人を「上上人とも、好人とも、妙好人とも、最勝人とも、希有人とももうすなり」と述べている。したがって、阿弥陀仏の本願を信じる者はすべて妙好人とよぶべきであるが、江戸時代中期に世の模範となるべき念仏者の行状を

語る『妙好人伝』が刊行されて以来、一般に在家のきわだった篤信者をいうようになった。大和の清九郎・讃岐の庄松・因幡の源左などが有名。↓妙好人伝

【妙好人伝】 みょうこうにんでん

真宗の篤信者のうち、とくに世の模範となる念仏者の行状を書き記した書物。六編よりなる。初編は本願寺派の仰誓《ごうせい》（一七二一～九四）が編纂した『妙好人伝』二巻を天保年間（一八三〇～四四）に同派の僧純《そうじゅん》（一七九一～一八七二）が刊行したもの。さらに僧純は、仰誓の遺志を継承して妙好人の言行を収録し、続編から第五編を編集刊行した。第六編は、松前の象王という人によるものである。『妙好人伝』はのち、浜口恵璋の『新妙好人伝』をはじめとして類書が数多く出版され、妙好人は在家念仏者の理想像となっていった。↓妙好人

【名体不二】 みょうたいふに

阿弥陀仏、また南無阿弥陀仏という名号《みょうごう》は、たんなる言葉ではなく仏そのものと一体であるということ。存覚（一二九〇～一三七三）の『六要鈔』に「名体不二の道理あるによりてその名号を称するにすなわち仏体を具備するなり」とあり、『安心決定鈔』には「（称名念仏は）名体不二の弘願《ぐがん》の行なるが故に名号すなわち正覚（さとり）の全体なり」「名号も名体不二のゆえに正定業《しょうじょうごう》なり」などとある。↓名号

【明法】 みょうほう　?～一二五一

親鸞の関東時代の高弟二十四人（二十四輩）の第十九。常陸（茨城県）の人。覚如の『親鸞伝絵』に、板敷山で親鸞に害を加えようとした山伏が悔悟して門弟になったとあり、その山伏が明法であるとする。茨城県那珂郡の本願寺派上宮寺と大谷派法専寺はその遺跡という。↓二十四輩

【名聞利養】 みょうもんりよう

自己の名声が世間にひろく聞こえることを願い、また財産利益をむさぼり求めること。略して名利《みょうり》と

もいう。親鸞の『教行信証』信巻には「愛欲の広海に沈没し名利《みょうり》の太山に迷惑（迷うこと）す」とあり、蓮如の『御文章』（御文）には「ひとえに名聞利養を本とせず」などとある。↓煩悩《ぼんのう》

【弥勒菩薩】 みろくぼさつ

釈尊の滅後五十六億七千万年後に仏として出現し人びとを救うという菩薩。菩薩というのは一切衆生《いっさいしゅじょう》（生きとし生けるもの）の救済をめざす修行者を意味する言葉であるが、弥勒菩薩は現在は兜率天《とそってん》にあり、次にかならず仏となるので、補処《ふしょ》の菩薩という。真実の信心をえた人は、「弥勒とおなじく、このたび無上覚（最高のさとり）にいたるべきゆえに、弥勒とおなじ」（『末燈鈔』）とされる。また、無量寿経の流通分には、釈尊がその教えを弥勒菩薩に付属（伝え、委託すること）されたと説く（選択弥勒付属）。なお、弥勒はサンスクリット語ではマイトレーヤ、慈氏とも訳される。↓一生補《いっしょうふ》処《しょ》・菩薩

む

【無為】 むい

仏教では、あらゆる事物は原因や条件（因縁《いんねん》）によって生起すると説くが、無為はなにもしないということではなく、そうした生滅変化を超越した永遠不滅の絶対的真理のこと。真如《しんにょ》・涅槃《ねはん》の別称。これにたいして、通常の現象的事物を有為《うい》という。親鸞の『教行信証』証巻には、真実の証果《しょうか》（信心のあかし・結果としてえるさとり）を「無上涅槃（最上のさとり）はすなわちこれ無為法身《むいほっしん》（真理そのものの仏）無為法身はすなわちこれ実相《じっそう》（真実の姿）なり」とのべ、また無量寿経には阿弥陀仏の浄土を「無為泥洹《ないおん》の道にちかし」といい、善導の『法事讃』には浄土を「無為涅槃界」と示している。↓因縁・空《くう》・実相・涅槃・無作《むさ》・無生《むしょう》

【無為信】 むいしん 一一八六～一二六四

親鸞の関東時代の高弟二十四人（二十四輩）の第十一。奥州会津の人。弟子に乗住・覚信・覚念がい

る。新潟県北蒲原郡の大谷派無為信寺、宮城県仙台市の本願寺派称念寺はその遺跡という。↓二十四輩

【無我】　むが

仏教の根本的な思想を表した三法印の一つに「諸法無我」があるが、これはすべてのものに固定的な実体（我）はなく、因（原因）と縁（条件）によって生成した現象であるということを意味する。無量寿経には「諸法（すべての存在・現象）の性（本質）は一切空、無我なり」とある。また、無我は自力のとらわれのないことを意味し、『蓮如上人御一代記聞書』には「仏法には無我と仰られ候。我と思うことはいささかあるまじきことなり」とある。↓空《くう》

【無戒名字の比丘】　むかいみょうじのびく

戒律をもたず、名前だけの僧侶をいう。人の機根《きこん》が衰えた末法《まっぽう》の世の比丘《びく》（出家者）は、僧侶といっても名だけのものであるという。親鸞の『正像末和讃』に「無戒名字の比丘なれど　末法濁世《まっぽうじょくせ》の世となりて　舎利弗目連《しゃりほつもくれん》（釈尊の直弟子）にひとしくて

供養恭敬をすすめしむ」とうたい、この末法においては無戒の比丘が尊ばれるべきだと説いている。

↓戒・比丘・末法

【無義】　むぎ

自分の考えや修行にとらわれないこと。自力のはからいがないことをいう。親鸞の師である法然（一一三三〜一二一二）が他力を表すのにしばしば用いた言葉。『歎異抄』にも「念仏には無義をもて義とす」とある。↓他力

【無《む》碍《げ》光如来《こうにょらい》】↓阿弥陀仏《あみだぶつ》

【無作】　むさ

仏はおのずから清浄であること。なにかをしようとするのではなく、おのずからはたらくこと。曇鸞（四七六〜五四二）の『讃阿弥陀仏偈』に「無作無生忍乃至甘露灌頂の法を聞く」などとある。また涅槃（さとり）を意味する。親鸞の『教行信証』真仏土巻には涅槃経を引用して「涅槃《ねはん》と名づく……また

無作と名づく」などとある。↓涅槃・無為・無生《むしょう》

【無生】むしょう

仏教では生きとし生けるものは縁起の法則によって生々流転《るてん》（輪廻《りんね》＝生まれ変り死に変り）すると説かれるが、無生とは永遠の境地であるさとりに達してもはや生まれ変ることのないものをいう。無生滅・無生無滅ともいう。涅槃経に「無生また無滅なり。これを大涅槃《だいねはん》（最上のさとり）と名づく」とあるように涅槃（さとり）を意味する。曇鸞（四七六～五四二）は、とくに阿弥陀仏の本願によって浄土に生まれることを「無生の生」と名づけた。『浄土論註』に「阿弥陀如来の清浄本願の無生の生なり。三有《さんう》の虚妄の生（虚妄におおわれた現実世界の生）の如きにはあらざるなり」とある。また、『蓮如上人御一代記聞書』には「極楽の生は三界へめぐる心にてあらざれば極楽の生は無生の生というなり」とある。浄土を「無生の界」、浄土に生まれてえるさとりを「無生の益」ともいう。↓涅槃・無為《むい》・無作《むさ》

【無明】むみょう

真理に暗く、事物をありのままに知ることができない迷い。真理に暗いことが、あらゆる煩悩《ぼんのう》（欲望にとらわれることの根源である。そして、この世のすべては無明より発する（十二因縁《いんねん》の第一）とされる。しかし、阿弥陀仏の本願は「無明長夜の燈炬《とうこ》なり　智眼《ちげん》くらしと悲しむな」（親鸞『正像末和讃』）と、たとえこの身は無明の闇に沈んでいても、本願によって救われると説く。それゆえ真宗では、人間の思慮を超えた阿弥陀仏の本願の不可思議な力を信じないことを無明とする。↓煩悩

【村上専精】むらかみせんしょう　一八五一～一九二九

大谷派。丹波（兵庫県）の教覚寺に生まれる。明治二十年（一八八七）曹洞宗大学講師をはじめ、大谷教校長、東京帝国大学講師などを歴任。同二十七年、雑誌『仏教史林』を創刊。同三十八年、東洋女学校を創設。さらに、東京帝国大学印度哲学講座教授、大谷派講師を経て、大正十五年（一九二六）大

谷大学長となる。著書には、『仏教統一論』『大乗仏説論批判』などがある。↓大谷大学

【無量光】《むりょうこう》

無限の光、はかり知ることのできない光明ということで、仏の無限の智慧を表す。阿弥陀仏の智慧ははかり知れないので、阿弥陀仏のことを無量光・無量光仏ともいう。阿弥陀仏には光にちなんだ十二の名（十二光《じゅうにこう》）があるが、そのうちの一つである。親鸞の『一念多念文意』に「この如来（仏）は光明なり。光明は智慧なり。智慧はひかり（光）のかたち（形）なり。智慧またかたちなければ、不可思議光仏（やはり阿弥陀仏のこと）ともうすなり」とあり、『浄土和讃』には「智慧の光明はかりなし　有量《うりょう》の諸相ことごとく　光暁《こうぎょう》かむらぬものはなし　真実明（真実の光＝阿弥陀仏）に帰命せよ」とうたわれている。また、浄土は阿弥陀仏の四十八願のうち第十二の光明無量、第十三の寿命無量の願によって実現された、無量の光明のかがやきわたる国土であるから、無量光明土という。親鸞の『教行信証』真仏土巻冒頭に「謹んで真仏土を按ずれば、仏はすなわちこれ不可思議光如来なり。土《ど》（報土＝極楽浄土）はまたこれ無量光明土なり」とのべている。↓十二光

【無量寿】《むりょうじゅ》

はかり知ることのできない命、無限の生命をもつ仏という意味で阿弥陀仏のこと。四十八願の第十三願に寿命無量が誓われており、阿弥陀仏を無量寿仏・無量寿如来ともいう。善導の『観経四帖疏』玄義分には「無量寿というは、すなわちこれこの地（中国）の漢音なり。南無阿弥陀仏というは、またこれ西国（インド）の正音なり」とあり、無量寿は阿弥陀仏をいうサンスクリット「アミターユス」の漢音訳であることを示している。↓阿弥陀仏・無量寿経

【無量寿経】《むりょうじゅきょう》

阿弥陀仏の四十八願が説かれ、日本の浄土教に大きな影響を与えた経典。釈尊がマガダ国の首都王舎《おうしゃ》城《じょう》外の耆闍堀山《ぎじゃくっせん》（現在のラジギール付近）において

阿難《あなん》や弥勒《みろく》などを聴衆として説かれたものとされ、親鸞は無量寿経を出世本懐《しゅっせほんがい》の経典（釈尊がこの世に出現したのはこの経を説くため）とし、真宗では立教開宗の根本経典とする。詳しくは仏説無量寿経といい、大無量寿経・大経・大本・双巻経ともいう。中国曹魏の康僧鎧《こうそうがい》の訳とされる。上下二巻よりなり、上巻には阿弥陀仏の浄土の因果（浄土ができたわけ。法蔵菩薩が四十八願をたて、十劫《じっこう》の昔にそれを成就して阿弥陀仏となったこと）が示され、下巻には衆生往生の因果（どんな人でも往生できるわけ。念仏による往生）が説かれる。親鸞の『教行信証』教巻には「それ真実の教をあらわさば、すなわち大無量寿経これなり」とあり、また、「如来の本願を説くを経の宗致（中心思想）とす。すなわち仏の名号《みょうごう》（南無阿弥陀仏）をもて経の体（主体）とするなり」とあり、念仏による救いを説く。観無量寿経・阿弥陀経とともに浄土三部経の一つ。↓浄土三部経・本願・立教開宗

【無漏】むろ

漏とは漏《も》れだす心の迷い（煩悩）のことで、無漏とは不浄なものが漏れることのないこと、煩悩《ぼんのう》のけがれがないことをいう。親鸞は『浄土和讃』にある「無漏の依果」の左訓（お左がな）として「ぼんのう（煩悩）のなきをいう、ごくらく（極楽）のしょうごん（荘厳）なり」、『唯信鈔文意』には「念仏は無漏の功徳なり」と記し、浄土往生により無漏の身となると説いている。↓有漏・煩悩

め

【冥途】めいど

死後の世界。死者のさまよい歩く闇の世界。冥土・冥界・冥府・よみじ・黄泉《こうせん》ともいう。中国の太山府君などの冥府神話からきたものらしく、ここには閻魔《えんま》大王や多数の冥官・冥使、十王などがいて人の生前の罪過をさばくと信じられてきた。日本では中世以降、三途《さんず》の川や賽《さい》の河原の民間信仰が生まれたが、『蓮如上人御一代記聞書』には「世間にはよ

みじ（冥途）のさわり（障り）ということあり。我においては往生すともそれなし」と、否定されている。↓三途・地獄

【滅罪】めつざい

犯した罪が消滅すること。親鸞には罪悪にたいする断滅の思想もみられるが、転成《てんじょう》（悪が転じて善となること）の思想が強い。現生十種《げんしょうじっしゅ》の益《やく》（念仏によってえる現世の利益《りやく》）にも「転悪成善の益」があげられている。『教行信証』行巻には「海《かい》（願海＝広大な阿弥陀仏の慈悲の海）というは、久遠よりこのかた、凡聖所修《ぼんしょうしょしゅ》の雑修雑善《ざっしゅぞうぜん》（凡人や聖者の修したさまざまな修行・善根）の川水《せんすい》を転じ、逆謗闡提恒沙《ぎゃくぼうせんだいごうじゃ》無明《むみょう》（無限の過去からの迷い）の海水を転じて、本《ほん》願大悲智慧真実恒沙万徳《がんだいひちえしんじつごうじゃまんとく》（仏の無限の慈悲・智慧・徳）の大宝海水となる」とあり、『正像末和讃』には「弥陀智願（阿弥陀仏の智慧と本願）の広海に　凡夫《ぼんぶ》善悪の心水も　帰入しぬればすなわちに　大悲心（大いなる慈悲の心）とぞ転ずなる」とうたわれている。それは罪が消滅するということではない。

『唯信鈔文意』に「過去今生未来の一切のつみ（罪）を善に転じかえなすというなり。転ずというは、つみ（罪）をけしうしなわず（消し失わず）して、善になすなり。よろずのみず（水）大海にいらば、すなわちうしお（潮）となるがごとし」とあるように、罪そのものが消えるのではなく、仏と一体となることによって善に変えられると説く。いいかえれば、名号の威徳が人にはたらきかけて煩悩即菩提《ぼんのうそくぼだい》（煩悩がそのままさとりである）の境地に導かれることが転成である。↓罪《ざい》・仏凡一体《ぶつぼんいったい》

も

【聞】もん

阿弥陀仏の本願のいわれや名号《みょうごう》（南無阿弥陀仏）をとなえることの意味を聞いて信じること。真宗では「聞即信《もんそくしん》（聞くことがそのまま信じること）」として、ことに聞を重んじる。無量寿経の本願成就文に「その名号を聞きて信心歓喜す」とあるように、名号のいわれを聞いたときが、すなわち信心のおこるときである。親鸞はこの聞について『教行信証』

信巻に「聞というは、衆生《しゅじょう》（生きとし生けるもの）、仏願の生起本末を聞きて疑心有ることなし、これを聞というなり」とのべ、『一念多念文意』には「聞其名号というは、本願の名号をきくとのたまえるなり。きくというは、本願をきき、うたがうこころ（心）なきを聞というなり。またきくというは、信心をあらわす御のり（お言葉）なり」と解釈している。聞即信とは、ただひたすらに仏のはからいに随順する絶対他力の信心を表すものである。↓信・即

【門主】もんしゅ

浄土真宗本願寺派の代表者の呼称。門主は西本願寺の住職であり、宗祖親鸞以来の法灯を継承して宗門を統括する。なお、門主を退任した人を前門、つぎに門主となるべき人を新門、門主の夫人を裏方《うらかた》という。また、真宗大谷派では僧侶および門信徒の代表を門首《もんしゅ》という。↓浄土真宗本願寺派・真宗大谷派

【門首《もんしゅ》】↓門主《もんしゅ》

【文殊菩薩】もんじゅぼさつ

けがれのない仏の智慧を表す菩薩。文殊師利《もんじゅしり》・曼殊室利・妙徳・妙吉祥ともいわれる。普賢菩薩《ふげんぼさつ》とともに釈迦牟尼仏の脇士《きょうじ》（補佐役）として安置されることが多く、それを釈迦三尊という。観無量寿経の冒頭に『菩薩三万二千ありき、文殊師利法王子をして上首とす』とあるように、最上位にある菩薩とされる。親鸞は『教行信証』行巻で、善導の『往生礼讃』を引用し、文殊般若経の一行三昧《いちぎょうざんまい》（ひとつの修行に専心すること）を念仏三昧と解釈して念仏三昧という行の根拠としている。↓脇士・菩薩

【門徒】もんと

宗門に所属し、同一の信仰に生きる人びと。真宗では一寺院に所属する檀徒・檀家を門徒と呼び習わすようになり、のちに、一定地域の真宗信者を総称する名称ともなった。安芸門徒（広島県）・尾張門徒（愛知県）などが、その例。↓在家・高田門徒・同朋《どうぼう》・横曽根門徒

や

【山科別院】やましなべついん
本願寺八世蓮如が京都山科に文明十四年（一四八二）に建立した山科本願寺の旧跡。天文元年（一五三二）日蓮宗の宗徒らによって焼かれた。それ以来およそ二百年間荒廃し、本願寺派は享保十七年（一七三二）住如が京都北山別院の旧堂を移して再建（京都市山科区東野）。大谷派はやはり享保十七年に真如が本山境内にあった長福寺を移して再建（京都市山科区竹ケ鼻）。↓別院・本願寺・蓮如

ゆ

【唯円】ゆいえん
①?〜一二八八（一説に一二二二〜八九）。親鸞の門弟。常陸（茨城県）河和田の人。同地の報仏寺はその遺跡といわれる。覚如・唯善に教義を授け、『歎異抄』の著者と推定される。↓歎異抄
②生歿年不詳　親鸞の関東時代の高弟二十四人（二十四輩）の第二十四。常陸（茨城県）那珂郡の人。大谷派の西光寺（常陸太田市）はその遺跡と伝える。↓二十四輩

【唯信】ゆいしん
①生歿年不詳。親鸞の関東時代の高弟二十四人（二十四輩）の第二十二。常陸（茨城県）奥郡の人。大谷派の唯信寺（茨城県西茨城郡）、本願寺派の専応寺（大阪府大東市）はその遺跡と伝える。
②生歿年不詳。二十四輩の第二十三。本願寺派信願寺（茨城県水戸市）、高田派の覚念寺（茨城県日立市）、大谷派の顕正寺（島根県浜田市）はその旧跡といわれる。↓二十四輩

【唯信鈔】ゆいしんしょう
法然門下における親鸞の法兄聖覚《せいかく》（一一六七〜一二三五）が承久三年（一二二一）に撰した書。一巻。法然の『選択本願念仏集』によって浄土門（他力の教え）は、みずからはからうことなく、ただ信心をもって肝要とすることをのべる。親鸞は本書を幾度も書写して門弟に与えるとともに、本書の註釈書と

して『唯信鈔文意』を著した。親鸞自筆の『唯信鈔』は西本願寺・東本願寺・専修寺に伝えられている。→聖覚・唯信鈔文意

【唯信鈔文意】 ゆいしんしょうもんい

法然門下における親鸞の法兄聖覚（一一六七〜一二三五）が、他力の教えは信心こそが肝要であると説いた『唯信鈔』に出る経論の要文に親鸞が注釈をくわえて撰した書。一巻。略して「唯信文意」ともいう。→唯信鈔

【唯善】 ゆいぜん　一二六六〜？

覚信尼《かくしんに》（一二二四〜八三）の子で親鸞の孫。仁和寺相応院守助に入門。大納言阿闍梨弘雅と号した。修験道に入り、のち常陸（茨城県）河和田の唯円に学び、覚恵（一二三九〜一三〇七？）に招かれて大谷に居住した。大谷の親鸞廟所の管理者である留守《るす》職《しき》の継承をめぐって覚恵・覚如父子と争って敗訴し、親鸞の影像・遺骨を携えて関東に下向、鎌倉常葉に居留した。→覚恵・覚信尼・留守職

【融通念仏】 ゆうずうねんぶつ

比叡山の良忍《りょうにん》（一〇七二〜一一三二）が説いた念仏。良忍は十二歳で比叡山にのぼって出家し、四十六歳のとき、阿弥陀仏の示現を受けて融通念仏宗を開いた。その教えの特色は、一人の念仏が一切のものに融通し、また万人の念仏が一人の念仏に集約されて念仏往生が約束されるとするところにある。良忍は開宗以後、この念仏を説いて各地を行脚《あんぎゃ》し、しだいにひろまった。時宗の開祖一遍智真（一二三九〜八九）のとなえた念仏も融通念仏であり、親鸞の師法然（源空一一三三〜一二一二）の三回忌に聖覚が行った七日間の大念仏会も融通念仏であった。現在、融通念仏宗の総本山は大念仏寺（大阪市平野区平野上町）、寺院数は三五七。信者は毎朝、西にむかって念仏を十回となえる。→念仏

よ

【要門】 ようもん

真門《しんもん》・弘願《ぐがん》とともに三門の一つ。真門は阿弥陀仏

の四十八願のうち第二十願にもとづく自力念仏の門、弘願はあまねく衆生済度《しゅじょうさいど》（あらゆるものを救うこと）を願うこと（とくに第十八願に示される）をいい、要門はその弘願にはいる肝要の門の意。善導（六一三〜六八一）の『観経四帖疏』玄義分に「娑婆《しゃば》の化主《けしゅ》（釈尊）はその請に因《よ》るが故にすなわち広く浄土の要門を開き、安楽の能人（阿弥陀仏）は別意の弘願（第十八願）を顕彰す」とあるように、釈尊によって示された浄土の要門をさす。また、「玄義分」に「要門とは……観経定散《じょうさん》二門是《これ》なり」とあるように、とくに観無量寿経に説かれる定散二善《じょうさんにぜん》（さまざまな自力念仏の行）をいい、それが無量寿経の他力念仏にはいる要門とされる。↓定散二善

【欲界】　よくかい

食欲・婬欲・睡眠欲の三欲を典型とするもろもろの欲望の世界。煩悩《ぼんのう》におおわれたこの世のこと。輪《りん》廻転生《ねてんしょう》する三界（欲界・色界・無色界）の一つで、地獄・餓鬼《がき》・畜生・阿修羅《あしゅら》・人間・天上の六道《ろくどう》の総称。↓三界・煩悩・六道

【欲生】　よくしょう

仏が人びとを浄土に往生させたいと願う心、また人びとが浄土に往生したいと願う心のこと。阿弥陀仏の四十八願のうち第十八願の「欲生我国」という言葉について、親鸞は「欲生というは、すなわちこれ如来諸有《にょらいしょう》の群生《ぐんじょう》（生きとし生けるもの）を招喚《しょうかん》したまうの勅命なり。すなわち真実の信楽《しんぎょう》（疑いなく信じ、喜ぶこと）を以て体とするなり。……欲生はすなわちこれ廻向心《えこうしん》（救済の力をさしむける心）なり」（『教行信証』信巻）と解釈している。仏が衆生（生きとし生けるもの）を往生させたいと願う慈悲心（仏の欲生心）が衆生にはたらきかけて衆生が浄土に往生したいと願う信心（衆生の欲生心《よくしょうしん》）となる。↓願作仏心《がんさぶっしん》・三心《さんしん》・招喚

【横曽根門徒】　よこそねもんと

親鸞の関東時代の高弟二十四人（二十四輩）の第一、性信《しょうしん》（一一八七〜一二七五）が開いた報恩寺を拠点として形成された下総豊田庄（茨城県水海道市

豊岡町付近）一帯の念仏集団。やはり二十四輩の善性（生歿年不詳）を中心とした飯沼門徒《いいぬまもんと》（下総豊田飯沼）も同じ系列に属し、現在の栃木県におこった高田門徒とならんで初期真宗教団の主要な信徒集団となる。横曽根門徒の系列から近江瓜生津《うりうず》（滋賀県八日市市）に布教をすすめた一派が瓜生津門徒（木《き》部《べ》門徒）で、のちの木辺派の源流となった。↓性信・真宗木辺派・善性・高田門徒・二十四輩・報恩寺・門徒

【吉崎別院】よしざきべついん

文明三年（一四七一）本願寺八世蓮如（一四一五～一四九九）が越前河口庄に開創した坊舎（吉崎御坊《よしざきごぼう》）の旧跡。現在の福井県坂井郡金津町吉崎にあたる。吉崎御坊は蓮如の北陸教化の拠点として参詣者が群集し、その宿泊所は二百にもおよんで一大門前町の景観を呈したという。文明七年の蓮如の退去後は弟子たちによって維持されたが、戦国時代の一向一揆《いっこういっき》ではその地の守護富樫氏、朝倉氏の攻撃を受けた。北潟湖畔の丘陵の上が坊舎の跡であるが、その中腹に本願寺派と大谷派の別院がある。↓一向一揆・別院・蓮如

【吉水】よしみず

京都市東山区知恩院付近をさす地名。承安五年（一一七五）、法然は長いあいだ住んでいた比叡山黒谷を去って吉水に移り、草庵をむすんでここで専修《せんじゅ》念仏《ねんぶつ》（もっぱら念仏をとなえること）の教えを説いた。親鸞は建仁元年（一二〇一）比叡山をおりて六角堂に参籠、夢告をえて吉水の法然をたずねて門弟となった。鎌倉新仏教の先駆けである吉水の法然教団は広く信徒をえて勢いを増したが、同時に天台宗をはじめとする旧仏教からの圧迫を受け、やがて承元の弾圧（一二〇七）によって崩壊した。しかし、聖光・幸西・証空・長西・隆寛らの法然門下は各地に専修念仏をひろめ、のちの浄土五流の基礎をつくっていった。やはり門下であった親鸞は浄土真宗の開祖となった。吉水を源として日本の浄土教は展開したのである。ちなみに知恩院は浄土宗総本山で、

そこに法然の廟所がある。→証空・浄土宗・親鸞・法然

ら

【来迎】らいこう〈らいごう〉

仏《ぶつ》・菩薩《ぼさつ》が人の臨終にさいして浄土に迎え入れるために出現すること。詳しくは来迎引接《らいごういんじょう》といい、略して引接《いんじょう》、迎接《ごうしょう》ともいう。浄土三部経のいずれにも来迎が説かれているが、とくに阿弥陀仏の四十八願のうち第十九願に来迎が誓われている。それによって、平安時代中期以降、阿弥陀仏が諸菩薩とともに迎えに現れる来迎のありさまを描いた来迎図（来迎曼荼羅《まんだら》）がさかんに作られ、臨終にさいして来迎を望む信仰がひろまった。しかし親鸞は第十九願を方便の願（真実の信仰に導く手だて）とした。真実信心の者はその信心がおこったときに浄土往生が決定し（平生業成《へいぜいごうじょう》）、臨終と同時におのずから浄土に生まれるのであるから、ことさらに来迎を期待する必要はない（不期来迎）としたのである。『末燈鈔』には「来迎は諸行往生《しょぎょうおうじょう》（他力念仏以外のさまざまな修行による往生）にあり。自力の行者なるがゆえに、臨終ということは諸行往生のひとにいうべし。……真実信心の行人は、摂取不捨《しょうじゅふしゃ》（残らず救い取られること）のゆえに正定聚《しょうじょうじゅ》（浄土往生が定まった人）のくらいに住す。このゆえに臨終まつことなし。来迎たのむことなし」とある。→引接・正定・平生業成

【楽】らく

阿弥陀経に「ただもろもろの楽をうく。故に極楽と名づく」とあるように、極楽浄土には楽しみだけがあって、苦しみはまったくないとされる。しかし、その「楽しみ」とは相対的な苦楽という観念を超えたものである。仏教では楽について種々に分類されているが、曇鸞の『浄土論註』には「楽に三種あり」として外楽《げらく》・内楽《ないらく》・法楽楽《ほうがくらく》の三楽をあげる。外楽は美しいものを見たり、おいしいものを食べたときに感じる身体的な楽しみ、内楽は心に生じる精神的な喜び、法楽楽は真実をみきわめる智慧から生まれる絶対的な楽で、一般的な心身の楽しみを超越した涅槃《ねはん》（さとり）の楽。極楽の楽は法楽楽にあたる。

親鸞の『教行信証』真仏土巻には涅槃経をひいて「涅槃の性は無苦無楽なり。このゆえに涅槃を名づけて大楽とす」とある。また『正信偈』には浄土のことを「寂静無為《じゃくじょうむい》の楽《みやこ》」という。意図しなくてもおのずから楽である所という意味である。楽を「みやこ」と読むのは洛《らく》と音が同じであることによる。
→苦・信楽《しんぎょう》・法楽

り

【利他】りた

一般には修行によって自分自身の成道をめざす自利にたいして他者を益することをいうが、親鸞は他力（仏の絶対的な力）の意味にも用いる。『教行信証』信巻に他力信心を「利他深広の信楽《しんぎょう》」「利他真実の信心」といい、証巻に真実証（真実のさとり）を「利他円満の妙位」、『浄土文類聚鈔』に名号《みょうごう》（南無阿弥陀仏）を「利他円満の大行《だいぎょう》」、還相《げんそう》廻向《えこう》（浄土より娑婆《しゃば》に帰って衆生済度のはたらきをすること）の利益を「利他教化地の益」とあるのはいずれも他力の意味。これは曇鸞（四七六～五四二）の

『浄土論註』のいわゆる「他利利他《たりりた》の深義《じんぎ》」によっている。すなわち「他利と利他を談ずるに左右あり。もしおのずから仏よりしていわば、よろしく利他というべし。おのずから衆生よりしていわば、よろしく他利というべし」とあるように、「利他」は仏が衆生（生きとし生けるもの）を利益するということである。また親鸞は『愚禿鈔』などで自利利他という言葉を自力と他力という意味でも用いている。
→廻向・自行化他・自利利他・他力

【立教開宗】りっきょうかいしゅう

仏教にはおびただしい経典があるが、そのなかから自身の信仰のよるべき経典を選び、それによって教えを立てて一つの宗派を開くこと。真宗は元仁元年（一二二四）親鸞が『教行信証《きょうぎょうしんしょう》』を著したときをもって立教開宗とする。『教行信証』教巻の冒頭に「大無量寿経　真実之教　浄土真宗」とあるように、無量寿経を根本の経典とし、これを真実の宗教であるとして立てられたのが浄土真宗である。しかし、親鸞は「めずらしきほう（法＝教え）をひろめず。

如来の教法をわれも信じ、ひとにもおしえきかしむるばかりなり」などとのべていることから、みずから一宗の開祖となる意思はなかったと知られる。『高僧和讃』には「智慧光（阿弥陀仏）のちからより　本師源空（法然）あらわれて　浄土真宗ひらきつつ　選択本願《せんじゃくほんがん》のべたまう」と、法然（一一三三～一二一二）を浄土真宗（浄土宗の開祖一一三三～一二一二）を浄土真宗（浄土教の本旨）を明らかにした師とあがめている。↓教行信証・宗・浄土真宗・無量寿経

【立撮即行】《りっさつそくぎょう》

立撮とは立ちあがって取りあげるという意味で、阿弥陀仏が急いで人びとを救いとることをいう。「立撮して即ち行く」と読みくだす。観無量寿経の第七観に説く住立空中《じゅうりゅうくうちゅう》の阿弥陀仏について善導（六一三～八一）が『観経四帖疏』定善義で解説した言葉。住立空中とは阿弥陀仏が韋提希夫人《いだいけぶにん》を救うために空中に立ち現れたことをいい、それは仏が苦悩の人びとを座視できずに引きつまんで浄土につれていく姿を示す。↓引接《いんじょう》

【竜】《りゅう》

仏法を守護する八種の神々（八部衆）の一つ。親鸞の『浄土和讃』の「現世利益和讃」には「南無阿弥陀仏をとなうれば　難陀跋難《なんだばつなん》大竜等　無量の竜神尊敬し　よるひる（夜昼）つねにまもるなり」とあり、竜が念仏の行者を守護するという。難陀跋難大竜とは難陀竜王・跋難陀竜王のことで、八大竜王のなかの二竜神。また、竜宮は竜王の宮殿のことで、人びとの機根《きこん》（気質や能力）が衰える末法《まっぽう》には釈迦の教法が竜宮におさまるという。『正像末和讃』には「末法五濁の有情《うじょう》（末法の汚れた世に生きる者）の　行証（仏道を行じてさとりに達すること）かなわぬときなれば　釈迦の遺法ことごとく　竜宮にいりたまいにき」とうたわれている。↓現生十種《げんしょうじっしゅ》の益《やく》・末法

【龍谷大学】《りゅうこくだいがく》

京都市伏見区深草塚本町（深草学舎）・下京区猪熊七条上ル（大宮学舎）にある大学。起源は寛永十六

年（一六三九）西本願寺十三世良如《りょうにょ》が創設した学寮（のち学林と改称）に始まる。明治九年（一八七六）三教校の制を設けて学林を大教校と定め、明治十二年現在の大宮学舎の地に校舎を建てた。明治三十三年、学校条例を更改して仏教大学とし、仏教高等中学を東京芝高輪に移し、ついで高輪に仏教大学分教場を設けた。明治三十五年、仏教大学を仏教専門大学、高輪の分教場を高輪仏教大学としたが、明治三十七年には両者を統一して新たに仏教大学とし、大正十一年（一九二二）に龍谷大学となる。昭和二十四年、新制大学に移行し、短期大学部、大学院などを設置した総合大学として現在にいたる。↓浄土真宗本願寺派

【竜樹《りゅうじゅ》】 二～三世紀

南インドのバラモン出身の仏教者で初期大乗仏教の代表的学僧。哲学者。ナーガールジュナの訳。親鸞が真宗相承の祖師と定めた七人の高僧（七高僧）の第一祖。出家して、はじめ小乗仏教を学び、のちにヒマラヤで大乗を聞き、また、竜宮に入り大乗無上の経典（華厳経）を持ち帰ったともいう。中観学派の祖、八宗の祖師と仰がれる。↓七高僧

【了海《りょうかい》】 一二三九～一三二〇

仏光寺四世。関東六老僧の一人。武蔵大井（東京都）の人で、親鸞の関東布教によって生まれた高田門徒（栃木県）の系統に属し、阿佐布（東京都港区麻布）に形成された阿佐布門徒の中心となる。麻布の善福寺は了海の開創と伝える。↓真宗仏光寺派・高田門徒・六老僧

【了源《りょうげん》】 一二九五～一三三六

仏光寺七世。空性房。阿佐布門徒（東京都港区麻布を中心とした信徒集団）にはいり、のち上洛して教化活動を展開。仏光寺教団を隆盛に導いた。なお、仏光寺の名は、了源が京都山科の興正寺《こうしょうじ》を仏光寺と改めたことによる。↓真宗仏光寺派

【了祥《りょうしょう》】 一七八八～一八四二

大谷派。大谷派宗学の大成者・深励《じんれい》（一七四九

〜一八一七）の門人で、教義と歴史の両面から宗学の解明につとめた。『歎異抄』の著者を如信または覚如とする通説にたいして、河田の唯円説を提起した。著書には、『歎異鈔聞記』『異義集』などがある。→深励・歎異鈔

【輪廻】りんね

車輪が回転するように迷いの世界をはてしなくさまようこと。仏教では衆生《しゅじょう》（生きとし生けるもの）は真実をさとらないままに欲望にひきずられ、六道《ろくどう》（地獄・餓鬼《がき》・畜生・阿修羅《あしゅら》・人間・天上）を輪廻して生死を繰り返すと説かれる。真実をさとってその輪廻の束縛から脱することを解脱《げだつ》また涅槃《ねはん》といい、仏道修行の目的とされる。阿弥陀仏は、みずからの力で涅槃に達することのできない者を浄土に引き入れることを本願に表し、真宗ではその本願を信じ、念仏して浄土に生まれることによって迷界・輪廻の世界を超えることができると説かれる。親鸞の『浄土和讃』には「南無阿弥陀仏をとなうれば　この世の利益きわ（際）もなし　流転輪廻のつみ（罪）きえて」とあり、『高僧和讃』には「流転輪廻のわれらをば　弘誓《ぐぜい》（本願）のふね（船）にのせたまう」とうたわれている。→解脱・涅槃・六道

る

【留守職】るすしき

文永九年（一二七二）京都東山の大谷に創建された親鸞の廟堂を守護するために置かれた役職。建治三年（一二七七）親鸞の息女覚信尼が廟堂の維持のために廟堂の土地を寄進して門徒との共有とし、同時に留守職の制度を制定してみずからその初代となった。また、留守職は門徒の承認をえて覚信尼の子孫が継承することが約束された。それによって覚信尼の歿後、その子の覚恵が留守職となった。その後留守職をめぐって、覚恵の子覚如（本願寺三世）と覚恵の異父弟唯善が互いに権利を主張するなどの混乱があったが、やがておさまり、覚恵のあとは覚如に相伝された。→覚信尼・覚如・廟堂・唯善

【蓮教】れんきょう 一四五一～九二

興正寺十二世。仏光寺十二世性善の子。はじめは経豪《きょうごう》といい、文明十四年（一四八二）ごろ、有力末寺と門徒を率いて仏光寺を去って本願寺に帰属し、蓮教の名を与えられた。山科に興正寺《こうしょうじ》を開いた。
→真宗興正派

【蓮華】れんげ

ハスの花のこと。経典で蓮華という場合はふつうは分陀利華《ふんだりけ》つまり白蓮《びゃくれん》をさし、最上の花とする。白蓮は淤泥華《おでいけ》ともいわれ、泥のなかに生えて清らかな花を咲かせるので、汚れたこの世にあって清浄なはたらきをする仏法、また煩悩《ぼんのう》にまみれていても、そこから清らかなさとりが生まれることにたとえられる。そのため、仏《ぶつ》・菩薩《ぼさつ》の多くは蓮華を座とし、それを蓮華座・蓮台・華座という。観無量寿経に説かれる十六観（仏や浄土を思い浮かべる十六の行法）の第七には阿弥陀仏の蓮華座を想う華座観がある。

また、観無量寿経に「若《も》し念仏するものは、まさに知るべし。此の人は是《こ》れ人中の分陀利華なり」と念仏者が白蓮にたとえられており、中国では慧遠《えおん》（三三四～四一六）が念仏教団「白蓮社」を結成して、中国で浄土教がひろまるもとをつくった。また人中の分陀利華が「人中の妙好人」と解釈されて、念仏の篤信者を、いわゆる妙好人とよぶようになった。
親鸞は『教行信証』証巻に「淤泥華というは経（維摩経）にのたまわく高原の陸地には蓮華を生ぜず。卑湿の淤泥にいまし蓮華を生ず。これは凡夫《ぼんぶ》煩悩の泥のなかにありて、菩薩のために開導せられてよく仏の正覚《しょうがく》（さとり）のはな（華）を生ずるにたとう」とのべている。→煩悩・妙好人

【蓮華蔵世界】れんげぞうせかい

清らかな蓮の花につつまれた世界、つまり仏の浄土のこと。華厳経には毘盧遮那《びるしゃな》仏《ぶつ》の浄土と説くが、浄土教では阿弥陀仏の浄土、極楽のことをいう。親鸞は『唯信鈔文意』に「極楽ともうすは、かの安楽浄土なり。……また論（世親『浄土論』）には蓮華

蔵世界ともいえり」とのべ、『正信偈』には「蓮華蔵世界に至ることを得れば、すなわち真如法性《しんにょほっしょう》の身（真実そのものと一体である仏身）を証せしむ」と説いている。↓浄土・蓮華

【蓮如】れんにょ　一四一五〜九九

本願寺八世。七世存如の長男。永享三年（一四三一）青蓮院《しょうれんいん》で得度。父存如に教義を学び、近江（滋賀県）・北陸の教化を助け、長禄元年（一四五七）亡父の職を継ぎ、近江の教化を進める。寛正六年（一四六五）比叡山延暦寺衆徒の本願寺破却により、大津南別所に移る。文明三年（一四七一）越前（福井県）吉崎に坊舎を建て、『御文』（御文章）作成や、正信偈・和讃の刊行など独創的な伝道を展開し、北陸を中心に、東海・奥州に教線をひろげた。文明七年、吉崎を退去し、摂津・河内・和泉に布教した。文明十二年、山城国山科（京都市）に御影堂・阿弥陀堂を建て、本願寺の再興をなしとげる。延徳元年（一四八九）退隠。明応五年（一四九六）大阪石山に坊舎（石山本願寺）を建てる。親鸞・覚如・存覚

の教説を継承して、直截で明解な教義体系を再編し、今日の本願寺教団の基盤をつくる。多くの子どものうち五男実如が継職。有名な門弟には、道西・竜玄・順誓・空善・法住・如光・道宗などがいる。著書には上記のほか、『正信偈大意』がある。↓石山本願寺・御文・本願寺・吉崎別院・蓮如上人御一代記聞書・蓮如上人御一期記

蓮如

【蓮如上人御一期記】れんにょしょうにんごいちごき

本願寺八世蓮如（一四一五〜九九）の伝記と言葉、

本願寺の故事などを記述した書。天正八年（一五八〇）蓮如の子実悟《じつご》の編。二百三十三条からなり、第一条から第十条までがこの書独自の内容で、蓮如の若年のころの事蹟が記載され、以下は『蓮如上人御物語次第』（蓮悟著）『空善記』（空善著）『蓮如上人一語記（実悟旧記）』（実悟著）などより抄出または転載したもの。『蓮如上人仰条々《おおせのじょうじょう》』（実悟著）と一致する部分も多い。この書は江戸時代に多くの写本、抜粋本がつくられ、延宝五年（一六七七）には『蓮如上人御物語』と題して出版された。『蓮如上人御法談』と改題された書もある。→実悟・蓮如・蓮如上人御一代記聞書

【蓮如上人御一代記聞書】《れんにょしょうにんごいちだいききがき》

『蓮如上人御一代聞書』ともいう。本願寺八世蓮如（一四一五〜九九）のおりおりの法話・訓戒・行状などを収録した書であるが、なかには九世実如の法話をはじめ、親しく蓮如の教えを受けた人びとの言行も若干収められている。本書は蓮如の言行と面影をいきいきとした文章で伝え、蓮如の思想や人柄を知る上で重要な書であり、真宗の信心また歴史を知るうえでも豊富な内容をもつ。元禄二年（一六八九）の初刊本は四巻三百四十九条、その後刊行された『真宗法要』本は二巻三百十四条、『真宗仮名聖教』本は一巻三百十六条よりなり、それぞれ内容・順序に若干の異同がある。本書は『空善記』（空善著）『蓮如上人御物語次第』（蓮悟著）『蓮如上人一語記（実悟旧記）』（実悟著）などより抄出して再編集したもので、文中、蓮如を前々住上人、実如を前住上人と呼称することから、第十世証如の時代の編集と思われる。編者については諸説があるが、今日では蓮如の子実悟の編とする説が有力。また実悟の子顕悟の編とする見解もある。→実悟・実如・蓮如・蓮如上人御一期記

ろ

【六時礼讃】《ろくじらいさん》

中国における浄土教の大成者・善導（六一三〜八一）の『往生礼讃』にもとづき、一日六回の念仏行を修すること。善導の「往生礼讃偈」を「六時礼讃

偈」ともいい、法然門下でそれを読誦して阿弥陀仏を讃嘆することがさかんに行われ、現在でも浄土宗の法要ではかならず用いられる。真宗では本願寺七世存如（一三九六～一四五七）の時代まで朝暮の勤行に六時礼讃偈を用いた。第八世蓮如が文明年中（一四六九～一四八七）吉崎在住のときにこれを改め、以後は正信偈・和讃六首をとなえることになったが、六時礼讃は真宗の勤行の源流をなすものといえる。→往生礼讃・善導

【六道】ろくどう

生きとし生けるもの（衆生《しゅじょう》）がそれぞれの業《ごう》（心身の行い）によって生死を繰り返し、さまよいあるく（輪廻転生《りんねてんしょう》する）六つの迷いの世界。六趣《ろくしゅ》ともいう。地獄《じごく》（永遠の苦しみの世界）・餓鬼《がき》（あくなき欲望の世界）・畜生《ちくしょう》（愚劣な憎しみの世界）・阿修羅《あしゅら》（絶えざる争いの世界）・人間（欲望にけがれた現世・娑《しゃ》婆《ば》）・天上（ひとりよがりの喜びの世界）をいう。地獄・餓鬼・畜生はとくに悪業をかさねた者が生まれるところで、それを三悪道（三悪趣）という。また阿修羅を他に属させて迷いの世界を五道（五趣）・五悪趣とすることもある。親鸞の『教行信証』行巻には「（衆生は）六道に輪廻せり」とあるが、『尊号真像銘文』に「願力（阿弥陀仏の本願の力）に帰命《きみょう》（帰依）すれば五道生死をとずる」、『歎異抄』に「六道四生のあいだ、いずれの業苦にしずめりとも」などとあるように、真宗では仏の本願を信じることによって、この迷いの世界を脱すると説く。→餓鬼・地獄・輪廻

【六波羅蜜】ろくはらみつ〈ろっぱらみつ〉

波羅蜜とはサンスクリット「パーラミター」の音写。修行が完成して彼岸《ひがん》（さとりの世界）にいたることを意味する。そこから六波羅蜜とは、さとりに達するための六つの実践項目をいう。とくに大乗仏教で強調され、菩薩《ぼさつ》（大乗仏教の修行者）のありかたを示したもので、以下の六項目をいう。①布施《ふせ》＝与え施すこと。金品を施す財施、教えを施す法施、恐怖を除き安らぎを与える無畏施の三施などが説かれる。②持戒《じかい》＝戒律を守ること。③忍辱《にんにく》＝耐えしの

ぶこと。④精進《しょうじん》＝たゆまず努力すること。⑤禅定《ぜんじょう》＝精神を統一すること。⑥智慧《ちえ》（般若《はんにゃ》ともいう）＝真実をみきわめること。無量寿経上巻には「自ら六波羅蜜を行じ、人を教えて行ぜしむ」とあり、竜樹の『十住毘婆沙論』には「清浄は六波羅蜜四功徳処なり」などとある。↓戒・智慧・布施・菩薩

【六老僧】ろくろうそう

親鸞の門下で関東で活躍した六人をいう。だれを六老僧とするかについては、つぎの三説があって一致しない。①源海・明空・了源・源誓・了海・明光②源誓・明空・信証・了海・明光・了源。③源海・専海・了源・源誓・了海・明光。六老僧の起源は明らかではないが、やはり関東で活躍した親鸞門下の二十四輩に含まれていない六人を、日蓮宗の六老僧にならって呼称したものと考えられる。↓源海・専海・二十四輩

【六角夢告】ろっかくむこく

親鸞が夢のなかで観音菩薩からさずかったお告げ。

六角夢想ともいう。親鸞は二十九歳のとき、比叡山をおりて六角堂（頂法寺、京都市中京区烏丸六角）に百日間の参籠をした。その九十五日の暁、夢に観音が現れ、親鸞につぎの四句の文を示したという。

行者宿報設女犯＝修行者が前世の因縁によって女性と一緒になるならば、
我成玉女身被犯＝私が女性となりましょう。
一生之間能荘厳＝そして清らかな生涯を全うし、
臨終引導生極楽＝命が終わるときは導いて極楽に生まれさせよう。

六角堂は聖徳太子の創建と伝えられ、また聖徳太子は観音の化身としてあがめられている。この文は聖徳太子によって示されたともされ、これによって親鸞は性欲でさえ抑制しがたい煩悩具足《ぼんのうぐそく》の身（欲望にそまった人間）は仏に絶対的に帰依《きえ》するほかはないと認識し、吉水（京都市東山区）にあった法然をたずねて他力念仏の門にはいった。『恵信尼文書』に「山を出でて、六角堂に百日こもらせ給いて、後世を祈らせ給いけるに、九十五日の暁、聖徳太子の文を結びて、示現にあずからせ給いて候ければ」と

あり、『教行信証』後序には「愚禿釈の鸞（親鸞のこと）、建仁辛酉の暦、雑行（称名念仏以外のさまざまな修行）をすてて本願に帰す」とあるように、建仁元年（一二〇一）のこととされる。覚如の『親鸞伝絵』では建仁三年四月五日の夜に六角堂の救世観音が夢に現れたと伝えている。↓恵信尼文書・聖徳太子・親鸞伝絵・親鸞夢記・吉水

わ

【和光同塵】わこうどうじん

「光を和らげて塵に同ず」と読みくだす。道教の古典『老子』の「その光を和らげてその塵に同ず」から出た言葉。仏教では、仏《ぶつ》・菩薩《ぼさつ》が人びとを救うために、さとりの智慧の光を隠して世俗のなかに出現し、人びとを仏法に導くことをいう。中国天台宗の祖・智顗（五三八～九七）の『摩訶止観』に「和光同塵は結縁のはじめ」とあり、蓮如の『御文』（御文章）にも引用されている。なお、和光同塵という考えかたは日本では本地垂迹説《ほんじすいじゃくせつ》と結びついて和光垂迹ともいう。↓本地垂迹

【和讃】わさん

和語（日本語）で仏《ぶつ》・菩薩《ぼさつ》・高僧の徳や教えをたたえる歌（詩）をいう。仏教を日本的に解釈した親しみやすい仏教讃歌として平安時代中期から普及し、鎌倉時代にさらに発展した。和讃は多くの人によって制作されたが、現存する量では親鸞の和讃が最大。親鸞は七五調の四句を一首とする形態を基本型として制作している。親鸞は『浄土和讃』『高僧和讃』『正像末和讃』のいわゆる「三帖和讃」のほかに『皇太子聖徳奉讃』などの『帖外《じょうがい》和讃』を著作し、その数は五百数十首におよんでいる。『浄土和讃』には百十八首収録され、浄土三部経や『讃阿弥陀仏偈』にもとづいて真宗教義の根本を示している。『高僧和讃』は百十七首で、竜樹（二～三世紀ごろのインドの哲学者）から法然（親鸞の師）にいたる七高僧の徳と教えをたたえたもの。『正像末和讃』は百十八首で、とくに末法（人びとの機根が衰え、自分の力ではさとりをえられない時代、つまり現在）における信仰のありかたを説いたもの。前二帖

は親鸞七十六歳の作であるのにたいし、『正像末和讃』は八十六歳の作で、晩年のもっとも深まった親鸞の心境がよく表されている。この『三帖和讃』は和文で書かれた親鸞の代表的著作で、「和語の教行信証」ともいわれる。真宗では日常の勤行においても、『正信偈』とともに、和讃六首を読誦する。
→便覧編（勤行経典）

【鷲尾《わしお》順教《じゅんきょう》】 一八六八～一九四一

大谷派。仏教史学者。明治二十四年（一八九一）哲学館（のちの東洋大学）高等上級を終了後、村上専精らに師事して仏教史を研究、大谷教校（のちの大谷大学）の教員となり、雑誌『仏教史林』の編集を担当する。のち、曹洞宗大学講師、東大史料編纂官として活躍するとともに、諸大学で日本仏教文化史を講じた。『国文東方仏教叢書』『日本思想闘諍史料』などを編纂したほか、著書には、『日本仏家人名辞書』『日本禅宗史』などがある。

便覧編

真宗の基本

【開祖】*親鸞聖人《しんらんしょうにん》（一一七三～一二六二）

【開宗】鎌倉時代　親鸞が『*教行信証《きょうぎょうしんしょう》』を著したとされる元仁元年（一二二四）を開宗の年とする。

【信仰の対象（本尊）】*阿弥陀仏《あみだぶつ》。阿弥陀仏は仏になる以前に生きとし生きるものの救済を願って四十八の誓願（*本願《ほんがん》）を立てた。そして、その誓いを実現して仏となり、極楽浄土《ごくらくじょうど》を建設した。その衆生済度《しゅじょうさいど》のはたらきを「*南無阿弥陀仏」という*名号《みょうごう》にこめて、人びとにほどこした（本願力*廻向《えこう》）とされる。

【信仰の特色】自己のはからいによらず、仏に絶対的に帰依する他力*念仏を説く。阿弥陀仏の力が人びとにはたらきかけて信心となり、南無阿弥陀仏という念仏となって、それをとなえる者すべてを救い、浄土に導くとする（*往相廻向《おうそうえこう》）。さらに浄土に生まれて仏となったのち、今度は自分が人びとを救うはたらきをする（還相廻向《げんそうえこう》）。すべてが仏の力がはたらきかけた結果であるから、僧侶と世俗の人びととの区別を超えて（*非僧非俗《ひそうひぞく》）、同じ他力念仏に生きる仲間を*同朋と呼んで尊重する。また念仏者はこの世で*仏《ぶつ》・*菩薩《ぼさつ》に守られるなどの利益《りやく》を受けると説く。

【信仰の形】「南無阿弥陀仏」と念仏を口にとなえること。日常の勤行はすべからく仏への*報恩感謝の行為とされる。

【依りどころとなる経典（所依の経典）】*浄土三部経、なかでも*無量寿経《むりょうじゅきょう》を真実の教えが説かれた経典とする。また、親鸞著『*教行信証《きょうぎょうしんしょう》』は教義の根本が示されたものとし、立教開宗の書とする。

【理想とする世界】阿弥陀仏によって築かれた極楽浄土に生まれること（*往生《おうじょう》）を願う。極楽浄土とは一切の苦しみがなく、すべてが仏によって美しく浄化された世界のことである。ただし、念仏者はこの世において浄土に往生することが決定する（*平生業成《へいぜいごうじょう》）というゆるぎない信仰（*安心《あんじん》）をえ、悩み・わずらいなく生きることができるとされる。

*印は事典の各項参照。

仏壇と仏具

【仏壇の意味】

仏壇は先祖をまつるもののように思われているが、そうではない。真宗では＊倶会《くえ》一処《いっしょ》といい、先祖はひとしく＊浄土《じょうど》に生まれて、＊仏《ぶつ》・＊菩薩《ぼさつ》とともにあるとされる。

仏壇はその極楽のありさまを写したもので、個々の先祖をふくめて、あらゆる仏・菩薩の根本として＊阿弥陀如来を拝するところである。そして、仏壇を前にしておこなう勤行《ごんぎょう》（おつとめ）は、仏によって生かされていることにたいして報恩感謝の念をささげる行為とされる。

したがって、真宗の仏壇には位牌をおかない。葬儀のあと四十九日（中陰《ちゅういん》）に白木の位牌をおくことはあるが、他宗のような漆塗りの位牌は用いない。仏壇はあくまで浄土の美しさを表すものとして、清浄にたもち、神社仏閣のお札や故人の写真なども置いてはいけないことになっている。

【宮殿と須弥壇】

宮殿《くうでん》＝仏壇内部のご本尊を安置するところで浄土の楼閣を表す。

須弥壇《しゅみだん》＝古代インドで宇宙の中心にそびえると考えられた須弥山《しゅみせん》に由来し、仏の座とされる。須弥壇上にご本尊を安置し、その前に上卓《うわじょく》を供える。

【ご本尊】

阿弥陀如来の絵像（掛軸）が一般的であるが、他に木像や「＊南無阿弥陀仏」と書かれた＊名号本尊《みょうごうほんぞん》を奉安することもある。この阿弥陀如来を正式には「方《ほう》便法身《べんほっしん》の尊形《そんぎょう》」という。

仏壇中央のご本尊の左右に、お脇掛《わきが》けという掛軸をかける。むかって右は「帰命尽十方無碍光如来《きみょうじんじっぽうむげこうにょらい》」と書かれた十字名号、左は「南無不可思議光如来《なむふかしぎこうにょらい》」の九字名号。尽十方無碍光如来も不可思議光如来もともに阿弥陀如来の別称である。また、右に＊親鸞聖人、左に＊蓮如上人の＊御影《みえい》（肖像）をかけることも

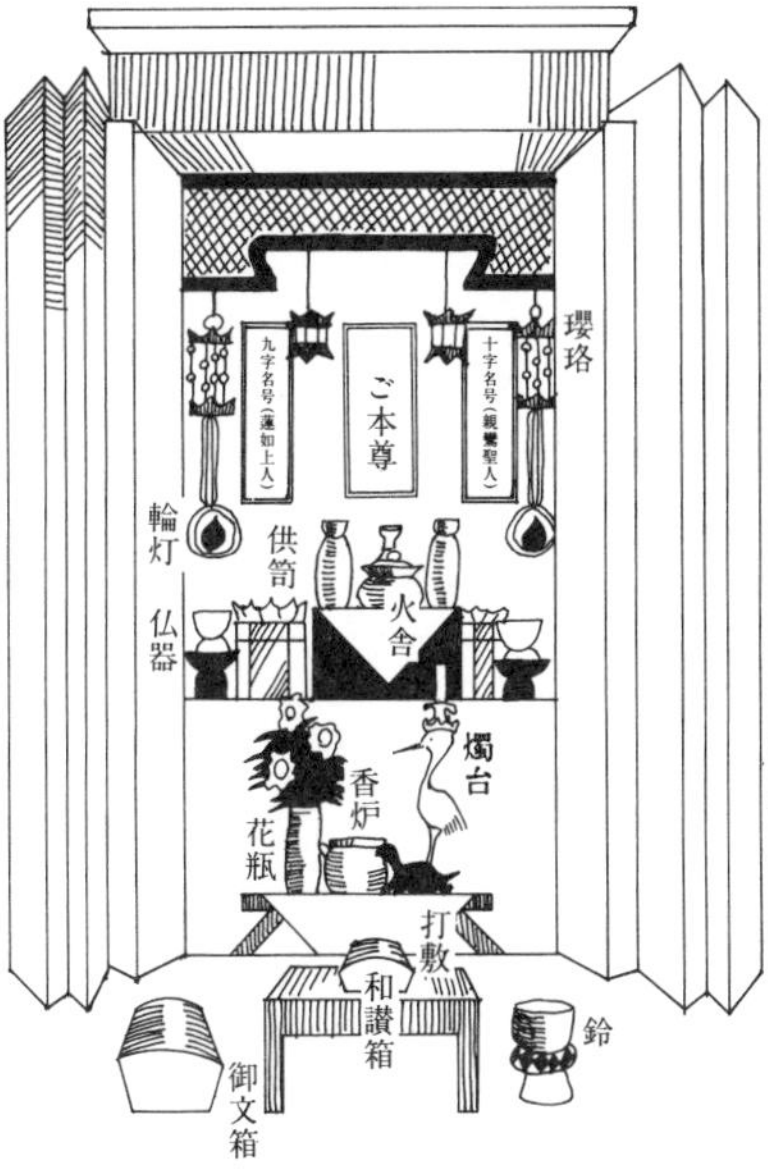

大谷派の仏壇

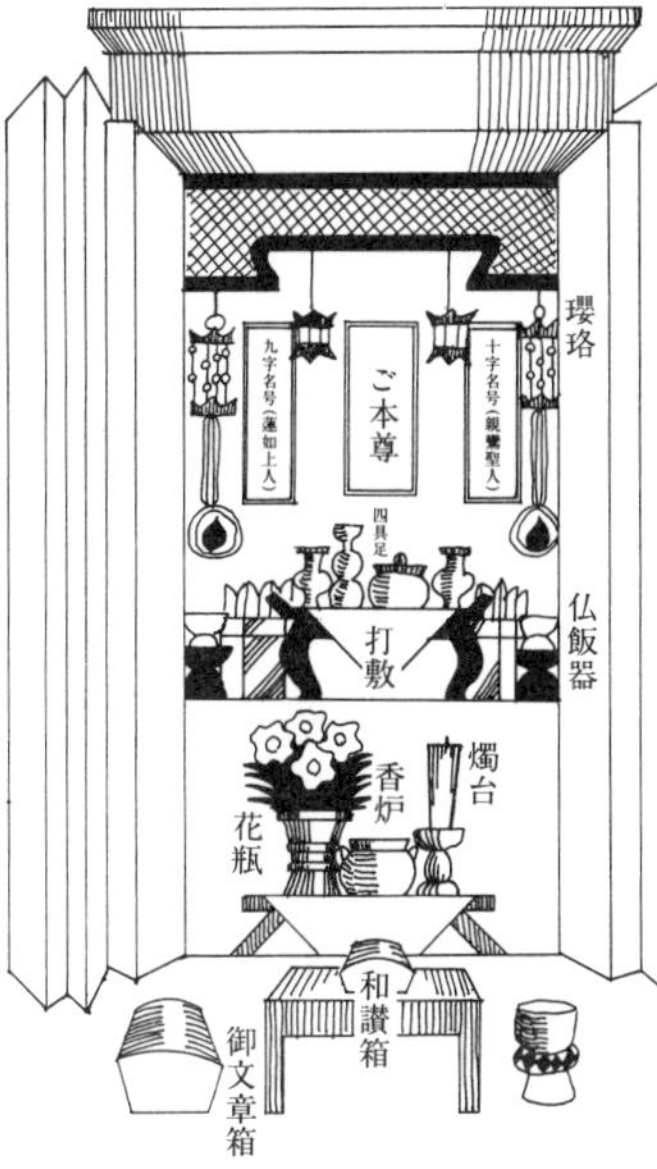

本願寺派の仏壇

ある。

【法名軸・過去帳】

故人の命日には、一般の位牌にかわって、真宗では故人の*法名《ほうみょう》を記した掛軸（法名軸）を仏壇の側板にかけて勤行する。また、より簡便なものとして、折本式の過去帳（法名帳）を用いることもある。過去帳は命日以外は仏壇にいれず、仏壇のひきだしにしまっておくしきたりである。大谷派では法名軸を仏壇の左右の側面にかけ、過去帳は正式には用いない。

【仏具】

五具足《ごぐそく》・三具足《みつぐそく》＝香炉を中心に、むかって右に燭台、左に花瓶《かひん》各一をおく場合を三具足、香炉の両側に燭台、さらに花瓶各一対を配する場合を五具足という。本願寺派では銅に茶色の漆で色づけしたものを用い、大谷派では真鍮製のものを用いる。また、燭台は大谷派では鶴亀をかたどったはなやかなものを用いる。

上卓《うわじょく》＝ご本尊の前におく小机。ここに火舎香炉を中心に華瓶《けびょう》と仏器を各一対ずつおく。本願寺派では上卓の上に火舎とロウソク立て、華瓶一対をおいて四

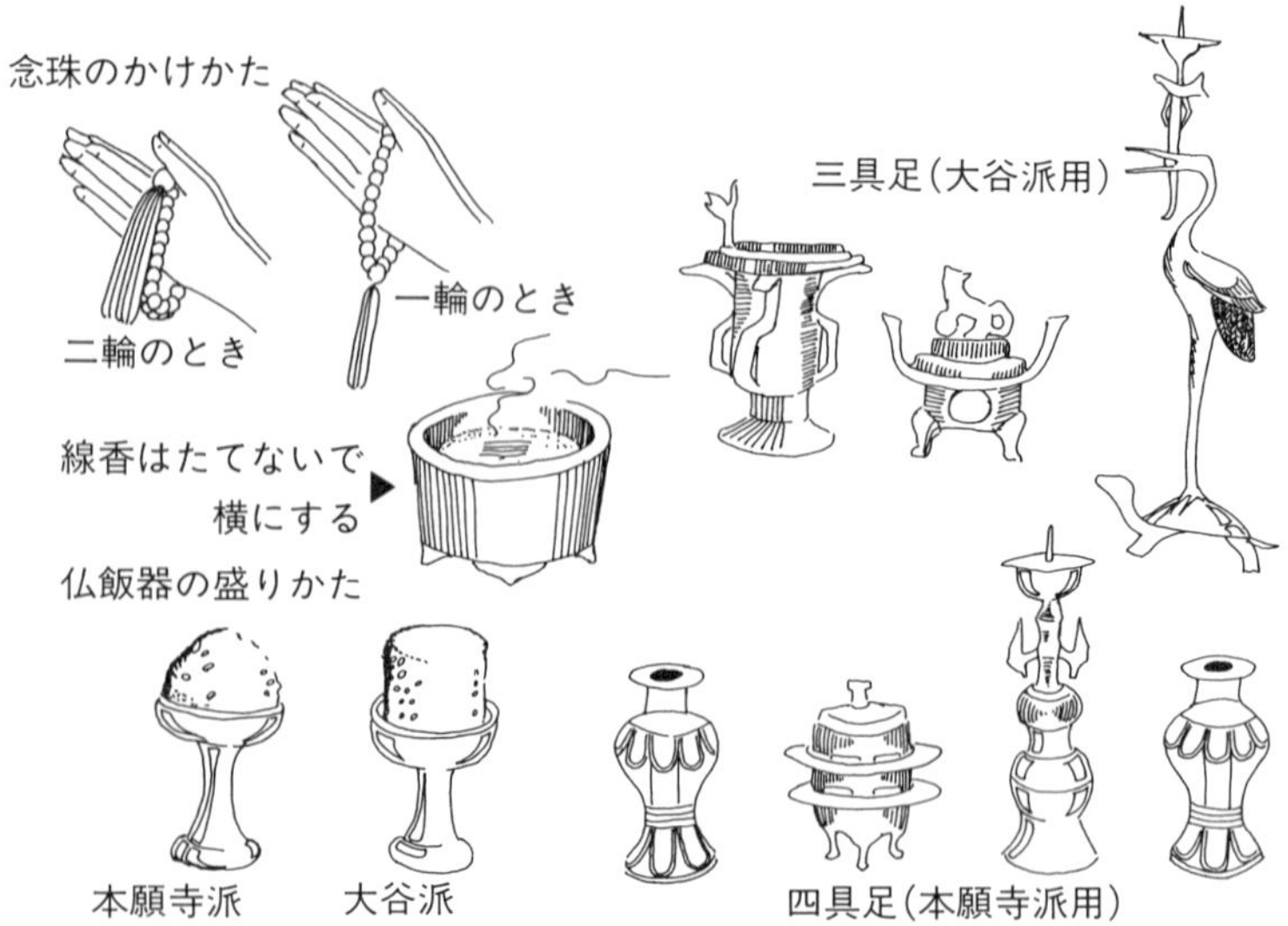

具足とする。
仏器《ぶっき》＝仏に供えるご飯（お仏飯・お仏供《ぶく》）をもる器。本願寺派では仏飯器《ぶっぱんき》という。上卓の上におくが、上卓がない場合は仏器台にのせる。また、お脇掛けが親鸞聖人・蓮如上人の御影の場合はそれぞれ仏器台にのせて仏飯をそなえる。
打敷《うちしき》＝金襴《きんらん》などでつくられた三角形の敷物。打敷は年忌法要やお彼岸など、特別の日に用い、ふだんは使わない。
鈴《れい》＝キン、カネ、リンともいう。勤行のはじめや終わりに鳴らす。
＊**和讃箱**《わさん》＝親鸞聖人の『＊教行信証《きょうぎょうしんしょう》』と『三帖和讃』をいれておく箱。勤行のときは和讃箱からとりだし、**和讃卓**《わさんじょく》（経卓《きょうじょく》）の上におく。
御文章箱《ごぶんしょうばこ》＝大谷派では「御文箱《おふみばこ》」という。蓮如上人の『御文』（御文章）をいれる。勤行のときはやはり和讃卓の上に『御文』を置く。
和讃卓《わさんじょく》＝本願寺派では経卓という。他宗でいう経机に相当し、勤行のときに経典類をおく。

毎日のおつとめ

朝夕のおつとめ（勤行）は、先祖供養や回向のためでなく、仏にたいする報恩のために行う。先祖も阿弥陀如来によって極楽浄土に導かれているからである。おつとめは合掌礼拝《がっしょうらいはい》からはじまるが、派によって作法や読誦する経典類に若干のちがいがある。本願寺派では①＊正信偈《しょうしんげ》、②＊和讃《わさん》六首、③回向文、④御文章《ごぶんしょう》。大谷派では①正信偈、②念仏和讃、③回向文、④御文《おふみ》の順序。

【仏壇のお供え】

灯籠・輪灯・ローソクをともして線香をあげ、華瓶に花を生ける。他宗では線香を立てるが、真宗では線香を香炉の大きさにあわせて折り、横に寝かす。本数に規定はない。華瓶にいれる水は香水《こうずい》（香をいれた清浄な水）の意味をもつので、別に水や茶は供えない。仏飯《ぶっぱん》は朝のおつとめのときに供え、午前中にさげる。おつとめの直後にさげてもよい。仏飯は本願寺派では丸く盛り上げ、大谷派では盛槽《もっそう》で円筒形にかたどる。

【合掌礼拝の作法】

両手を合わせ指をそろえて念珠に通し、胸にふれる程度に保って念仏をとなえる。礼拝は合掌したまま上体を約四十五度傾ける。

【念珠《ねんじゅ》のもちかた】

本願寺派は一輪の念珠（数珠）を親指と人差し指のあいだにかけ、親玉・房を下にたらす。大谷派では二輪の長房の念珠を用いるときは親玉をはさんで房を左側にたらし、略式の一輪の場合は房を下にする。合掌するとき以外は念珠は左手にもつ。すりあわせて音をたてることは絶対にしてはいけない。

【焼香の作法】

軽く頭をさげてから抹香をつまんで香炉にいれ、頭にはおしいただかない。本願寺派は一回、大谷派では二回焼香をする。焼香のあとは合掌礼拝する。

僧侶の服装

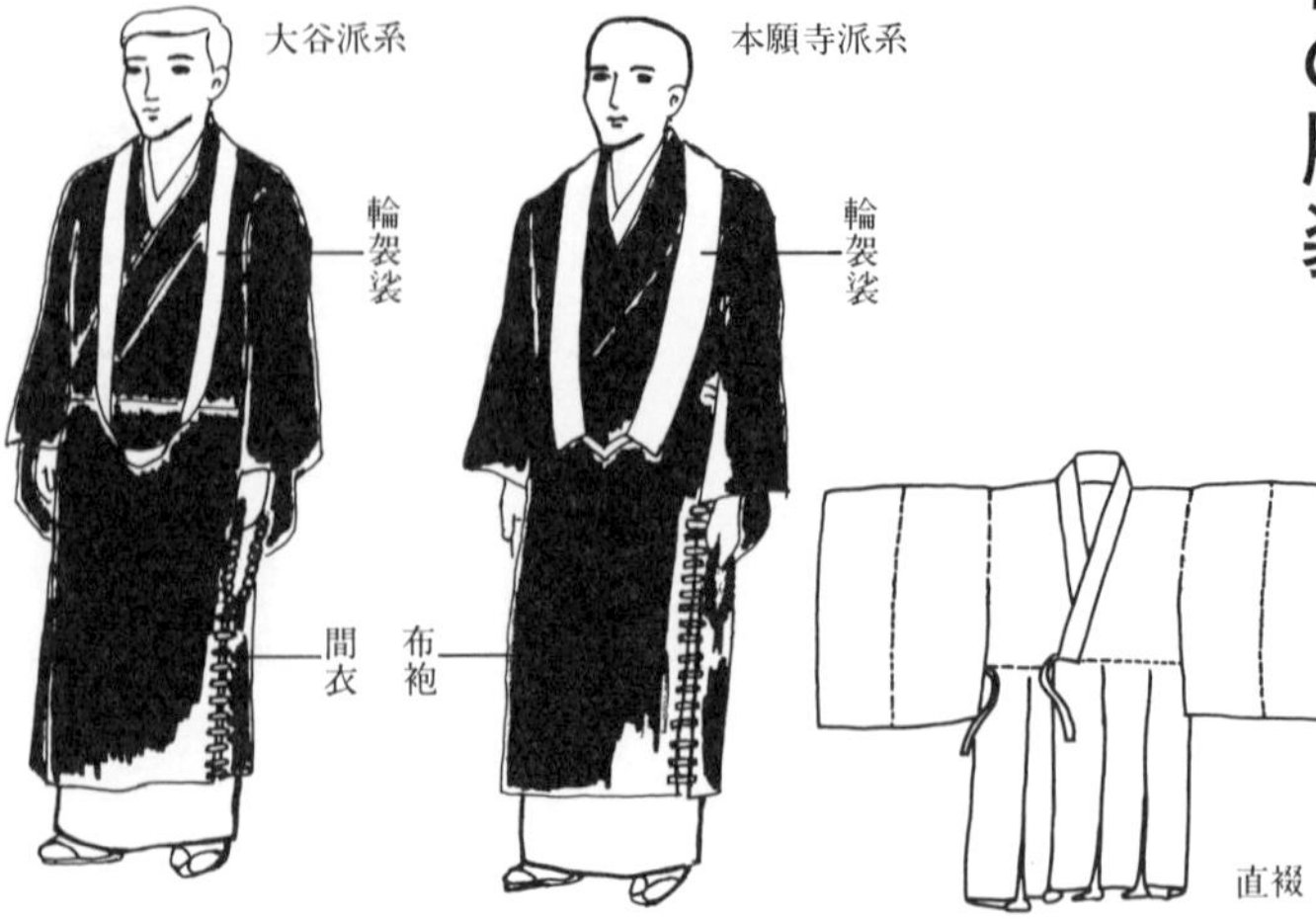

僧侶の衣服つまり法衣は、*袈裟《けさ》・衣《ころも》・袴《はかま》に大別される。袈裟は衣の上にかけるもの、袴は衣の下につけるもの。それぞれ種々の形式があり、僧階や法会の別によって各派の規定がある。本願寺は古来公卿に準ずる待遇を受けてきた関係から、法衣にも公家の風を伝えている。

明治以降、伝統的な正装のほかに、新様式として略装が用いられるようになった。①が本願寺派、②が大谷派の略装である。

①本願寺派は布袍《ふほう》に輪袈裟《わげさ》をつける。布袍には袖かがりのあるものと小袖仕立てのものがある。また脇のかがりのないものもある。輪袈裟は、本願寺派では畳袈裟を正式とする。

②大谷派は布袍を略衣《りゃくえ》あるいは間衣《かんえ》（または「まごろも」）という。腰の部分に継ぎ目があり、脇かがりがつけられている。

なお、真宗の法衣としては江戸時代に禅衣の直裰《じきとつ》が採用されたが、大谷派はそれを継承しており、本願寺派では明治になって法衣を改革して独自の形式がつくられた。

墓と納骨

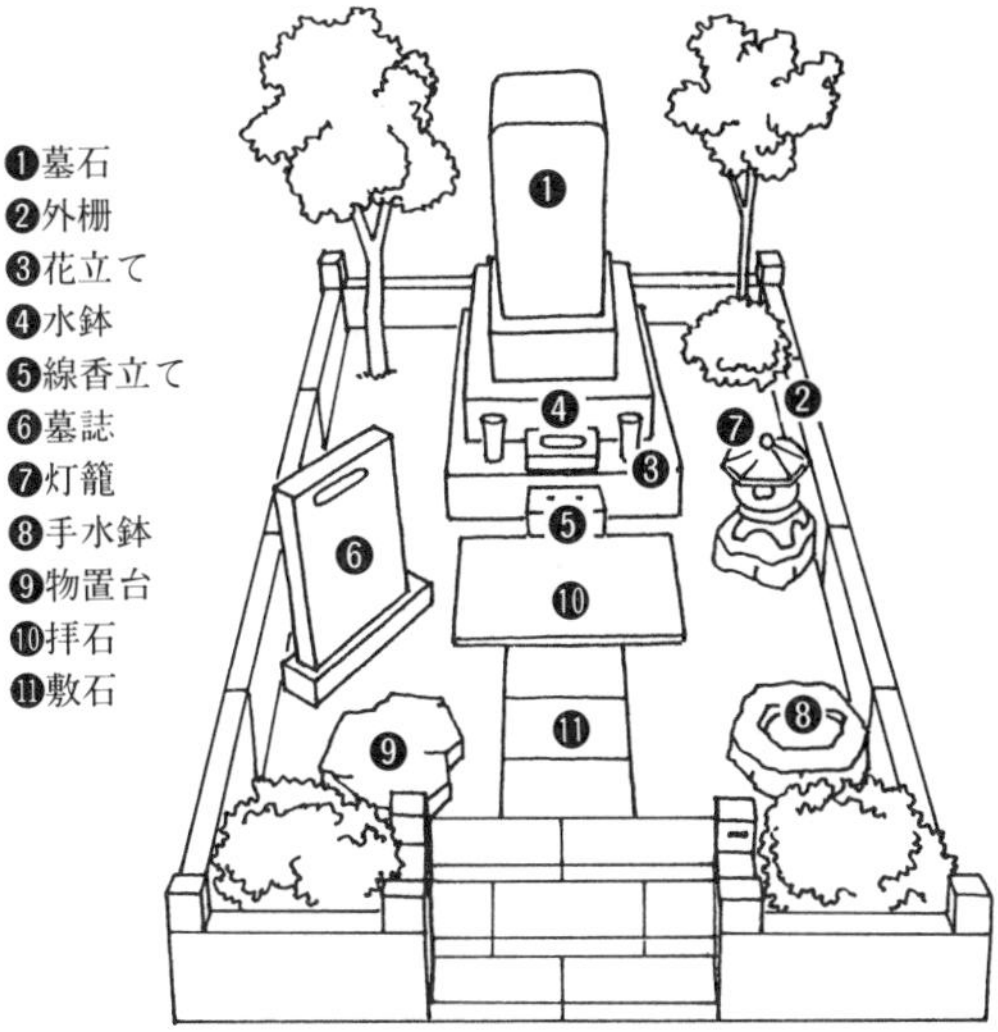

【墓の意義】

仏壇と同様に、真宗では墓を先祖の霊をまつるところとはしない。先祖の遺骨を奉安し、そこに参ることを機縁《きえん》として仏法に接することに意義をおく。

近年では故人一人に一基の墓を建てることが少なくなり、図のような家族墓が一般的である。

墓石には「○○家先祖代々之墓」「○○家之墓」といった文字が刻まれることもあるが、「南無阿弥陀仏」の*名号《みょうごう》、先祖が浄土に仏・菩薩とともにあることを表す「*倶会《くえ》一処《いっしょ》」の文字を刻むのが通例で真宗の信仰に即している。また、真宗では墓に*卒塔婆《そとば》は立てない。

【納骨】

故人の遺骨は墓に納めるほか、一部を親鸞聖人の廟所に納める。本願寺派は*大谷本廟に、大谷派は大谷祖廟に納骨する。

この納骨は、個々の墓への納骨以上に重視され、寺院・門徒によっては墓地をもたないこともある。

納骨の時期は、四十九日の法要のあと、百か日、一周忌などに行われることが多い。

勤行経典

正信念仏偈《しょうしんねんぶつげ》（正信偈）

※親鸞聖人が主著『教行信証』行巻の末尾に念仏信心のありかたを要約し、信仰の喜びをたたえた文。

帰《き》命《みょう》無《む》量《りょう》寿《じゅ》如《にょ》来《らい》
南《な》無《も》不《ふ》可《か》思《し》議《ぎ》光《こう》
法《ほう》蔵《ぞう》菩《ぼ》薩《さつ》因《いん》位《に》時《じ》
在《ざい》世《せ》自《じ》在《ざい》王《おう》仏《ぶつ》所《しょ》
観《と》見《けん》諸《しょ》仏《ぶつ》浄《じょう》土《ど》因《いん》
国《こく》土《ど》人《にん》天《でん》之《し》善《ぜん》悪《まく》

無《む》量《りょう》 寿如来《じゅにょらい》に帰命《きみょう》し
不可思議光《ふかしぎこう》に南無《なも》したてまつる
法蔵菩薩《ほうぞうぼさつ》の因位《いんに》の時《とき》
世自在王仏《せじざいおうぶつ》の所《みもと》に在《あ》りて
諸仏《しょぶつ》の浄土《じょうど》の因《いん》
国土人天《こくどにんでん》の善悪《ぜんまく》を観見《とけん》して

建《こん》立《りゅう》無《む》上《じょう》殊《しゅ》勝《しょう》願《がん》
超《ちょう》発《ほっ》希《け》有《う》大《だい》弘《ぐ》誓《ぜい》
五《ご》劫《こう》思《し》惟《ゆい》之《し》摂《しょう》受《じゅ》
重《じゅう》誓《せい》名《みょう》声《しょう》聞《もん》十《じっ》方《ぽう》
普《ふ》放《ほう》無《む》量《りょう》無《む》辺《へん》光《こう》
無《む》碍《げ》無《む》対《たい》光《こう》炎《えん》王《のう》
清《しょう》浄《じょう》歓《かん》喜《ぎ》智《ち》慧《え》光《こう》
不《ふ》断《だん》難《なん》思《じ》無《む》称《しょう》光《こう》
超《ちょう》日《にち》月《がっ》光《こう》照《しょう》塵《じん》刹《せっ》
一《いっ》切《さい》群《ぐん》生《じょう》蒙《む》光《こう》照《しょう》
本《ほん》願《がん》名《みょう》号《ごう》正《しょう》定《じょう》業《ごう》

無上殊勝《むじょうしゅしょう》の願《がん》を建立《こんりゅう》し
希有《けう》の大弘誓《だいぐぜい》を超発《ちょうほっ》せり
五劫之《ごこうこれ》を思惟《しゆい》して摂受《しょうじゅ》す
重《かさ》ねて誓《ちか》ふらくは名声《みょうしょう》十方《じっぽう》に聞《きこ》えむ《ん》と
普《あまね》く無量無辺光《むりょうむへんこう》
無碍無対光炎王《むげむたいこうえんのう》
清浄《しょうじょう》 歓喜智慧光《かんぎちえこう》
不断難思無称《ふだんなんじむしょう》 光《こう》
超日月光《ちょうにちがっこう》を放《はな》ちて塵刹《じんせっ》を照《てら》す
一切《いっさい》の群生《ぐんじょう》 光照《こうしょう》を蒙《こうむ》る
本願《ほんがん》の名号《みょうごう》は正定《しょうじょう》の業《ごう》なり

至《し》心《しん》信《しん》楽《ぎょう》願《がん》為《に》因《いん》
成《じょう》等《とう》覚《がく》証《しょう》大《だい》涅《ね》槃《はん》
必《ひっ》至《し》滅《めっ》度《ど》願《がん》成《じょう》就《じゅ》
如《にょ》来《らい》所《しょ》以《い》興《こう》出《しゅっ》世《せ》
唯《ゆい》説《せっ》弥《み》陀《だ》本《ほん》願《がん》海《かい》
五《ご》濁《じょく》悪《あく》時《じ》群《ぐん》生《じょう》海《かい》
応《おう》信《しん》如《にょ》来《らい》如《にょ》実《じっ》言《ごん》
能《のう》発《ほっ》一《いち》念《ねん》喜《き》愛《あい》心《しん》
不《ふ》断《だん》煩《ぼん》悩《のう》得《とく》涅《ね》槃《はん》
凡《ぼん》聖《じょう》逆《ぎゃく》謗《ほう》斉《さい》回《え》入《にゅう》
如《にょ》衆《しゅ》水《しい》入《にゅう》海《かい》一《いち》味《み》

至心信楽《ししんしんぎょう》の願《がん》を因《いん》と為《な》す
等覚《とうがく》を成《な》し大涅槃《だいねはん》を証《しょう》することは
必至滅度《ひっしめつど》の願成就《がんじょうじゅ》なり
如来世《にょらいよ》に興出《こうしゅつ》したまふ所以《ゆえ》は
唯《た》だ弥陀《みだ》本願海《ほんがんかい》を説《と》かむ《ん》となり
五濁悪時《ごじょくあくじ》の群生海《ぐんじょうかい》
如来如実《にょらいにょじつ》の言《みこと》を信《しん》ずべし
能《よ》く一念喜愛《いちねんきあい》の心《しん》を発《ほっ》すれば
煩悩《ぼんのう》を断《だん》ぜずして涅槃《ねはん》を得《う》るなり
凡聖逆謗斉《ぼんしょうぎゃくほうひと》しく回入《えにゅう》すれば
衆水海《しゅすいうみ》に入《い》りて一味《いちみ》なるが如《ごと》し

摂《せっ》取《しゅ》心《しん》光《こう》常《じょう》照《しょう》護《ご》
已《い》能《のう》雖《すい》破《は》無《む》明《みょう》闇《あん》
貪《とん》愛《ない》瞋《しん》憎《ぞう》之《し》雲《うん》霧《む》
常《じょう》覆《ふ》真《しん》実《じっ》信《しん》心《じん》天《てん》
譬《ひ》如《にょ》日《にっ》光《こう》覆《ふ》雲《うん》霧《む》
雲《うん》霧《む》之《し》下《げ》明《みょう》無《む》闇《あん》
獲《ぎゃく》信《しん》見《けん》敬《きょう》大《だい》慶《きょう》喜《き》
即《そく》横《おう》超《ちょう》截《ぜっ》五《ご》悪《あく》趣《しゅ》
一《いっ》切《さい》善《ぜん》悪《まく》凡《ぼん》夫《ぶ》人《にん》
聞《もん》信《しん》如《にょ》来《らい》弘《ぐ》誓《ぜい》願《がん》
仏《ぶっ》言《ごん》広《こう》大《だい》勝《しょう》解《げ》者《しゃ》

摂取《せっしゅ》の心光《しんこう》常《つね》に照護《しょうご》したまふ《う》
已《すで》に能《よ》く無明《むみょう》の闇《あん》を破《は》すと雖《いえ》ども
貪愛瞋憎《とんないしんぞう》の雲霧《うんむ》
常《つね》に真実信心《しんじつしんじん》の天《てん》に覆《おお》へ《え》り
譬《たと》へ《え》ば日光《にっこう》の雲霧《うんむ》に覆《おお》は《わ》るれども
雲霧《うんむ》の下《した》明《あきらか》にして闇《やみ》無《な》きが如《ごと》し
信《しん》を獲《う》れば見《み》て敬《うやま》ひ《い》大《おお》きに慶喜《きょうき》すれば
即《すなわ》ち横《おう》に五悪趣《ごあくしゅ》を超截《ちょうぜつ》す
一切善悪凡夫人《いっさいぜんまくぼんぶにん》
如来《にょらい》の弘誓願《ぐぜいがん》を聞信《もんしん》すれば
仏広大勝解《ぶっこうだいしょうげ》の者《ひと》と言《い》へ《え》り

是《ぜ》人《にん》名《みょう》分《ふん》陀《だ》利《り》華《け》
弥《み》陀《だ》仏《ぶっ》本《ぽん》願《がん》念《ねん》仏《ぶつ》
邪《じゃ》見《けん》憍《きょう》慢《まん》悪《なく》衆《しゅ》生《じょう》
信《しん》楽《ぎょう》受《じゅ》持《じ》甚《じん》以《に》難《なん》
難《なん》中《ちゅう》之《し》難《なん》無《む》過《か》斯《し》
印《いん》度《ど》西《さい》天《てん》之《し》論《ろん》家《げ》
中《ちゅう》夏《か》日《じち》域《いき》之《し》高《こう》僧《そう》
顕《けん》大《だい》聖《しょう》興《こう》世《せ》正《しょう》意《い》
明《みょう》如《にょ》来《らい》本《ほん》誓《ぜい》応《おう》機《き》
釈《しゃ》迦《か》如《にょ》来《らい》楞《りょう》伽《が》山《せん》
為《い》衆《しゅ》告《ごう》命《みょう》南《なん》天《てん》竺《じく》

是《こ》の人《ひと》を分陀利華《ふんだりけ》と名《な》づく
弥陀仏《みだぶつ》の本願念仏《ほんがんねんぶつ》は
邪見憍慢悪衆生《じゃけんきょうまんなくしゅじょう》
信楽《しんぎょう》 受持《じゅじ》すること甚《はなは》だ以《もっ》て難《かた》し
難《なん》の中《なか》の難《なん》斯《こ》れに過《す》ぎたるは無《な》し
印度西天《いんどさいてん》の論家《ろんげ》
中夏《ちゅうか》・日域《じちいき》の高僧《こうそう》
大聖《だいしょう》 興世《こうせ》の正意《しょうい》を顕《あらわ》し
如来《にょらい》の本誓《ほんぜい》機《き》に応《おう》ぜることを明《あ》かす
釈迦如来《しゃかにょらい》楞伽山《りょうがせん》にして
衆《しゅ》の為《ため》に告命《ごうみょう》したまはく南天竺《なんてんじく》に

龍《りゅう》樹《じゅ》大《だい》士《じ》出《しゅっ》於《と》世《せ》
悉《しっ》能《のう》摧《ざい》破《は》有《う》無《む》見《けん》
宣《せん》説《ぜつ》大《だい》乗《じょう》無《む》上《じょう》法《ほう》
証《しょう》歓《かん》喜《ぎ》地《じ》生《しょう》安《あん》楽《らく》
顕《けん》示《じ》難《なん》行《ぎょう》陸《ろく》路《ろ》苦《く》
信《しん》楽《ぎょう》易《い》行《ぎょう》水《しい》道《どう》楽《らく》
憶《おく》念《ねん》弥《み》陀《だ》仏《ぶっ》本《ほん》願《がん》
自《じ》然《ねん》即《そく》時《じ》入《にゅう》必《ひつ》定《じょう》
唯《ゆい》能《のう》常《じょう》称《しょう》如《にょ》来《らい》号《ごう》
応《おう》報《ほう》大《だい》悲《ひ》弘《ぐ》誓《ぜい》恩《おん》
天《てん》親《じん》菩《ぼ》薩《さっ》造《ぞう》論《ろん》説《せつ》

龍樹大士《りゅうじゅだいじ》世《よ》に出《い》でて
悉《ことごと》く能《よ》く有無《うむ》の見《けん》を摧破《ざいは》せむ《ん》
大乗無上《だいじょうむじょう》の法《ほう》を宣説《せんぜつ》し
歓喜地《かんぎじ》を証《しょう》して安楽《あんらく》に生《しょう》ぜむ《ん》と
難行《なんぎょう》の陸路《ろくろ》苦《くる》しきことを顕示《けんじ》して
易行《いぎょう》の水道《すいどう》楽《たの》しきことを信楽《しんぎょう》せしむ
弥陀仏《みだぶつ》の本願《ほんがん》を憶念《おくねん》すれば
自然《じねん》に即《そく》の時《とき》必定《ひつじょう》に入《い》る
唯《た》だ能《よ》く常《つね》に如来《にょらい》の号《みな》を称《しょう》して
大悲弘誓《だいひぐぜい》の恩《おん》を報《ほう》ずべしといへ《え》り
天親菩薩《てんじんぼさつ》論《ろん》を造《つく》りて説《と》かく

帰《き》命《みょう》無《む》碍《げ》光《こう》如《にょ》来《らい》
依《え》修《しゅ》多《た》羅《ら》顕《けん》真《しん》実《じつ》
光《こう》闡《せん》横《おう》超《ちょう》大《だい》誓《せい》願《がん》
広《こう》由《ゆ》本《ほん》願《がん》力《りき》廻《え》向《こう》
為《い》度《ど》群《ぐん》生《じょう》彰《しょう》一《いっ》心《しん》
帰《き》入《にゅう》功《く》徳《どく》大《だい》宝《ほう》海《かい》
必《ひっ》獲《ぎゃく》入《にゅう》大《だい》会《え》衆《しゅ》数《しゅ》
得《とく》至《し》蓮《れん》華《げ》蔵《ぞう》世《せ》界《かい》
即《そく》証《しょう》真《しん》如《にょ》法《ほっ》性《しょう》身《じん》
遊《ゆう》煩《ぼん》悩《のう》林《りん》現《げん》神《じん》通《づう》
入《にゅう》生《しょう》死《じ》薗《おん》示《じ》応《おう》化《げ》

無《む》碍《げ》光如来《こうにょらい》に帰命《きみょう》したてまつる
修多羅《しゅたら》に依《よ》りて真実《しんじつ》を顕《あらわ》して
横超《おうちょう》の大誓願《だいせいがん》を光闡《こうせん》す
広《ひろ》く本願力《ほんがんりき》の廻向《えこう》に由《よ》りて
群生《ぐんじょう》を度《ど》せむ《ん》が為《ため》に一心《いっしん》を彰《あらわ》す
功徳大宝海《くどくだいほうかい》に帰入《きにゅう》すれば
必《かなら》ず大会衆《だいえしゅ》の数《かず》に入《い》ることを獲《う》
蓮華蔵世界《れんげぞうせかい》に至《いた》ることを得《う》れば
即《すなわ》ち真如法性《しんにょほっしょう》の身《しん》を証《しょう》せしむと
煩悩《ぼんのう》の林《はやし》に遊《あそ》んで神通《じんづう》を現《げん》じ
生死《しょうじ》の薗《その》に入《い》りて応化《おうげ》を示《しめ》すといへ《え》り

本《ほん》師《し》曇《どん》鸞《らん》梁《りょう》天《てん》子《し》
常向《じょうこう》鸞《らん》処《しょ》菩《ぼ》薩《さつ》礼《らい》
三《さん》蔵《ぞう》流《る》支《し》授浄教《じゅじょうきょう》
焚《ぼん》焼仙《じょうせん》経《ぎょう》帰《き》楽《らく》邦《ほう》
天《てん》親《じん》菩《ぼ》薩《さつ》論《ろん》註《ちゅう》解《げ》
報《ほう》土《ど》因《いん》果《が》顕《けん》誓《せい》願《がん》
往《おう》還《げん》廻《え》向《こう》由《ゆ》他《た》力《りき》
正定《しょうじょう》之《し》因《いん》唯《ゆい》信《しん》心《じん》
惑《わく》染《ぜん》凡《ぼん》夫《ぶ》信《しん》心《じん》発《ぼっ》
証知《しょうち》生死《しょうじ》即《そく》涅《ね》槃《はん》
必《ひっ》至《し》無《む》量《りょう》光《こう》明《みょう》土《ど》

本師《ほんし》曇鸞《どんらん》は梁《りょう》の天子《てんし》
常《つね》に鸞《らん》の処《ところ》に向《むか》いて菩《ぼ》薩《さつ》と礼《らい》したてまつる
三蔵《さんぞう》流支《るし》浄教《じょうきょう》を授《さず》けしかば
仙経《せんぎょう》を焚焼《ぼんしょう》して楽邦《らくほう》に帰《き》したまひき
天親菩薩《てんじんぼさつ》の論註解《ろんちゅうげ》して
報土《ほうど》の因果《いんが》誓願《せいがん》に顕《あらわ》す
往還《おうげん》の廻向《えこう》は他力《たりき》に由《よ》る
正定《しょうじょう》の因《いん》は唯《た》だ信心《しんじん》なり
惑染《わくぜん》の凡夫《ぼんぶ》信心発《しんじんほっ》すれば
生死即涅《しょうじそくね》槃《はん》なりと証知《しょうち》せしむ
必《かなら》ず無量光明土《むりょうこうみょうど》に至《いた》れば

諸《しょ》有《う》衆《しゅ》生《じょう》皆《かい》普《ふ》化《け》
道《どう》綽《しゃく》決《けっ》聖《しょう》道《どう》難《なん》証《しょう》
唯《ゆい》明《みょう》浄《じょう》土《ど》可《か》通《つう》入《にゅう》
万《まん》善《ぜん》自《じ》力《りき》貶《へん》勤《ごん》修《しゅ》
円《えん》満《まん》徳《とく》号《ごう》勧《かん》専《せん》称《しょう》
三《さん》不《ぷ》三《さん》信《しん》誨《け》慇《おん》懃《ごん》
像《ぞう》末《まっ》法《ほう》滅《めっ》同《どう》悲《ひ》引《いん》
一《いっ》生《しょう》造《ぞう》悪《あく》値《ち》弘《ぐ》誓《ぜい》
至《し》安《あん》養《にょう》界《がい》証《しょう》妙《みょう》果《か》
善《ぜん》導《どう》独《どく》明《みょう》仏《ぶっ》正《しょう》意《い》
矜《こう》哀《あい》定《じょう》散《さん》与《よ》逆《ぎゃく》悪《あく》

諸有《しょう》の衆生《しゅじょう》　皆普《みなあまね》く化《け》すといへ《え》り
道綽《どうしゃく》　聖道《しょうどう》の証《しょう》し難《がた》きことを決《けっ》して
唯《た》だ浄土《じょうど》の通入《つうにゅう》すべきことを明《あ》かす
万善《まんぜん》の自力《じりき》勤修《ごんしゅ》を貶《へん》す
円満《えんまん》の徳号《とくごう》専称《せんしょう》を勧《すす》む
三不三信《さんぷさんしん》の誨《おしえ》　慇懃《おんごん》にして
像末法滅《ぞうまっぽうめつ》同《おな》じく悲引《ひいん》す
一生悪《いっしょうあく》を造《つく》れども弘誓《ぐぜい》に値《もうあ》ひぬれば
安養《あんにょう》　界《かい》に至《いた》りて妙果《みょうか》を証《しょう》せしむといへ《え》り
善導独《ぜんどうひと》り仏《ぶつ》の正意《しょうい》を明《あ》かせり
定《じょう》　散《さん》と逆《ぎゃく》　悪《あく》とを矜哀《こうあい》して

光《こう》明《みょう》名《みょう》号《ごう》顕《けん》因《いん》縁《ねん》
開《かい》入《にゅう》本《ほん》願《がん》大《だい》智《ち》海《かい》
行《ぎょう》者《じゃ》正《しょう》受《じゅ》金《こん》剛《ごう》心《しん》
慶《きょう》喜《き》一《いち》念《ねん》相《そう》応《おう》後《ご》
与《よ》韋《い》提《だい》等《とう》獲《ぎゃく》三《さん》忍《にん》
即《そく》証《しょう》法《ほっ》性《しょう》之《し》常《じょう》楽《らく》
源《げん》信《しん》広《こう》開《かい》一《いち》代《だい》教《きょう》
偏《へん》帰《き》安《あん》養《にょう》勧《かん》一《いっ》切《さい》
専《せん》雑《ぞう》執《しゅう》心《しん》判《はん》浅《せん》深《じん》
報《ほう》化《け》二《に》土《ど》正《しょう》弁《べん》立《りゅう》
極《ごく》重《じゅう》悪《あく》人《にん》唯《ゆい》称《しょう》仏《ぶつ》

光明《こうみょう》名号《みょうごう》因縁《いんねん》を顕《あらわ》す
本願《ほんがん》の大智海《だいちかい》に開入《かいにゅう》すれば
行者《ぎょうじゃ》正《まさ》しく金剛心《こんごうしん》を受《う》けしめ
慶喜《きょうき》の一念相応《いちねんそうおう》して後《のち》
韋提《いだい》と等《ひと》しく三忍《さんにん》を獲《え》
即《すなわ》ち法性《ほっしょう》の常楽《じょうらく》を証《しょう》せしむといへ《え》り
源信広《げんしんひろ》く一代《いちだい》の教《きょう》を開《ひら》きて
偏《ひとえ》に安養《あんにょう》に帰《き》して一切《いっさい》を勧《すす》む
専雑《せんぞう》の執心《しゅうしん》浅深《せんじん》を判《はん》じて
報化二土《ほうけにど》正《まさ》しく弁立《べんりゅう》せり
極重《ごくじゅう》の悪人《あくにん》は唯《た》だ仏《ぶつ》を称《しょう》すべし

我《が》亦《やく》在《ざい》彼《ひ》摂《せっ》取《しゅ》中《ちゅう》
煩《ぼん》悩《のう》鄣《しょう》眼《げん》雖《すい》不《ふ》見《けん》
大《だい》悲《ひ》無《む》倦《けん》常《じょう》照《しょう》我《が》
本《ほん》師《し》源《げん》空《くう》明《みょう》仏《ぶっ》教《きょう》
憐《れん》愍《みん》善《ぜん》悪《まく》凡《ぼん》夫《ぶ》人《にん》
真《しん》宗《しゅう》教《きょう》証《しょう》興《こう》片《へん》州《しゅう》
選《せん》択《じゃく》本《ほん》願《がん》弘《ぐ》悪《あく》世《せ》
還《げん》来《らい》生《しょう》死《じ》輪《りん》転《でん》家《げ》
決《けっ》以《ち》疑《ぎ》情《じょう》為《い》所《しょ》止《し》
速《そく》入《にゅう》寂《じゃく》静《じょう》無《む》為《い》楽《らく》
必《ひっ》以《ち》信《しん》心《じん》為《い》能《のう》入《にゅう》

我《われ》亦《ま》た彼《か》の摂取《せっしゅ》の中《なか》に在《あ》れども
煩悩《ぼんのう》眼《まなこ》を鄣《さ》えて見《み》ずと雖《いえ》ども
大悲《だいひ》倦《もの》きこと無《な》くして常《つね》に我《われ》を照《てら》した
まふといへり
本師源空《ほんしげんくう》は仏教《ぶっきょう》に明《あき》らかにして
善悪《ぜんまく》の凡夫人《ぼんぶにん》を憐愍《れんみん》せしむ
真宗《しんしゅう》の教証《きょうしょう》片州《へんしゅう》に興《おこ》す
選択本願悪世《せんじゃくほんがんあくせ》に弘《ひろ》む
生死輪転《しょうじりんでん》の家《いえ》に還来《かえること》は
決《けっ》するに疑情《ぎじょう》を以《もっ》て所止《しょし》と為《な》す
速《すみ》やかに寂静無為《じゃくじょうむい》の楽《みやこ》に入《い》ることは
必《かなら》ず信心《しんじん》も以《もっ》て能入《のうにゅう》と為《な》すといへ《え》り

弘《ぐ》経《きょう》大《だい》士《じ》宗《しゅう》師《し》等《とう》
拯《じょう》済《さい》無《む》辺《へん》極《ごく》濁《じょく》悪《あく》
道《どう》俗《ぞく》時《じ》衆《しゅ》共《ぐ》同《どう》心《しん》
唯《ゆい》可《か》信《しん》斯《し》高《こう》僧《そう》説《せつ》

弘経《ぐきょう》の大士宗師等《だいじしゅうしとう》
無辺《むへん》の極濁《ごくじょく》悪《あく》を拯済《じょうさい》したまふ《う》
道俗時衆《どうぞくじしゅ》共《とも》に同心《どうしん》に
唯《た》だ斯《こ》の高僧《こうそう》の説《せつ》を信《しん》ずべしと

和《わ》讃《さん》

※親鸞聖人が教えを平易な日本語の歌にしたもの。以下の六首は『浄土和讃』の最初にある。「本」は本願寺派、「大」は大谷派、「高」は高田派の読み。

弥陀《みだ》成仏《じょうぶつ(ぶ)》のこのかたは
いまに十劫《じっこう》をへたまへ《え》り
法身《ほっしん》の光輪《こうりん》きは《わ》もなく
世《せ》の盲冥《もうみょう》をてらすなり

智慧《ちえ》の光明《こうみょう》はかりなし
有量《うりょう》の諸相《しょそう》ことごとく
光暁《こうけう(きょう)》かふ《む》らぬものはなし
真実明《しんじつみょう》に帰命《きみょう》せよ

解脱《げだつ(だ)》の光輪《こうりん》きは《わ》もなし
光触《こうそく》かふ《む》るものはみな
有無《うむ》をはなるとのべたまふ《もう》
平等覚《びょうどうかく(がく)》に帰命《きみょう》せよ

光雲無碍《こううんむげ》如虚空《にょこくう》
一切《いっさい》の有碍《うげ》にさは《わ》りなし
光沢《こうたく》かふ《む》らぬものぞなき
難思議《なんじぎ》を（本・大）に（高）帰命《きみょう》せよ

清浄光明《しょうじょうこうみょう》ならびなし
遇斯光《ぐしこう》のゆへ《え》なれば
一切《いっさい》の業繋《ごっけ(ごうけ)》ものぞこりぬ
畢竟依《ひっきょうえ》を に帰命《きみょう》せよ

仏光照曜最第一《ぶっこうしょうようさいだいいち》
光炎王仏《こうえんのうぶつ》となづけたり
三塗《さんず》の黒闇《こくあん》ひらくなり
大応供《だいおうぐ》を に帰命《きみょう》せよ

御文《おふみ》（御文章《ごぶんしょう》）

※蓮如上人が信徒に書き与えた手紙。本願寺派では「御文章」といい、大谷派では「御文」という。

末代無智《まつだいむち》の章《しょう》

末代無智《まつだいむち》の在家止住《ざいけしじゅう》の男女《なんにょ》たらんともがらは、こころをひとつにして阿弥陀仏《あみだぶつ》をふかくたのみまゐ《い》らせて、さらに余《よ》のかたへこころをふらず一心一向《いっしんいっこう》に仏《ぶつ》たすけたまへ《え》とまうさん衆生《しゅじょう》をば、たとひ罪業《ざいごう》は深重《じんじゅう》なりとも、かならず弥陀如《みだにょ》来《らい》はすくひまします《い》べし。これすなはち第十《だいじゅうはち》八の念仏往生《ねんぶつおうじょう》の誓願《せいがん》のこころなり。かくのごとく決《けつ》定《じょう》してのうへ《え》には、ねてもさめてもいのちのあらんかぎりは、称《しょう》名《みょう》念仏《ねんぶつ》すべきものなり。あなかしこあなかしこ。

信心獲《しんじんぎゃくとく》得の章《しょう》

信心獲《しんじんぎゃくとく》得すといふ《う》は、第十《だいじゅうはち》八の願《がん》をこころうるなり。この願《がん》をこころうるといふ《う》は、南無《なも(む)》阿弥陀《あみだ》仏《ぶっ》のすがたをこころうるなり。このゆへ《え》に、南無《なも(む)》と帰命《きみよう》する一念《いちねん》の処《ところ》に、発願廻向《ほつがんえこう》のこころあるべし。これすなはち《わ》、弥陀如来《みだによらい》の凡《ぼん》夫《ぶ》に廻向《えこう》しましますこころなり。これを大経《だいきよう》には、令諸衆生功徳《りようしよしゆじようくどく》成就《じようじゆ》ととけり。されば無始已来《むしいらい》つくりとつくる悪業煩悩《あくごうぼんのう》を、のこるところもなく、願力不思議《がんりきふしぎ》をもて消滅《しようめつ》するいはれ《わ》あるがゆへ《え》に、正定聚不退《しようじようじゆふたい》のくらいに住《じゆう》すとなこ、これによりて《つ》、煩悩《ぼんのう》を断《だん》ぜずして、涅槃《ねはん》をうといへ《え》るはこのこころなり。此義《このぎ》は、当流一途《とうりゆういちず》の所談《しよだん》なるものなり。他流《たりゆう》の人《ひと》に対《たい》して、かくのごとく沙汰《さた》あるべからざる所《ところ》なり。能々《よくよく》こころうべきものなり。あなかしこあなかしこ。

聖人一流の章《しようにんいちりゆうのしよう》

聖人一流《しようにんいちりゆう》の御勧化《ごかんけ》のおもむきは、信心《しんじん》をもて《の》本《ほん》とせられ候《そうろう》。そのゆへ《え》は、もろもろの雑行《ぞうぎよう》をなげすてて、一心《いっしん》に弥陀《みだ》に帰命《きみよう》すれば、不可思議《ふかしぎ》の願力《がんりき》として、仏《ぶつ》のかたより往生《おうじょう》は治定《じじょう》せしめたまふ《う》。そのくらゐ《い》を、一念《いちねん》発《ぽっ》《ほっ》起《き》入正定《にゅうしょうじょう》之聚《しじゅ》とも釈《しゃく》し、そのうへ《え》の称名《しょうみょう》念仏《ねんぶつ》は如来《にょらい》わが往生《おうじょう》をさだめたまひ《い》し御恩報尽《ごおんほうじん》の念仏《ねんぶつ》とこころうべきなり。あなかしこあなかしこ。

白骨《はっこつ》の章《しょう》

夫《それ》、人間《にんげん》の浮生《ふしょう》なる相《そう》をつらつら観《かん》ずるに、おほ《お》よそはかなきものは、この世《よ》の始中終《しちゅうじゅう》まぼろしのごとくなる一期《いちご》なり。さればいまだ万歳《まんざい》の人身《にんじん》を《の》うけたりといふ《う》事《こと》をきかず、一生《いっしょう》すぎやすし。いまにいたり《つ》てたれか百年《ひゃくねん》の形体《ぎょうたい》をたもつべきや。我《われ》やさき人《ひと》やさき、けふ《きょう》ともしらず、あすともしらず、おくれさきだつ人《ひと》はもとのしづく《ず》、すゑ《え》の露《つゆ》よりもしげしといへ《え》り。されば朝《あした》には紅顔《こうがん》ありて《つ》夕《ゆうべ》には白《はっ》骨《こつ》となれる身《み》なり。すでに無常《むじょう》の風《かぜ》きたりぬれば、すなはち《わ》ふたつのまなこたちまちにとぢ《じ》、ひとつのいきながくたえぬれば、紅顔《こうがん》む

なしく変《へん》じて桃李《とうり》のよそほ《お》ひ《い》をう
しなひ《い》ぬるときは、六親眷属《ろくしんけんぞく》あつ
まり《っ》てなげきかなしめども、更《さら》に
その甲斐《かい》あるべからず。さてしも
あるべき事《こと》ならねばとて、野外《やがい》に
おくり《っ》て夜半《よわ》のけふり《む》となしはて
ぬれば、ただ白骨《はっこつ》のみぞのこれり。

あは《わ》れとい《ゆ》ふ《う》もなかなかおろかな
り。されば人間《にんげん》のはかなきことは
老少不定《ろうしょうふじょう》のさかひ《い》なれば、たれ
の人《ひと》もはやく後生《ごしょう》の一大事《いちだいじ》を心《こころ》に
かけて、阿弥陀仏《あみだぶつ》をふかくたのみ
まゐ《い》らせて、念仏《ねんぶつ》まう《も》すべきもの
なり。あなかしこあなかしこ。

回向偈《えこうげ》

※自分ばかりでなく、人の成仏を阿弥陀如来にねがう文。

願以此功徳《がんにしくどーく》　平等施一切《びょうどうせーいっさい》
同発菩提心《どうほつぼだいしん》　往生安楽国《おうじょうあんらっこく》

願《ねが》わくは、この功徳《くどく》をもって平等《びょうどう》に一切《いっさい》に施《ほどこ》し、
同《おな》じく菩提心《ぼだいしん》を発《おこ》して安楽国《あんらっこく》に往生《おうじょう》せん。

我《が》説《せ》彼《び》尊《そん》功《く》徳《どく》事《じ》
衆《しゅ》善《ぜん》無《む》辺《へん》如《にょ》海《かい》水《しい》
所《しょ》獲《ぎゃく》 善《ぜん》根《ごん》清《しょう》 浄《じょう》 者《しゃ》
廻《え》施《せ》衆《しゅ》生《じょう》 生《しょう》 彼《ひ》国《こく》

我《われ》、かの尊《そん》の功《く》徳《どく》の事《こと》を説《と》くに、衆善無辺《しゅぜんむへん》にして海水《かいすい》のごとし。獲《う》る所《ところ》の善根清 浄《ぜんごんしょうじょう》なれば、衆生《しゅじょう》に回施《えせ》して彼《か》の国《くに》に生《しょう》ぜしめん。

世《せ》尊《そん》我《が》一心《いっしん》
帰命尽十方《きみょうじんじっぽう》
無《む》礙《げ》光如来《こうにょらい》

願生 安楽国《がんしょうあんらっこく》

世《せ》尊《そん》、われ一心《いっしん》に尽十方無碍光如来《じんじっぽうむげこうにょらい》に帰命《きみょう》して、安楽国《あんらっこく》に生《う》まれんと願《がん》ず。

其《ご》仏本願力《ぶっほんがんりき》
聞名 欲往生《もんみょうよくおうじょう》
皆悉到彼国《かいしっとうひこく》
自《じ》致《ち》不《ふ》退転《たいてん》

その仏《ぶっ》の本願力《ほんがんりき》、(仏《ぶっ》の)名《みな》を聞《き》きて往生《おうじょう》せんと欲《おも》えば、みなことごとくかの国《くに》に到《いた》り、おのずから不退転《ふたいてん》に致《いた》らん。

領解文《りょうげもん》（改悔文《がいけもん》）

※ひたすらに阿弥陀如来を信仰する心を示した文。

もろもろの雑行《ぞうぎょう》 雑修自力《ざっしゅじりき》のこころをふりすてて、一心《いっしん》に阿弥陀如来《あみだにょらい》われらが今度《こんど》の一大事《いちだいじ》の後生《ごしょう》御《おん》たすけそうらへ《え》とたのみもうしてそうろう。たのむ一念《いちねん》のとき、往生一定《おうじょういちじょう》 御《おん》たすけ治定《じじょう》とぞんじ、このうへ《え》の称名《しょうみょう》は、ご恩報謝《おんほうしゃ》と（本）（ぞんじ）よろこびもうしそうろう。この御《おん》ことはり《わ》聴聞《ちょうもん》もうしわけそうろうこと、ご開山聖人《かいさんしょうにん》ご出世《しゅっせ》のご恩《おん》、次第相承《しだいそうじょう》の善知識《ぜんじしき》のあさからざるご勧化《かんけ》のご恩《おん》と、ありがたくぞんじそうろう。このうへ《え》は、さだめおかせらるる御《おん》おきて、一期《いちご》をかぎりまもりもうすべくそうろう。

年中行事

***修正会**《しゅしょうえ》 元日会ともいう。年頭にあたって、阿弥陀如来に感謝し、念仏信仰に生きる気持ちを新たにする。本願寺派では一月一日、大谷派では一月一日～七日。

***灌仏会**《かんぶつえ》（花まつり） 四月八日。釈尊の誕生を祝う行事。

***報恩講**《ほうおんこう》 親鸞聖人の忌日（祥月命日《しょうつきめいにち》）に行われる法要。御正忌《ごしょうき》ともいう。親鸞聖人は弘長二年（一二六二）十一月二十八日に九十歳の生涯を閉じられたが、本願寺派では新暦により一月九日～十六日、大谷派では十一月二十一日～二十八日に営まれる。この前後に一般寺院や家庭でも報恩講が行われるが、本山の報恩講より先に行うことを「お取越《とりこし》」という。

なお、門徒の法会などの集まりを「お*講《こう》」というが、その発生はこの報恩講にあるという。親鸞聖人の在世中には法然上人の忌日の二十五日に念仏の集まりがもたれ、その後は親鸞聖人の忌日である毎日二十八日に門徒が集まって法会を営んだ。お講では法話を聞いたあとで「お*斎《とき》」といって食事をともにし、信仰を高めるだけでなく、同信者の親睦を深めるものとして今日まで行われてきた。一年の最初のお講を初お講（お講はじめ）最後をお講じまいという。

***彼岸会**《ひがんえ》 春分・秋分の日を中心にした七日間の法要。一般には「お彼岸」といって墓参りをすることがならわしとなっている。

宗祖降誕会《しゅうそごうたんえ》 親鸞聖人の誕生を祝う法要。本願寺派では五月二十一日、大谷派では「親鸞聖人御誕生法要」といい、四月一日～三日に行う。

***盂蘭盆会**《うらぼんえ》 八月十五日前後。関東地方では七月十五日前後が多い。一般に「お盆」といって先祖供養がひろく行われるが、真宗では供養ではなく、先祖にたいする感謝の法要という意味で「歓喜会《かんぎえ》」ともいう。

親鸞聖人の生涯

一一七三　日野の近くで誕生。
一一八一　九歳。慈円のもとで得度。比叡山に登る。
一二〇一　二九歳。吉水の法然をたずね、弟子となる。
一二〇七　三五歳。越後に流罪。
一二一一　三九歳。流罪を解かれるも越後にとどまる。
一二一四　四二歳。佐貫を経て下妻・稲田におもむく。
一二二四　五二歳。このころ、『教行信証』を著す。
一二三四　六二歳。このころ、関東より帰洛の途へ。
一二四八　七六歳。『浄土和讃』『高僧和讃』を著す。
一二五六　八四歳。善鸞を義絶。
一二五八　八六歳。顕智に「自然法爾」について語る。
一二六二　九〇歳。善法院の里坊にて歿する。

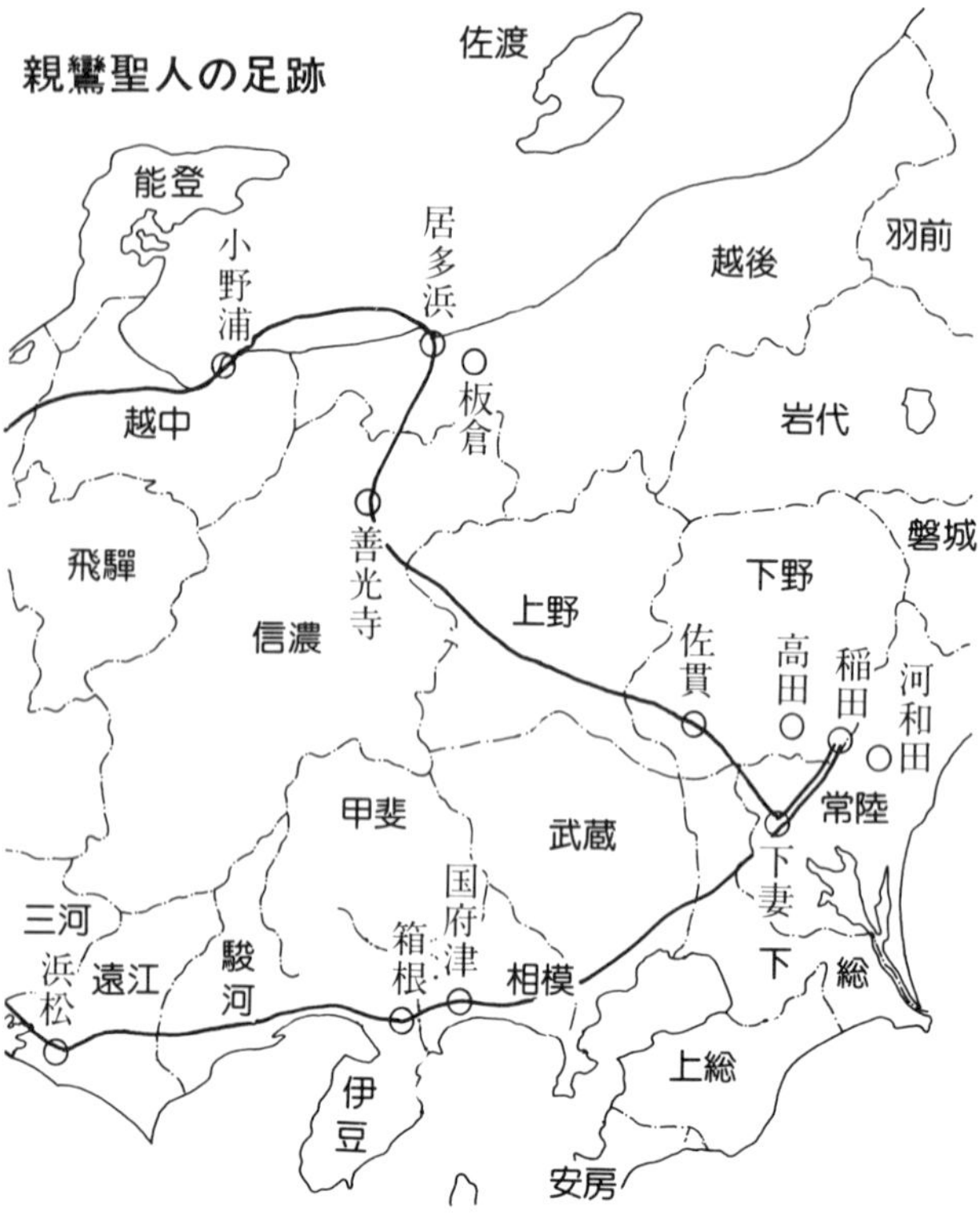

蓮如上人の生涯

一四一五　東山大谷に生まれる。
一四三一　一七歳。青蓮院にて得度。
一四四二　二八歳。長男の順如生まれる。
一四五七　四三歳。父、存如死去。本願寺八世となる。
一四五八　四四歳。五男の実如(のちの本願寺九世)生まれる。
一四六一　四七歳。『御文章(御文)』はじめてつづる。
一四六五　五一歳。比叡山衆徒により大谷本願寺破却される。

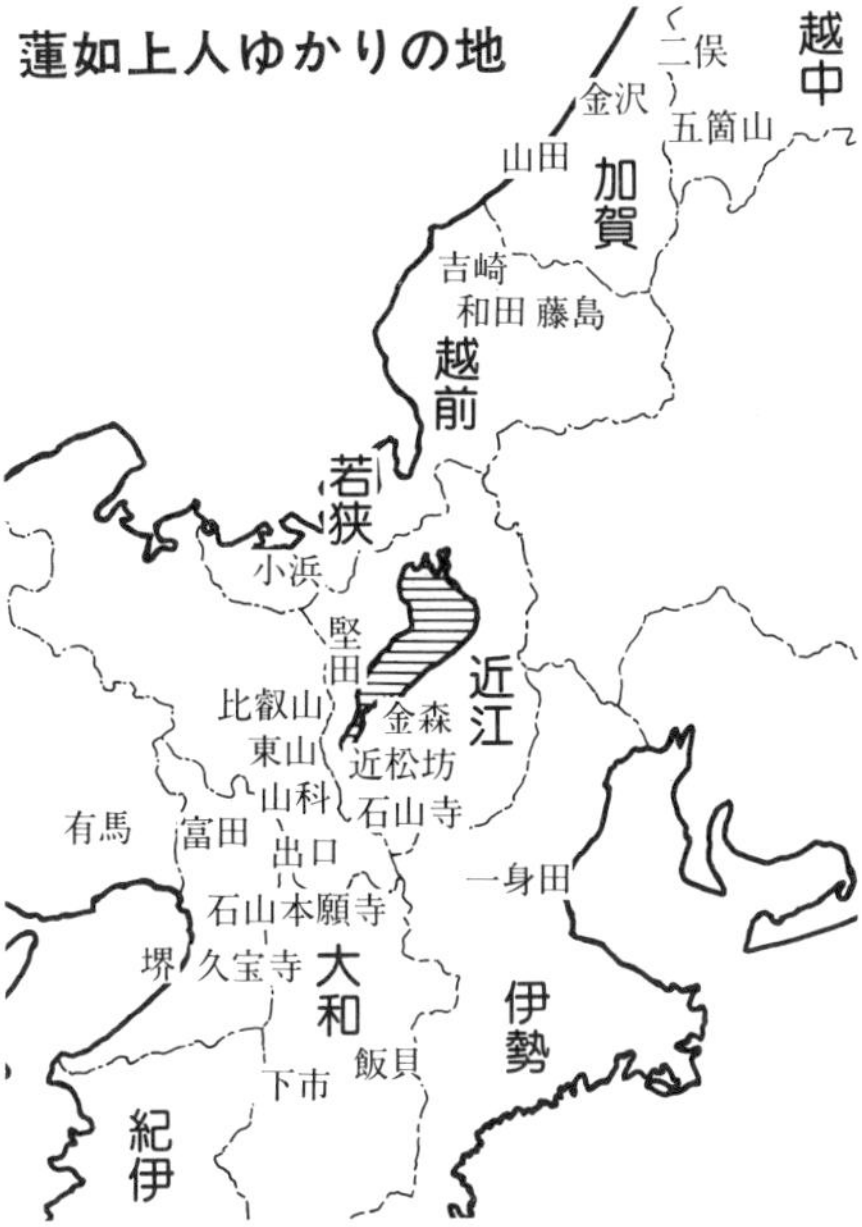

北陸・東北を巡る。
一四七一　五七歳。越前吉崎に坊舎をつくる。
一四七五　六一歳。吉崎を退去。河内に出る。
一四七八　六四歳。京都山科の坊舎建立に着手。妻、如勝死去。
一四八三　六九歳。山科本願寺完成。
一四八八　七四歳。一向一揆、富樫政親を破る。
一四八九　七五歳。寺務を実如にゆずり、隠居。
一四九〇　七六歳。実如に譲り状を書く。
一四九六　八二歳。石山坊舎(石山本願寺)建立に着手。
一四九九　八五歳。山科本願寺にて歿する。

真宗系の宗教団体

(①事務所②寺院・布教所数。分類は木辺派を除き、文化庁編『宗教年鑑』平成一一年版による)

浄土真宗本願寺派 ①京都市下京区堀川通花屋町下ル本願寺門前町本願寺内☎〇七五—三七一—五一八一 ②一〇四七六

真宗大谷派 ①京都市下京区烏丸通七条上ル常葉町七五四☎〇七五—三七一—九一八一 ②八八六七

真宗高田派 ①三重県津市一身田町二八一九☎〇五二九二—三二—四一七一 ②六三八

真宗興正派 ①京都市下京区醒ケ井通七条上ル華園町七〇☎〇七五—三七一—〇〇七五 ②四八六

真宗仏光寺派 ①京都市下京区高倉通仏光寺下ル新開町三九七☎〇七五—三四一—三三二一 ②三八四

真宗木辺派 ①滋賀県野洲郡中主町木部☎〇七七五—八九—二六四八 ②約二五〇

真宗三門徒派 ①福井市みのり二—三—七☎〇七七六—三六—〇二二九 ②三七

真宗出雲路派 ①福井県武生市清水頭町二—九☎〇七七八—二七—一二二四 ②六四

真宗山元派 ①福井県鯖江市横越町一三—四三☎〇七七八—五一—〇六三六 ②二一

真宗誠照寺派《じょうしょうじ》 ①福井県鯖江市本町三—二—三八☎〇七七八—五一—〇一三九 ②七一

真宗浄興寺派 ①新潟県上越市寺町二—六—四五☎〇二五五—二四—五九七〇 ②一四

真宗長生派 ①横浜市鶴見区生麦一—七—一〇☎〇四五—五二一—七四八六 ②二九

真宗北本願寺派 ①北海道小樽市長橋二—一二—一五☎〇一三四—三二—一九二九 ②五

浄土真宗同朋教団 ①石川県鹿島郡中島町字笠師ノ部八七☎〇七七—六五一—四五八九 ②六

浄土真信宗浄光寺派《まことのじょうどしんしゅうじょうこうじ》 ①福岡市東区筥松一—一〇—一〇☎〇九二—六一一—五四二一 ②二

仏教真宗 ①熊本県荒尾市日の出町二—三☎〇九六八六—二—〇六二三 ②二

弘願真宗《ぐがんしんしゅう》 ①福井市羽水一—三〇三☎〇七七六—三五—一九四四 ②三五

真宗系譜

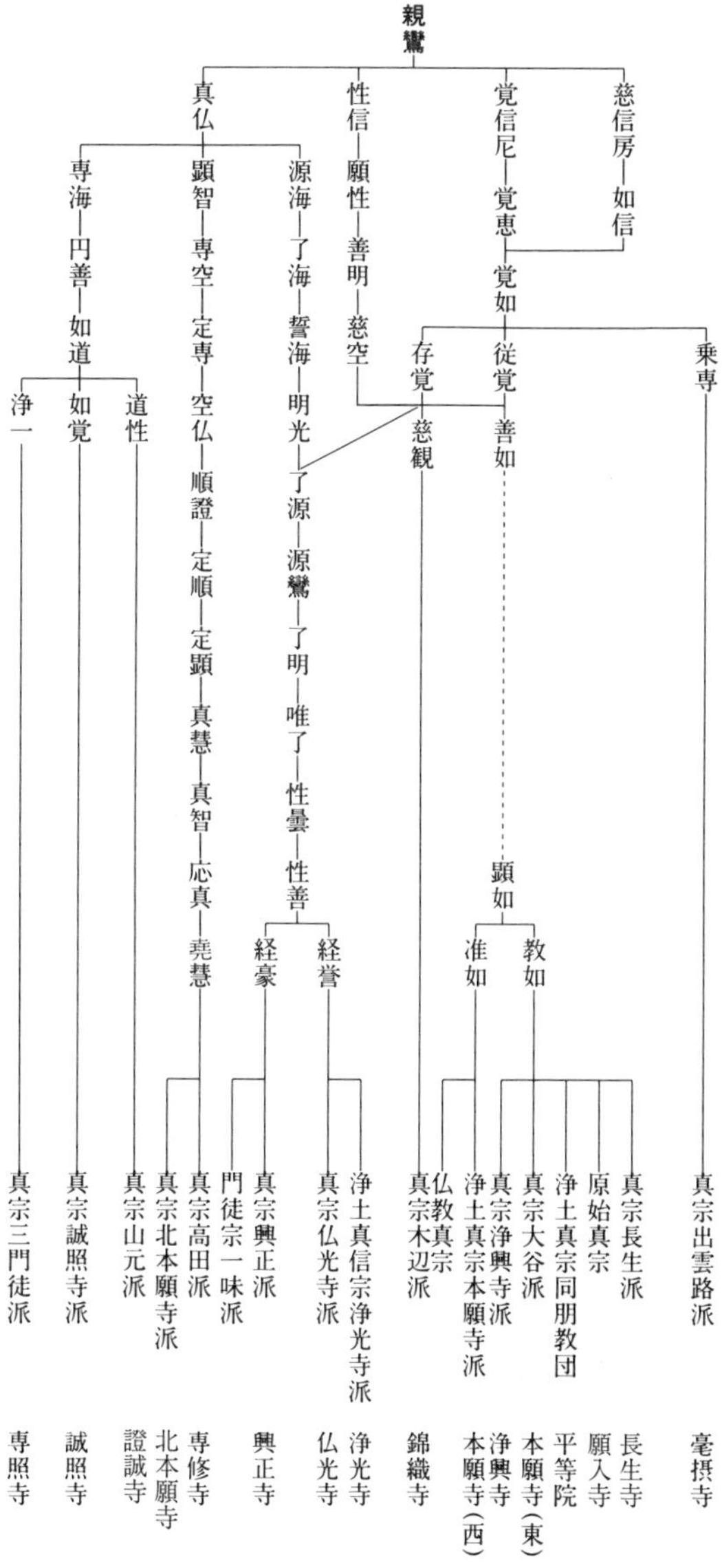
親鸞
慈信房
如信
覚信尼
覚恵
覚如
乗専
真宗出雲路派
毫摂寺
存覚
慈観
真宗木辺派
錦織寺
従覚
善如
顕如
教如
真宗長生派
長生寺
原始真宗
願入寺
浄土真宗同朋教団
平等院
真宗大谷派
本願寺(東)
真宗浄興寺派
浄興寺
准如
浄土真宗本願寺派
本願寺(西)
仏教真宗
性信
願性
善明
慈空
真仏
源海
了海
誓海
明光
了源
源鸞
了明
唯了
性曇
性善
経誉
浄土真信宗浄光寺派
浄光寺
真宗仏光寺派
仏光寺
経豪
真宗興正派
興正寺
門徒宗一味派
顕智
専空
定専
空仏
順證
定順
定顕
真慧
真智
応真
尭慧
真宗高田派
専修寺
真宗北本願寺派
北本願寺
専海
円善
如道
道性
真宗山元派
證誠寺
如覚
真宗誠照寺派
誠照寺
浄一
真宗三門徒派
専照寺

真宗年表

西暦	年号	宗門事項	一般
一一七三	承安三	親鸞、生まれる。	一一八〇　源頼朝挙兵。
一一八一	養和一	春、親鸞、慈円の坊で出家する（九歳）。	一一九二　鎌倉幕府成立。
一一九八	建久九	法然、「選択本願念仏集」を著す。	
一二〇一	建仁一	親鸞、比叡山を出て六角堂に参籠し、法然の弟子になる（二九歳）。	
一二〇三	〃三	四月、親鸞、夢に六角堂救世観音の告命（建仁元年ともいう）。	一二〇二　栄西、建仁寺を創建。
一二〇五	元久二	四月、親鸞、法然に「選択本願念仏集」書写をゆるされる。	
一二〇七	承元一	二月、親鸞、念仏禁止により越後に流される（三五歳）。	
一二一一	建暦一	一一月、親鸞、流罪赦免。	一二二一　後鳥羽上皇挙兵（承久の乱）。
一二一二	〃二	法然歿。	
一二一四	建保二	親鸞、上野国佐貫にうつり、やがて常陸へ行く。	一二三二　御成敗式目（貞永式目）制定。
一二二四	元仁一	親鸞、この頃「教行信証」を著わす（五二歳）。	
一二三〇	寛喜二	五月、親鸞、「唯信鈔」を書写。	一二四四　道元、越前に大仏寺（永平寺）を開く。
一二三一	〃三	四月、親鸞、自力の執心について反省を深める。	
一二三四	文暦一	親鸞、このころ関東から京都にうつる。幕府、専修念仏を禁止。	
一二四八	宝治二	親鸞、「浄土和讃」「高僧和讃」を著す。	一二五三　日蓮、法華題目をとなえる（日蓮宗開宗）。
一二五五	〃七	これ以前、善鸞、東国へ下り教化にあたる。門徒動揺して訴訟におよぶ。	

一二五六	康元一	五月、親鸞、善鸞を義絶する。一〇月、真仏・顕智・専信、三河薬師寺で念仏をすすめる。	
一二五七	正嘉一	親鸞、「正像末和讃」を著す。	
一二五八	〃二	三月、真仏歿（五〇歳）。一二月、親鸞、善法坊で顕智に自然法爾について語る。	
一二六二	弘長二	一一月、親鸞、押小路南・万里小路東の住居で歿する（九〇歳）。	
一二七二	文永九	親鸞の墓を吉水の北にうつし、堂に親鸞の影像を安置する。	一二七四　元軍来襲（文永の役）。時宗成立。
一二七七	建治三	覚信尼、廟堂敷地を親鸞の門弟に寄進する。	
一二八三	弘安六	一一月、覚信尼、廟堂留守職を覚恵に譲る。のち覚信尼歿。	
一二八六	〃九	一〇月、覚如、出家受戒する。	
一二九四	永仁二	親鸞歿後三十三年、覚如「報恩講式」を著わす。	
一二九五	〃三	一〇月、覚如「親鸞伝絵」を著す。	一二九七　永仁の徳政令。
一三〇一	正安三	唯善、大谷の横領を企てる。	
一三〇九	延慶二	七月、唯善、大谷管領の訴訟に敗れて鎌倉へ退く。	
一三一〇	〃三	秋、覚如、東国門徒の承認を得て影堂留守職に就く。	
一三一二	正和一	法智ら、大谷影堂を修復し「専修寺」の額を打ち、叡山の抗議で撤去。	
一三二〇	元応二	一月、了源、山科で聖徳太子像を造立供養して山科に寺基を構える。	
一三三〇	元徳二	二月、興正寺を東山渋谷に移し仏光寺と称する。	
一三三二	正慶一	一月、覚如、奥州に下り、主な門徒二十余人に署名を求める。	一三三三　鎌倉幕府滅亡。
一三三三	〃二	六月、本願寺、護良親王の祈禱所になる。	
一三三八	暦応一	一一月、専空・寂静ら、本願寺御影堂を建てる。	一三三八　足利尊氏、室町幕府を開く。
一三三九	〃二	一一月、覚如、留守職の継承順を決め、存覚を除外する。	

一三五〇	観応一	七月、覚如、存覚の義絶を解く。
一三五二	文和一	閏二月、延暦寺僧徒、仏光寺を破却。五月、延暦寺僧徒、本願寺襲撃を企て青蓮院の指示で中止。
一三五七	延文二	七月、本願寺に勅願寺の綸旨下る。
一三八五	至徳二	越前大町道性、横越に証誠寺を建てるという。
一三九〇	明徳一	八月、綽如、越中に瑞泉寺建立のため勧進をおこなう。
一三九六	応永三	越前大町専修寺を中野に移し専照寺と改めるという。
一四〇〇	〃七	三月、興福寺、大和の一向宗徒を検断する。
一四〇三	〃一〇	この頃、周覚、越前荒川に興行寺を建てる。
一四〇七	〃一四	この頃、頓円、越前藤島に超勝寺を建てる。
一四一五	〃二二	二月、蓮如生まれる。
一四一六	〃二三	近江堅田衆、本願寺に帰参する。
一四二五	〃三二	この頃、本願寺、信濃長沼浄興寺に聖教を頻りに下す。
一四三七	永享九	越前鯖江真照寺を誠照寺と改め、勅願所になるという。
一四三八	〃一〇	この頃、存如、本願寺坊舎を造営。
一四五七	長禄一	蓮如、継職、興福寺経覚と親交をはかる。
一四五八	〃二	興福寺僧徒、一向宗徒を弾圧。
一四五九	〃三	下野高田専修寺真慧、北陸を教化するという。
一四六〇	寛正一	六月、蓮如、「正信偈大意」を著し、つづいて文書伝道を開始する。
一四六五	〃六	一月、延暦寺僧徒、本願寺を襲撃。ついで近江赤野井門徒を攻める。
一四六八	応仁二	三月、延暦寺僧徒、近江堅田を襲う。八月、仏光寺の堂舎焼ける。
一四六九	文明一	春、大津三井寺南別所に本願寺坊舎を建て、顕証寺と称する。
一四七一	〃三	五月、蓮如、越前に下る。七月、同細呂宜郷吉崎に坊舎を建てる。

一三四二　幕府、五山十刹の制を定める。

一三九二　南北朝合一。

一三九九　大内義弘挙兵（応永の乱）。

一四〇四　勘合符貿易開始。この頃、五山文学盛ん。

一四四一　赤松満祐、将軍義教を殺す（嘉吉の変）。

一四六七　応仁の乱始まる。

一四七二	〃四	一月、蓮如、門徒が吉崎坊舎に群参することを制止する。	
一四七四	〃六	七月、富樫政親、本願寺門徒、守護代富樫幸千代・専修寺門徒と戦う。九月、真慧が伊勢国一身田に建てた寺を、宇都宮正綱、無量寿院と命名（のちの専修寺）。	
一四七五	〃七	三月、加賀の本願寺門徒、富樫政親と戦う。八月、蓮如、吉崎を去り河内に入る。	
一四七七	〃九	閏一月、綸旨を下し、本願寺門徒の加賀寺社領押妨を制止する。	
一四七八	〃一〇	三月、高田専修寺を勅願所とし、真慧に上人号を下す。	
一四八〇	〃一二	一一月、本願寺を山科野村に建て、大津近松坊から影像を迎える。	
一四八二	〃一四	九月、仏光寺経豪、本願寺につく。	一四八五　山城国一揆始まる。
一四八八	長享二	六月、加賀一向一揆、富樫政親を攻め自殺させる。蓮如、門徒に自制を求める。	
一四九四	明応三	三月、宇都宮成綱、高田専修寺領安堵。一〇月、加賀一向一揆、朝倉氏を攻める。	
一四九七	〃六	一一月、蓮如、大坂石山に坊舎を建てる。	
一四九八	〃七	五月、蓮如、大坂富田から山科に移る。	
一四九九	〃八	三月、蓮如歿（八五歳）。	
一五〇二	文亀二	八月、応真、専修寺住持になる。	一五〇四　京都で土一揆。
一五〇六	永正三	九月、長尾能景、越中で一向一揆と戦って敗死。この年、細川政元、河内で畠山義英と戦い本願寺の加勢を求める。実如、加賀門徒を差向け武装をはじめる。	
一五一二	〃九	一〇月、真智に専修寺住持の綸旨下る。	

一五一三　〃一〇	二月、応真に専修寺住持の正統綸旨くだる。応真と真智の争い始まる。	
一五一九　〃一六	実如、一門一家の制を定める。本願寺、三井寺と和解。蓮淳、近松に戻る。	
一五二一　大永一	二月、越後守護代長尾為景、一向宗を禁じる。	一五二〇　永正徳政令。
一五二二　〃二	八月、専修寺応真と真智、和解して師弟の契約をむすぶ。	
一五二六　〃六	これより先、高田専修寺、兵火で焼ける。	
一五三一　享禄四	本願寺、越前超勝寺・本覚寺と加賀本泉寺・松岡寺・光教寺を攻める。	
一五三二　天文一	八月、証如、細川晴元を堺に攻める。法華宗徒・六角定頼、山科本願寺を焼く。	
一五三三　〃二	六月、証如、細川氏と和解。七月、大坂石山坊舎を本寺と定める。	
一五三五　〃四	尭慧、将軍の猶子となり専修寺に入る。	
一五三九　〃八	六月、幕府、真智の伊勢一身田無量寿寺住持を安堵。本願寺の朝廷献物ふえる。	
一五四一　〃一〇	九月、本願寺、朝倉氏と和解、越前の通路閉鎖解かれる。	一五四三　種子島に鉄砲伝来。
一五四六　〃一五	四月、石山の堂舎、荘厳調う。一〇月、金沢に坊舎を建て加賀を統制する。	
一五四七　〃一六	一月、伊勢北畠氏、真智門下の高田門徒を安堵。やがて真智、一身田を退去。	
一五四八　〃一七	二月、専修寺尭慧、一身田無量寿寺に入って住房とする。	一五四九　ザビエル、鹿児島でキリスト教を伝道。
一五四九　〃一八	一月、証如、権僧正に任官。朝廷より「三十六人集」を下賜される。	
一五五五　弘治元	七月、朝倉教景、加賀一向宗徒を攻める。翌年和解。	

一五五九	永禄二	一二月、本願寺、門跡に補せられる。	
一五六〇	〃三	二月、専修寺堯慧、権僧正に任官。一〇月、武田信玄、顕如に門徒の越後進攻を促す。	一五六〇　桶狭間の合戦。
一五六一	〃四	六月、堯慧と真智、専修寺住持職を争い、堯慧が安堵される。親鸞三百回忌。	
一五六二	〃五	九月、三河一向一揆、松平氏と戦う。	
一五六七	〃一〇	二月、畠山義綱、顕如に助勢を求める。一一月、朝倉義景、加賀門徒と和解。	
一五七〇	元亀一	九月、顕如、門徒に織田信長との戦いを命じる。一一月、伊勢長島一揆。	一五七一　延暦寺、織田信長軍により焼失。
一五七二	〃三	一月、顕如、武田信玄に信長攻略を求む。八月、上杉謙信、越中一揆を攻める。	
一五七三	天正一	八月、信長、伊勢一向一揆を攻める。一〇月、信長、一身田無量寿寺に制札を下す。	一五七三　室町幕府滅亡。
一五七四	〃二	四月、信長、伊勢長島の一揆を掃討する。一一月、専修寺、門跡に補せられる。	
一五七六	〃四	四月、顕如、毛利輝元と結び、信長と戦う。六月、信長、石山を包囲する。	
一五七七	〃五	二月、信長、紀伊雑賀を攻める。	
一五八〇	〃八	三月、勅により本願寺と信長講和。四月、顕如、紀伊鷺森に退去。一身田無量寿寺火災。八月、教如、石山から紀伊に下る。本願寺堂舎焼ける。	
一五八二	〃一〇	二月、一身田無量寿寺再建。	一五八二　本能寺の変。天正遣欧使節をローマに派遣。

一五八五 〃一三	五月、秀吉、本願寺に大坂天満の地を寄せる。	一五八五 羽柴(豊臣)秀吉、根来山を襲撃。
一五八六 〃一四	秀吉、仏光寺を渋谷から現在地五条坊門に移転させる。	
一五九一 〃一九	一月、秀吉、本願寺に京都六条堀川の地を寄せる。八月、移転工事はじまる。	一五八八 秀吉、方広寺大仏殿を建立。
一五九二 文禄一	二月、本願寺影堂供養。一一月、顕如歿(五〇歳)。教如継職、翌年准如に譲り隠退。	一五九〇 秀吉、全国を統一。
一五九八 慶長三	一一月、准如、摂津津村坊舎を建立。教如、摂津渡辺坊舎を難波村に移す。	
一六〇〇 〃五	六月、教如、近江大津に坊舎を建立。七月、教如、徳川家康を東国に訪う。	一六〇〇 関が原の合戦。
一六〇二 〃七	二月、家康、教如に京都東六条の地を寄せる。	
一六〇三 〃八	一月、教如、上野厩橋から影像を迎える。六月、教如、東六条仮御堂に移る。一〇月、西本願寺、宗祖廟地を東山五条坂に移す。	一六〇三 徳川家康、江戸幕府を開く。
一六〇四 〃九	六月、東本願寺影堂遷座式を行う。	
一六一一 〃一六	親鸞三百五十回忌。	
一六一二 〃一七	六月、准如、駿河に家康を訪う。	
一六一四 〃一九	四月、天海、東本願寺を訪う。一〇月、准如、二条城に家康を訪う。	一六一五 大坂夏の陣、豊臣氏滅亡。
一六一七 元和三	九月、秀忠、専修寺寺領の安堵状を下す。一二月、西本願寺焼ける。	一六一七 日光東照宮完成。
一六一九 〃五	九月、秀忠、東本願寺寺地の安堵状を下す。	
一六三四 寛永一一	七月、東西本願寺宣如・良如、二条城で家光を訪う。閏七月、越前専修寺、伊勢専修寺と本山を争い、幕府、伊勢専修寺を本山と裁定する。	
一六三六 〃一三	八月、西本願寺御影堂(現存)上棟。	一六三七 島原の乱

一六三八	〃一五	一一月、西本願寺、学寮造立を企つ。翌年、講堂を建て能化に准玄を任ず。	一六三九　鎖国の完成。
一六四一	〃一八	六月、家光、東本願寺に東洞院より東側の土地を寄せる。	一六四〇　宗門改役を置き、寺請制度を実施。
一六四五	正保二	一月、伊勢専修寺焼ける。	
一六四七	〃四	三月、西本願寺、学寮を西侍町に移す。九月、学林法制七条を定める。	
一六四八	慶安一	閏一月、東本願寺、大坂人形浄瑠璃に親鸞を演ずることを禁じる。	
一六五一	〃四	五月、東西本願寺の宣如・良如、家光死去のため江戸へ下る。七月、代替誓詞を幕府へ差出す。	
一六五二	承応一	六月、東本願寺影堂改築。九月、西本願寺、学寮を興正寺南辺に移し法制を再編。	
一六五三	〃二	二月、延寿寺月感、能化西吟を批判。一二月、興正寺准秀・月感、東本願寺を頼る。	一六五四　黄檗宗の祖隠元来朝。
一六五五	明暦一	四月、良如、准秀・月感の件を幕僚に訴える。七月、幕府、学寮を破却。	一六五七　明暦の大火（振袖火事）。
一六六三	寛文三	一月、専修寺堯円、真教を訴える。三月、幕府、真教を近江大溝に移し、末寺破却。	
一六六五	〃五	一二月、延寿寺月感、東本願寺へ転派。東本願寺、学寮を東坊内に創設する。	
一六七〇	〃一〇	八月、東本願寺、東山大谷本廟を造営。九月、専修寺本堂落慶供養。	
一六七一	〃一一	八月、越前専修寺誓広院、仏光寺から東本願寺に転派し法雲寺と改める。	一六七一　この頃、宗門人別帳の作成が始まる。
一六七二	〃一二	一一月、東本願寺、町版「御伝鈔双紙」「親鸞記」の刊行を押える。	

一六七三	延宝一	三月、東本願寺、越前吉崎山上に坊舎再興を図る。九月、仏光寺教恩院、東本願寺へ転派。	
一六七六	〃四	五月、西本願寺、法制三条を定め宗学規制。六月、東本願寺、帰参寺院取扱規則を定める。	
一六七七	〃五	四月、西本願寺、講義を再開。一一月、東西本願寺、吉崎の所轄を争う。	
一六七八	〃六	東本願寺、学寮講堂を建てる。	
一六八〇	〃八	六月、西本願寺、将軍家歴代位牌を本堂に安置。この年、慧光寺准良、東本願寺に転派。	
一六八九	元禄二	一一月、西本願寺、坂東節を廃して八句念仏和讃に改める。	一六八七　生類憐みの令。
一六九三	〃六	証誠寺と誠照寺、それぞれ聖護院と輪王寺の配下に入り、院家となる。	
一六九四	〃七	九月、西大谷本廟修覆。	一六九〇　湯島聖堂完成。
一六九五	〃八	四月、西本願寺、学林を東中筋町に再興する。	
一六九六	〃九	四月、西本願寺、法談制約を定める。	
一六九八	〃一一	九月、江戸浅草御坊焼ける。	
一六九九	〃一二	七月、東大谷本廟再建はじまる。	
一七〇二	〃一五	この頃、東本願寺、本堂南墓地を東大谷本廟へ移す。	一七〇二　赤穂義士討入り。
一七〇三	〃一六	三月、東大谷本廟御堂遷仏。一〇月、錦織寺本堂遷仏。	
一七一五	正徳五	東本願寺、講師職を設け西福寺恵空を任じる。	一七一六　吉宗、将軍となり享保の改革始まる。
一七一七	享保二	四月、江戸浅草御坊焼ける。伊勢願証寺支配をめぐり西本願寺、専修寺争う。	

一七一八	〃三	一月、幕府、長島・名古屋願証寺を西本願寺へ、松坂・桑名願証寺を専修寺へ付す。	
一七二一	〃六	春、専修寺如来堂再建開始。三月、江戸浅草御坊焼ける。	
一七二二	〃七	九月、幕府、東西本願寺にそれぞれ法度九条、法度十一条を定める。	
一七二三	〃八	一二月、錦織寺真如、宗名に関して幕府に謹慎を命じられる。	
一七二四	〃九	三月、大坂大火、天満・津村御坊焼ける。	
一七二五	〃一〇	九月、専修寺、掟十二条を定め末寺に示す。	一七二九　石田梅巌、心学の講義を始める。
一七三一	〃一六	西本願寺法霖、華厳宗鳳潭「念仏往生明導箚」を論難。	
一七三八	元文三	五月、法霖、学林規則五条を定める。	一七三二　西日本で蝗害のため飢饉。各地で農民一揆起る。
一七三九	〃四	二月、山科蓮如廟を幕府裁定により東西本願寺共有とする。	
一七四二	寛保二	二月、専修寺、学寮に監察を置き、翌年、規則十三条を定める。	
一七四四	延享一	三月、専修寺如来堂上棟。五月、東本願寺、大谷本廟の土地下付を幕府に求める。	一七四二　公事方御定書（御定書百箇条）制定。
一七四五	〃二	九月、東本願寺、幕府より大谷本廟の地一万坪を寄せられる。	
一七四七	〃四	東本願寺、吉崎御坊の地を定め堂宇を建てる。	
一七四八	寛延一	三月、西本願寺、吉崎御坊を建てる。七月、専修寺如来堂竣工。	
一七五五	宝暦五	四月、東本願寺、学寮を高倉魚棚に移し、監察・上首・寮司、規則九条を定める。	一七五五　安藤昌益『自然真営道』を著す。
一七六〇	〃一〇	三月、西本願寺、阿弥陀堂落慶。	
一七六四	明和一	一月、平乗寺功存「願生帰命弁」刊行。この頃、京都で土蔵秘事多く行われる。	
一七六五	〃二	六月、智暹「真宗本尊義」刊行。七月、西本願寺「真宗法要」刊行。	

一七六七	〃四	五月、学林（功存）と智暹との対論。六月、学林、裁決を不満とし本山に乱入。	
一七六八	〃五	二月、幕府、江戸・京・大坂秘事法門の徒を処罰。六月、興正寺、寺基を拡張。	
一七六九	〃六	五月、学林所化、智暹「略述法身義」絶版を幕府に訴える。	
一七七一	〃八	四月、河内の旗本知行地で「浄土真宗」の宗名を公称。	
一七七二	安永一	二月、江戸大火。浅草御坊・寺中・末寺焼ける。	一七七二　田沼意次老中になる。
一七七四	〃三	八月、東西本願寺、「浄土真宗」の公称を幕府に申請、浄土宗増上寺が異議。	一七七八　ロシア船、北海道に来航。
一七八一	天明一	この頃、熊本・小倉藩で真宗の布教を一時禁じる。	
一七八四	〃四	七月、興正寺末大麟、功存の「願生帰命弁」を批判。一二月、築地御坊焼ける。	一七八二　天明の飢饉。
一七八七	〃七	四月、西法寺宝厳、「興復記」を書き功存の説を批判。学林衆、同書流布を停む。	一七八七　松平定信老中となり、寛政の改革始まる。
一七八八	〃八	一月、京都大火。東本願寺・仏光寺・西本願寺学林焼ける。	
一七八九	寛政一	四月、宝厳と功存、宗義について論難。この頃、西本願寺末に安心論争頻発。	
一七九一	〃三	四月、東本願寺学寮、翌年、西本願寺学林竣工。この頃、幕府、宗名審議継続。	
一七九五	〃七	三月、東本願寺影堂立柱。八月、築地御坊竣工。一一月、西本願寺で興正寺一件。	
一七九六	〃八	八月、専修寺学堂成る。	
一七九七	〃九	五月、智洞、能化に任じ所化入門六条を定める。	

一七九八　〃一〇	四月、智洞、功存の三業帰命説を説く。履善・大瀛ら反論（三業惑乱）。	一七九八　本居宣長、『古事記伝』を著す。
一八〇一　享和一	五月、大瀛「横超直道金剛錍」刊行、六月販売禁止。一二月、智洞と道隠を閉門。	
一八〇三　〃三	閏一月、三業惑乱の新義派、西本願寺対面所で騒乱。二月、古義派、能化智洞の退職を求める。四月、所司代、両派の取調べを開始。	
一八〇四　文化一	一月、智洞・道隠・大瀛ら江戸で取調べ。四月、東本願寺、親鸞の大師号を申請。	
一八〇六　〃三	七月、幕府、三業惑乱を裁断し西本願寺を閉門に処す。翌年、学林を再開。	
一八〇九　〃六	一〇月、東本願寺、尾張安養寺霊瑞ら五人の安心を調べる。	
一八一一　〃八	東本願寺、「真宗仮名聖教」刊行。	
一八一八　文政一	浄泉寺仰誓「妙好人伝」を著す。	
一八二三　〃六	一一月、東本願寺焼ける。翌年、仮堂を建てる。	
一八二四　〃七	一月、西本願寺、勧学職を置く。	一八二五　異国船打払令。
一八三二　天保三	五月、東本願寺学寮新寮を「貫練堂」と命名。	
一八三四　〃五	この頃、東西本願寺の財政窮乏、倹約・財政整理をはかる。	一八三三　天保の飢饉。
一八三五　〃六	三月、東本願寺両堂竣工。徳川家康の位牌を本堂に安置。	一八三九　渡辺崋山ら処罰（蛮社の獄）。
一八四五　弘化二	東本願寺、美濃安養寺・石見明清寺の安心を調べ、学寮所化の不法禁止。	一八四一　天保の改革始まる。
一八四六　〃三	九月、西本願寺、在家法談・説教の解禁を幕府に求める。	
一八四九　嘉永二	四月、西本願寺、異議抑制を指示。翌年、東本願寺に長光寺頓成の異議。	一八五三　ペリー来航。

一八五七	安政四	一月、松前専念寺、蝦夷地掛所を設ける。五月、西本願寺、蝦夷地開拓。	一八五四　日米和親条約。
一八六三	文久三	四月、広如・達如ら二条城で家茂に面謁。この年、東西本願寺、朝廷に各一万両を献納。	一八五八　日米修好条約。安政の大獄。
一八六四	元治一	春、東西本願寺、天龍寺と南禅寺の亀山天皇陵を修覆。七月、禁門の変で、東本願寺（仮堂）・仏光寺、西本願寺学林焼ける。	一八六三　薩英戦争起る。
一八六七	慶応三	四月、東本願寺朝廷献金一万両。一〇月、西本願寺、荒神橋を架け、三千両を献金。	一八六七　大政奉還。
一八六八	明治一	厳如、官軍献納の金米を勧募。広如、門徒を教諭。一二月、諸宗同徳会盟。	一八六八　神仏分離令。
一八六九	〃二	東西本願寺・仏光寺、北海道開拓。三河に護法場設置。	
一八七一	〃四	大浜騒動。	一八七一　廃藩置県。
一八七二	〃五	三月、「真宗」公称許可。九月、東西本願寺は大谷、専修寺は常磐井、仏光寺は渋谷、興正寺は華園、錦織寺は木辺を姓とする。一二月、島地黙雷、三条教則批判。	
一八七三	〃六	三月、越前大野・今立・坂井郡で護法一揆。一二月、真宗四派、大教院分離を伺う。	
一八七四	〃七	三月、教導職管長を各派に置く。	
一八七五	〃八	二月、真宗四派、大教院から分離。	一八七五　江華島事件。
一八七六	〃九	四月、真宗四派、宗規綱領。九月、興正派、別派独立。一一月、親鸞に大師号下る（見真大師）。	
一八七七	〃一〇	西本願寺、鹿児島、東本願寺、鹿児島・北京・釜山・琉球に開教。	一八七七　西南戦争。
一八七八	〃一一	二月、出雲路・山元・誠照寺の三派独立。一二月、三門徒派独立。	

一八七九　〃一二	五月、東本願寺、両堂再建の発示。西本願寺、大教校落成。六月、東本願寺貫練教校開く。	
一八八〇　〃一三	七月、西本願寺、集会規則を制定。一一月、小集会規則制定。	
一八八一　〃一四	真宗大谷派・真宗本願寺派・高田派の名称を定める。本願寺派寺法制定。	
一八八二　〃一五	三月、蓮如に大師号下る（慧燈大師）。五月、大谷派、監獄教誨に着手。	一八八二　軍人勅諭。福島事件。
一八八三　〃一六	一月、末寺僧侶の政党加入及び政談へ志すことを禁ずる。	
一八八四　〃一七	八月、教導職廃止に伴い、末寺住職任免・教師の等級進退を管長に委ねる。	
一八八五　〃一八	七月、仏光寺、宗制寺法制定。一一月、大谷派、相続講を設立し財源確保をはかる。	一八八五　天津条約調印。内閣制度設置。
一八八六　〃一九	一月、本願寺派、九月、大谷派、宗制・寺法を制定。この年、本願寺派護持会設立。	
一八八七　〃二〇	一月、高田派、宗制・寺法制定。八月、「反省会雑誌」刊行。この年、井上円了「仏教活論」を著す。	
一八八八　〃二一	一月、大谷派、姫路別院と上海別院に小学校を開く。三月、京都府尋常中学、大谷派の経営となる。	
一八八九　〃二二	六月、真宗・浄土宗・天台宗・真言宗・禅宗など各宗協会を設立。	一八八九　大日本帝国憲法発布。
一八九〇　〃二三	一月、本願寺派、「本山月報」創刊。	一八九〇　第一回帝国議会選挙。
一八九一　〃二四	四月、大谷派清沢満之ら、御学館改革を唱える。本願寺派、僧侶の本山批判を抑制。一一月、井上哲次郎「宗教と教育について」を著す。	一八九一　ロシア皇太

一八九二	〃二五	八月、清沢満之「宗教哲学骸骨」刊行。	子傷害事件（大津事件）。
一八九四	〃二七	八月、本願寺派、軍隊慰問使を派遣。	一八九四　日清戦争始まる。
一八九五	〃二八	四月、東本願寺両堂竣工。七月、清沢満之ら寺務改革を建白。	
一八九六	〃二九	五月、大谷派第一回議制局会議。一〇月、清沢満之ら京都白川に教界時言社を設立。一一月、本願寺派、開教区域を北海道・台湾・ウラジオ・ハワイとする。	
一八九八	〃三一	九月、巣鴨教誨師事件。一〇月、大谷派議制局会議条例。	
一八九九	〃三二	二月、大谷派宗制寺法・補則改定。四月、奥村円心、千島開教。一二月、宗教法案に反対。	
一九〇〇	〃三三	一月、本願寺派、仏教大学設置。二月、宗教法案に個別行動をとる。	
一九〇一	〃三四	一月、雑誌「精神界」創刊。一〇月、巣鴨に真宗大学設置。	
一九〇二	〃三五	三月、本願寺派、仏教専門大学・高輪仏教大学設置。明治三七年に両校を廃し仏教大学を置く。	一九〇二　日英同盟。
一九〇四	〃三七	七月、本願寺派、中国に関東別院を置く。	一九〇四　日露戦争始まる。
一九〇五	〃三八	二月、西本願寺系の大日本仏教慈善会、軍人遺孤児養育院を設立。	一九〇五　ポーツマス条約調印。
一九〇六	〃三九	五月、井上哲次郎ら、諸宗教の協力を目的に、宗教家協和会結成。	一九〇六　南満州鉄道会社（満鉄）設立。
一九〇七	〃四〇	二月、大谷派、真宗高倉大学寮を廃し高倉大学寮条例を制定。学階四等を定める。	
一九〇九	〃四二	九月、大谷光瑞、西域探検に出発。	
一九一〇	〃四三	三月、大谷派、貴衆両院法話会創立。六月、高木顕明、大逆事件に連坐し起訴。	一九一〇　大逆事件。韓国併合。
一九一一	〃四四	本願寺派・大谷派・仏光寺派・三門徒派、親鸞六百五十回忌。八月、本願寺派、学階更改。	

一九一二 大正一	四月、高田派・興正派・木辺派、親鸞六百五十回忌。一一月、大谷派本廟維持財団設立。	
一九一三 〃二	二月、本願寺派寺債条例・寺債償還法。一一月、真宗大谷大学移転。	一九一三 憲政擁護運動により桂太郎内閣総辞職（大正政変）。
一九一四 〃三	二月、前田慧雲ら本山改革建言。八月、大谷派、樺太別院創立。	一九一四 第一次世界大戦始まる。
一九一五 〃四	一一月、大谷派、大典慶讃法要。第一回大蔵会、真宗大谷大学で開催。	一九一五 対華二十一か条の要求。
一九一六 〃五	一月、本願寺派、本山講規定。八月、村上専精「真宗全史」を著す。一一月、渋谷会発足。「真宗大系」刊行。	
一九一七 〃六	九月、東京帝国大学に印度哲学講座創設。織田得能「仏教大辞典」刊行。	
一九一八 〃七	三月、真宗大谷大学で仏教各宗学校連合会開く。	一九一八 シベリア出兵。富山で米騒動。
一九一九 〃八	一〇月、木津無庵、東京に誠明学舎を設立。	
一九二〇 〃九	四月、聖徳太子千三百回奉讃法要。辻善之助「親鸞聖人筆跡の研究」を刊行。	
一九二一 〃一〇	一月、大谷派、議制局を議制会とす。一二月、鷲尾教導、本願寺派書庫で「恵信尼消息」を発見。	
一九二二 〃一一	一月、大谷光瑞、「大乗」刊。五月、水平社、本願寺派・大谷派に募財拒否。一一月、黒衣同盟。	
一九二三 〃一二	一月、本願寺派・大谷派、政府にローマ法王庁との公使交換反対を表明。四月、立教開宗七百年法要。八月、真宗各派協和会を真宗十派協和会と改称。	一九二三 関東大震災。
一九二四 〃一三	一月、龍谷大学野々村事件。四月、高田派立教開宗七百年法要。一〇月、本願寺派、一如会。	

一九二五	〃一四	五月、本願寺派、融和問題諮詢会。九月、大谷派で大谷家破産・限定相続の申請訴訟。	一九二五　普通選挙法。
一九二六	昭和一	三月、大谷派真身会創立。六月、真宗十派協和会、宗教法案を討議。	
一九二七	〃二	一一月、稲葉昌丸「蓮如上人遺文」を著す。	一九二七　金融恐慌。山東出兵。
一九二八	〃三	六月、真身会、差別徹廃を協議。大谷大学金子事件、教授十一名辞職。	一九二八　三・一五事件。関東軍、張作霖を爆殺。
一九二九	〃四	一月、大谷派、宗憲発布。二月、各派、宗教団体法上程に要望。一二月、大谷派、宗議会条例。	
一九三〇	〃五	三月、京都で宗教大博覧会開催。四月、梅原真隆ら、顕真学苑を開設。	
一九三一	〃六	五月、東京で日本宗教平和会議開催。一一月、望月信亨「仏教大辞典」刊行。	一九三一　満州事変。
一九三二	〃七	真宗協和会による神社問題調査会を開催。	一九三二　五・一五事件。
一九三三	〃八	一月、滋賀県大谷派同和関係寺院で融和連盟結成。	一九三三　国際連盟脱退。
一九三四	〃九	六月、友松円諦ら真理運動を起す。	
一九三五	〃一〇	三月、本願寺派一如会と大谷派真身会、融和事業懇話会を開く。	
一九三六	〃一一	三月、真宗九派協和会、宗風宣揚・親善・秩序維持を協約する。	一九三六　二・二六事件。
一九三七	〃一二	一一月、仏教各宗派重役時局懇談会。	一九三七　日中戦争始まる。
一九三八	〃一三	七月、十派連合、国民精神発揚と奉公を決議。	
一九三九	〃一四	五月、本願寺派・大谷派、開教使養成講習会開催。六月、文部省、龍谷大学教科書の「教行信証」後序の部分を不穏字句として改定を命じる。	一九三九　ノモンハン事件。第二次世界大戦始まる。

一九四〇 〃一五	七月、全国水平社と東西本願寺懇談会。一〇月、真宗各派懇談会、興正派を含め真宗十派協約制定を決議。	一九四〇 日独伊三国同盟締結。
一九四一 〃一六	五月、本願寺派、日本教学研究所。八月、大谷派、真宗同学会規則。この年、十派協和会、神宮大麻拝受を決定。	
一九四二 〃一七	五月、金属回収令により仏具・梵鐘の供出促進。八月、梅原真隆・山辺習学ら大政翼賛会調査委員に任ぜられる。	
一九四三 〃一八	一一月、両本願寺、戦時宗教教化運動を展開。	
一九四五 〃二〇	六月、十派連合、念仏護国を論達。九月、本願寺派一如会・大谷派真身会・京都市、同和運動について懇議。	一九四五 終戦。
一九四六 〃二一	九月、大谷派宗憲発布、宗議会条例公布。八月、本願寺派、新宗制草案を審議。	一九四六 日本国憲法公布。

索　引

＊印は見出し項目。他はその言葉を含む主要な項目を（→）で示した。数字はそれぞれ見出し掲載ページを示す。

瓜生津隆真（うりゅうづ　りゅうしん）
昭和７年、滋賀県に生まれる。京都女子大学名誉教授。文学博士。
著書　『龍樹論集』『ナーガールジュナ研究』『仏教から真宗へ』『信心と念仏』他

細川　行信（ほそかわ　ぎょうしん）
大正15年、大分県に生まれる。大谷大学名誉教授。文学博士。
著書　『真宗成立史の研究』『真宗教学史の研究Ⅰ』『真宗教学史の研究Ⅱ』他

真宗小事典

1987年12月20日　初版第１刷発行
1997年７月１日　初版第７刷発行
2000年３月１日　新装版第１刷発行
2019年６月20日　新装版第８刷発行

編　者　瓜生津　隆　真
　　　　細　川　行　信
発行者　西　村　明　高
発行所　株式会社　法　藏　館

〒600-8153 京都市下京区正面通烏丸東入
振替　01070-3-2743　電話　075(343)5656

ISBN 978-4-8318-7067-4　　印制・製本＝中村印刷